Deutschland
Germany / Allemagne

Einleitung / Introduction / Introduction
Altbundeskanzler Helmut Schmidt
Former Federal Chancellor
Ancien Chancelier fédéral

Deutschland
Germany / Allemagne

Ellert & Richter Verlag

Inhalt | Contents | Sommaire

Die Entwicklung Deutschlands als Bundesstaat seit 1945

Helmut Schmidt

Helmut Schmidt, Kanzler der Bundesrepublik Deutschland von 1974–1982, Foto 1985

Helmut Schmidt, Chancellor of the Federal Republic of Germany 1974–1982, picture 1985

Helmut Schmidt, le Chancelier de la République fédérale d'Allemagne 1974 à 1982, photo 1985

Als vor gut zweihundert Jahren mit der Französischen Revolution die Idee der Nation ihren Triumphzug um die Welt antrat, war Deutschland zersplittert in über 300 Klein- und Kleinststaaten. „Zur Nation Euch zu bilden, Ihr hoffet es, Deutsche, vergebens; Bildet, Ihr könnt es, dafür freier zu Menschen Euch aus!" schrieben Goethe und Schiller 1797 in den gemeinsam verfassten Xenien.

Heute haben die Deutschen beides: Freiheit und nationale Einheit. Die Bundesrepublik Deutschland ist ein Nationalstaat mit einer der liberalsten Verfassungen der Welt. Wir sind Mitglied des atlantischen Bündnisses und der Europäischen Union, beides nicht nur Interessengemeinschaften, sondern auch gemeinsam auf den Werten von Demokratie und Menschenrechten beruhend. Nach einem langen Sonderweg ist Deutschland Teil des Westens geworden. Wir haben mit der Entwicklung zum demokratisch verfassten Nationalstaat vollzogen, was uns vor allen anderen Großbritannien und Frankreich vorgemacht haben.

Germany's Development as a Federal State since 1945

Helmut Schmidt

When, over 200 years ago, with the French Revolution, the concept of nationhood set out on its triumphant progress round the world, Germany was fragmented, comprising over 300 small and petty states. "In vain do you hope, o Germans, to become a nation, Become, for you can, even freer as people instead!" wrote Goethe and Schiller in their jointly-penned "Xenien" in 1797.

The Germans today have both: freedom and national unity. The Federal Republic of Germany is a nation-state with one of the most liberal constitutions in the world. We are members of the Atlantic alliance and the European Union, neither of which are mere communities of interest but jointly based on the values of democracy and human rights, too. In the wake of a long and special road, Germany is now part of the West. Development into a democratic nation-state has accomplished for us what Britain and France, above all, have shown us how to do.

But we have not followed the same path as our large neighbouring states in every respect. A special keynote of the Federal Republic, as of a number of our smaller neighbours, is its federalist structure. We are a federalist state with 16 federal states, including the city-states of Hamburg, Bremen and Berlin.

The roots of this federalism lie in precisely the fragmentation of Germany which Schiller and Goethe and, with them, the German national movement of the 19th century lamented. German federalism is not ethnically based, as in Switzerland, where several languages are spoken. It is largely dynastic in origin. The predecessors of today's Bundesrat, where by the terms of Basic Law, the German constitution, representatives of the federal states participate in framing federal legislation, were the Imperial Diet in Regensburg, where from 1663 to 1806, the aristocratic envoys of member states of the Holy Roman Empire met, and later the Bundesrat of the German empire founded in 1871, in which the princes were able to demonstrate their – albeit limited – sovereignty.

L'évolution de l'Allemagne en tant qu'Etat fédéral depuis 1945

Helmut Schmidt

Lorsque, voilà plus de deux cents ans, l'idée de nation, issue de la Révolution française, amorça sa marche triomphale à travers le monde, l'Allemagne était morcelée en plus de 300 Etats de petite taille ou de minuscules dimensions. «Former une nation, c'est en vain que vous, Allemands, l'espérez; formez-vous, en retour, plus librement, pour devenir des hommes, vous le pouvez!» écrivaient Goethe et Schiller en 1797, dans les Xénies qu'ils rédigèrent en commun.

Aujourd'hui, les Allemands possèdent les deux à la fois: la liberté et l'unité nationale. La République fédérale d'Allemagne est une nation qui dispose d'une des constitutions les plus libérales existant au monde. Nous sommes membres de l'Alliance atlantique et de l'Union européenne, qui, toutes les deux, ne sont pas que de simples communautés d'intérêts mais reposent également, l'une et l'autre, sur les valeurs inhérentes à la démocratie et aux droits de l'homme. Après avoir parcouru un long chemin de nature particulière, l'Allemagne est devenue partie intégrante du monde occidental. En évoluant vers un Etat national basé sur une constitution démocratique, nous avons accompli ce que principalement la Grande Bretagne et la France ont réalisé avant nous et nous ont montré.

Toutefois, nous n'avons pas suivi, à tous les égards, les mêmes voies que les nations voisines. L'un des caractères distinctifs de la République fédérale – et nous avons ceci en commun avec plusieurs de nos petits voisins – est sa structure fédérale. Nous sommes un Etat fédéral réunissant 16 Länder, dont les villes-Etats que sont Hambourg, Brême et Berlin.

Les racines du fédéralisme reposent précisément dans le morcellement de l'Allemagne que Schiller, Goethe et, dans leur sillage, le mouvement national allemand du XIXe siècle ont déploré. Le fédéralisme allemand ne se fonde pas sur des considérations ethniques, comme en Suisse, où sont parlées plusieurs langues, mais il est, dans une large mesure, d'origine dynastique. Les précurseurs de l'actuel Bundesrat – où, conformément à la Loi fondamentale, les représentants des Länder participent à la législation de la Fédération – furent tout d'abord le «Immerwährender Reichstag», la Diète d'Empire permanente de Ratisbonne, au sein de laquelle étaient réunis les plénipotentiaires nobles des membres du Saint Empire romain germanique de 1663 à 1806, – ainsi que, plus tard, le Bundesrat (Conseil fédéral) de l'Empire allemand, fondé en 1871, où les princes pouvaient mani-

Dresden nach Ende des Zweiten Weltkriegs: Blick
vom Rathaus auf das zerstörte Zentrum der sächsischen
Elbmetropole.

Dresden after the end of World War II: view from the Rathaus
of the city centre in ruins.

Dresde, à la fin de la Seconde Guerre mondiale: vue de l'Hôtel
de Ville sur le centre, entièrement détruit, de cette métropole
saxonne des bords de l'Elbe.

Doch nicht in allem sind wir den Wegen der großen
Nachbarstaaten gefolgt. Ein besonderes Kennzeichen
der Bundesrepublik ist – und das haben wir mit einigen unserer kleinen Nachbarn gemein – ihre föderale Struktur. Wir sind ein Bundesstaat mit sechzehn
Bundesländern, darunter den Stadtstaaten Hamburg,
Bremen und Berlin.

Not until the Weimar Republic of 1919 was the federalist system democratised, with elected politicians
taking over at the helm of state governments. But the
Reichsrat in which they were represented by the
terms of the Weimar constitution carried markedly
less weight, despite its new-found legitimation, than
the imperial Bundesrat. Its main role was that of
counterbalancing Prussia, which predominated by
virtue of its very size. Yet this very Prussia was for
long a mainstay of the Weimar Republic when the
first democracy on German soil faced the threat of
collapse under the combined attacks of the Nazis and
the Communists. The "Prussian blow" of 1932, when
the Prussian government, headed by Social Democrat
Otto Braun, was stripped of power by Reich Chancellor Franz von Papen and Reich President Paul von
Hindenburg, paved the way for Hitler. A few months
after Hitler's seizure of power in 1933, the dictator
eliminated opposition in the federal states and
installed governors to run them instead. In the Third
Reich's totalitarian system there was no further place

fester leur souveraineté, même si cette dernière n'é-
tait que restreinte.

Ce n'est qu'en 1919, sous la République de Weimar,
que le système fédératif se démocratisa. Des hommes
politiques élus étaient désormais à la tête des gouvernements des différents Etats fédéraux. Toutefois, le
Reichsrat (Conseil du Reich) qu'ils constituaient
sous la République de Weimar, avait nettement moins
de poids que le Conseil fédéral de l'Empire auparavant, malgré sa nouvelle légitimation. Sa tâche essen-
tielle était de contrebalancer le rôle prédominant
qu'y jouait la Prusse du fait de sa taille. Pourtant, ce
fut précisément la Prusse qui, longtemps encore,
apporta son soutien à la République de Weimar,
alors que la première démocratie née sur le sol allemand, se voyait exposée aux attaques conjuguées des
nationaux-socialistes et des communistes et menaçait
de s'effondrer. Le «coup de la Prusse» de 1932, –
autrement dit la destitution du gouvernement prussien à la tête duquel se trouvait le social-démocrate
Otto Braun, par le chancelier von Papen et le président du Reich von Hindenburg, ouvrit définitivement
la voie à Hitler. Quelques mois seulement après la
prise de pouvoir, en 1933, le dictateur procéda à la
mise au pas des Länder et institua les Reichsstatthalter (gouverneurs). Il n'y eut plus, après cela,
de «checks and balances» entre le gouvernement de

Die Wurzeln dieses Föderalismus liegen in genau jener staatlichen Zersplitterung Deutschlands, die Schiller, Goethe und mit ihnen die deutsche Nationalbewegung des 19. Jahrhunderts beklagt haben. Der deutsche Föderalismus ist nicht ethnisch begründet wie in der Schweiz, wo verschiedene Sprachen gesprochen werden, sondern weitgehend dynastischen Ursprungs. Die Vorläufer des heutigen Bundesrats, in welchem nach dem Grundgesetz die Vertreter der Länder an der Gesetzgebung des Bundes beteiligt sind, waren der Immerwährende Reichstag in Regensburg, wo sich von 1663 bis 1806 die adligen Gesandten der Mitglieder des Heiligen Römischen Reiches Deutscher Nation getroffen haben – und später der Bundesrat des 1871 begründeten Deutschen Reiches, in dem die Fürsten ihre – allerdings eingeschränkte – Souveränität demonstrieren konnten.

Erst mit der Weimarer Republik wurde 1919 das föderative System demokratisiert. An die Spitze der Landesregierungen traten nun gewählte Politiker. Der von ihnen gebildete Reichsrat der Weimarer Verfassung hatte aber – trotz der neuen Legitimation – ein deutlich geringeres Gewicht als vorher der Bundesrat des Kaiserreiches. Seine Hauptaufgabe bestand darin, das seiner Größe wegen dominierende Preußen auszutarieren. Dennoch war es gerade dieses Preußen, das die Weimarer Republik noch lange gestützt hat, als die erste Demokratie auf deutschem Boden unter den gemeinsamen Attacken der Nationalsozialisten und der Kommunisten zusammenzubrechen drohte. Der „Preußenschlag" 1932 – nämlich die Entmachtung der preußischen Regierung des Sozialdemokraten Otto Braun durch den Reichskanzler von Papen und den Reichspräsidenten von Hindenburg – machte Hitler den Weg frei. Der Diktator schaltete dann auch wenige Monate nach der Machtergreifung vom 30. Januar 1933 die Länder gleich und setzte Reichsstatthalter ein. „Checks and balances" zwischen der Reichsregierung in Berlin und den Ländern hat es im totalitären System des Dritten Reiches nicht mehr gegeben.

Mit der alliierten Besetzung Deutschlands 1945 kam der Föderalismus zu neuer Blüte – zunächst meistens gegen den Widerstand der Deutschen. Einer Umfrage des Instituts für Demoskopie in Allensbach zufolge bezeichneten sich noch 1952 nur 21 Prozent der Westdeutschen als „Föderalisten", aber 49 Prozent als „Zentralisten". Doch die drei Westalliierten waren sich einig: Das neue Deutschland sollte bundesstaatlichen Charakter haben; dies war eine ihrer Vorgaben, als sie 1948 den Ministerpräsidenten der drei westlichen Besatzungszonen den Auftrag gaben, für den zu gründenden Staat Bundesrepublik Deutschland eine Verfassung auszuarbeiten. Die Aufteilung der Staatsgewalt auf Bund und Länder sollte die Deutschen im Innern wie die Nachbarn außen vor allzu großer Machtkonzentration schützen.

Es bleibt für jede deutsche Politik immer ein Gebot der Klugheit, die Sichtweise der vielen an uns angrenzenden Völker und Staaten im Auge zu haben. Nie-

for checks and balances between the Reich government in Berlin and the federal states.

The Allied occupation of Germany in 1945 was accompanied by a fresh flowering of federalism, initially at least, for the most part in the face of German opposition. According to an Allensbach poll only 21 per cent of West Germans saw themselves as federalists, as against 49 per cent who described themselves as centralists. But the three Western Allies were agreed that the new Germany was to be federalist in character. That was one of the conditions they imposed when in 1948 they instructed the prime ministers of the three Western occupation zones to draw up a constitution for the yet to be founded Federal Republic of Germany. The sharing of state power between central government and federal states was designed to protect the Germans at home and neighbours abroad from too great a concentration of power.

Always in German politics prudence dictates that the point of view of our many neighbouring peoples and states should be borne in mind. Nobody in Europe has as many neighbours as we Germans. All of us have long since learned from our daily lives that there can be difficulties even with the neighbours in the terrace houses to the left and right of ours if we do not exert ourselves to be good neighbours. But I have never accepted the argument put to us by some foreigners and willingly adopted as a thesis by some German intellectuals: "All through the centuries you Germans had no nation-state, you used to manage without it, so you don't need it in future either." Attachment to one's own people for better or for worse has never been in doubt for the great majority of Germans, including myself – not even right after the end of the war under the impact of realising the crimes that Germans had committed, nor later when the reality of dictatorship in East Germany, the GDR, weighed heavily upon us.

In the post-war years many French people, fearing the resurgence of a new great power across the Rhine, favoured the most drastic solution, a mere confederation of German states. In the end it was the Americans who prevailed. On the one hand they supported a federal republic of Germany, without on the other hand overlooking the fact that the task of reconstruction required the federal government to retain extensive

l'Empire siégeant à Berlin et les Länder, sous le régime totalitaire du troisième Reich.

L'occupation de l'Allemagne par les Alliés, en 1945, s'accompagna d'une renaissance du fédéralisme qui, dans un premier temps, se heurta souvent au refus des Allemands. Selon un sondage d'opinion réalisé en 1952 par l'Institut de Démoscopie d'Allensbach, 21 % seulement des Allemands de l'Ouest se déclaraient «fédéralistes», mais 49 % «centralistes». Toutefois, les trois Alliés occidentaux étaient unanimes à penser que la nouvelle Allemagne devait revêtir un caractère fédéral; cela représentait l'un de leurs objectifs majeurs, lorsque, en 1948, ils chargèrent les ministres-présidents des trois zones d'occupation occidentales, d'élaborer une constitution pour l'Etat qu'il s'agissait de fonder, la République fédérale d'Allemagne. La répartition du pouvoir de l'Etat entre la Fédération et les Länder visait à protéger tant les Allemands à l'intérieur du pays que leurs voisins, à l'extérieur, d'une trop grande concentration du pouvoir.

Toute politique allemande se devra toujours de respecter un impératif de la sagesse qui est de ne pas perdre de vue la façon qu'ont les nombreux autres peuples et Etats à nos frontières de voir les choses. Personne en Europe n'a autant de voisins que nous Allemands. Notre vie au quotidien nous a appris depuis longtemps que des difficultés peuvent déjà surgir avec nos voisins, à gauche et à droite de notre maison en bande, si nous ne nous efforçons pas nous-mêmes d'entretenir des relations de bon voisinage. Je n'ai, pour ma part, jamais accepté l'argumentation de certains intellectuels allemands qui, avec le plus grand empressement, ont fait leur la thèse que nous ont suggérée quelques étrangers, selon laquelle «vous Allemands n'avez pas connu à travers les siècles d'Etat national, vous avez dû vous accomoder de cette situation et pouvez donc aussi y renoncer à l'avenir; contentez-vous d'être une nation culturelle.» La grande majorité des Allemands – et cela vaut également pour moi –, n'a jamais mis en doute son attachement au peuple qui est le sien, et ceci pour le meilleur et pour le pire, pas plus qu'elle ne l'a remis en question à l'issue de la guerre, quand elle prit brutalement conscience des crimes commis par les Allemands, ou encore plus tard, lorsque la réalité de la dictature en RDA faisait peser sur nous son lourd fardeau.

Après-guerre, nombre de Français qui craignaient la résurgence d'une nouvelle grande puissance outre-Rhin et auraient préféré voir seulement se constituer une confédération d'Etats allemands optèrent pour la solution la plus poussée en ce sens. Les Américains qui, d'une part, s'engagèrent en faveur d'une République de caractère fédératif, mais qui, d'autre part, ne perdaient pas de vue que la Fédération avait besoin, en vue de la reconstruction, de plus amples

Feierliche Annahme des Grundgesetzes durch den Parlamentarischen Rat am 23. Mai 1949 in der Bonner Pädagogischen Akademie (oben).

Solemn adoption of Basic Law by the Parliamentary Council at the teachers' training college in Bonn on 23 May 1949 (above).

Adoption solennelle de la Loi fondamentale par le Conseil Parlementaire, à l'Académie Pédagogique de Bonn, le 23 mai 1949 (en haut).

Bundeskanzler Adenauer verlässt 1950 das Hotel auf dem Bonner Petersberg nach einer Besprechung mit den alliierten Hochkommissaren (links).

Federal Chancellor Konrad Adenauer at Petersberg, Bonn, in 1950 after talks with the Allied high commissioners (left).

Le chancelier de la République fédérale, Konrad Adenauer, en 1950, sur le Petersberg, à Bonn, à l'issue d'un entretien avec les Hauts Commissaires alliés (à gauche).

mand in Europa hat so viele Nachbarn wie wir Deutschen. Das tägliche Leben eines jeden von uns hat uns längst gelehrt, dass es schon mit Nachbarn links und rechts von uns zu Schwierigkeiten kommen kann, wenn wir selbst uns keine große Mühe geben mit guter Nachbarschaft. Wenn aber einige deutsche Intellektuelle bereitwillig jene These übernehmen, die uns von einigen Ausländern nahegelegt wurde, „Ihr Deutschen habt doch durch die Jahrhunderte keinen Nationalstaat gekannt, ihr seid früher ohne ihn ausgekommen, also könnt ihr auch künftig darauf verzichten; begnügt euch damit, Kulturnation zu sein", so habe ich dieses Argument nie akzeptiert. Die Bindung an das eigene Volk, im Guten wie im Schlechten, ist der großen Mehrheit der Deutschen und so auch mir niemals zweifelhaft gewesen – auch nicht unmittelbar nach Kriegsende, unter der Wucht der Erkenntnis der von Deutschen begangenen Verbrechen, auch nicht später, als die Realität der DDR-Diktatur auf uns lastete.

Am weitesten wollten in den Nachkriegsjahren viele Franzosen gehen, die den Wiederaufstieg einer neuen Großmacht jenseits des Rheins fürchteten und deshalb am liebsten bloß einen deutschen Staatenbund geschaffen hätten. Am Ende setzten sich die Amerikaner durch, die einerseits für eine föderative Bundesrepublik eintraten, aber andererseits nicht aus dem Auge verloren, dass der Bund für den Wiederaufbau umfassende Kompetenzen in der Wirtschaftspolitik brauchte. Ihr stärkster Verbündeter in dieser Frage war der SPD-Vorsitzende Kurt Schumacher, der mit Hartnäckigkeit Vorstellungen von Liberalen und von Christdemokraten bekämpfte, den Ländern zu große Rechte einzuräumen. Das Einstehen für eine Stärkung der Zentrale war sozialdemokratische Tradition noch aus Zeiten des Kaiserreiches.

Wie die Länder der 1949 gegründeten Bundesrepublik aussehen sollten, bestimmten die Alliierten. Bis auf die Stadtstaaten Hamburg und Bremen sowie den Flächenstaat Bayern waren sie alle ohne historische Vorbilder. Schleswig-Holstein, Hessen, Niedersachsen, Rheinland-Pfalz und Nordrhein-Westfalen wurden von den Alliierten größtenteils aus den preußischen Westprovinzen gebildet. Berlin hatte durch seinen Besatzungsstatus von Beginn an eine Sonderrolle. Baden-Württemberg entstand erst 1952 per Volksabstimmung aus den Ländern Baden, Württemberg-Baden und Württemberg-Hohenzollern. Das Saarland kam fünf Jahre später durch einen Volksentscheid dazu.

Ganz anders war die Entwicklung in der sowjetischen Besatzungszone (SBZ). Mit Ausnahme von Sachsen-Anhalt griff der Kreml auf die preußischen Provinzen zurück, als er 1945 die fünf Länder der SBZ gründete. Brandenburg, Mecklenburg, Sachsen und Thüringen verkörperten gewachsene politische Landschaften und wurden so auch in die Verfassung der 1949 etablierten Deutschen Demokratischen Republik (DDR) aufgenommen. Jedoch blieb diese föderale Gliederung bloßer Schein. Walter Ulbricht, bis zu seinem

authority over economic policy. Their strongest ally on this issue was the leader of the Social Democrats (SPD), Kurt Schumacher, who persistently opposed Liberal and Christian Democratic ideas of granting the federal states too many rights. This support for a strengthening of the centre was a Social Democratic tradition going back to the days of the empire.

It was the Allies who determined what the states of the Federal Republic of Germany, founded in 1949, were to look like. Except for the city-states of Hamburg and Bremen, and Bavaria, none was based on historical precedent. Schleswig-Holstein, Hesse, Lower Saxony, Rhineland-Palatinate and North Rhine-Westphalia were created by the Allies mainly from the western provinces of Prussia. Berlin played a special role right from the start on account of its occupation status. Baden-Württemberg came into being only in 1952, formed by plebiscite from the states of Baden, Württemberg-Baden and Württemberg-Hohenzollern. Saarland acceded to the Federal Republic five years later after a referendum.

Developments in the Soviet zone of occupation were entirely different. With the exception of Saxony-Anhalt the five states in the Soviet zone of occupation, founded by the Kremlin in 1945, harked back to Prussian provinces. Brandenburg, Mecklenburg, Saxony and Thuringia embodied evolved political landscapes and were included as such in the constitution of the German Democratic Republic (GDR) when it was set up in 1949. Yet this federal structure was a mere sham. Walter Ulbricht, the most powerful man in the GDR until his fall in 1971, did away with it in 1952. In place of the states came 15 local government regions which were purely administrative entities. The creation of these regions arose from the German and Soviet Communists' urge for centralisation. The East German economy was centrally controlled as a command economy. The ruling Socialist Unity Party (SED) was organised on the principle of centralism, i. e. control from the top down, and the party's regional organisations were purely receivers of orders. So Stalin and Ulbricht were able to reorganise society in the Soviet occupation zone from above. Yet the regions were never inwardly accepted by the people. The historic legacy passed on from generation to generation was too deeply embedded in people's consciousness for these faceless regions to leave any traces.

compétences dans le domaine de la politique économique, finirent par s'imposer. Leur allié le plus puissant sur ce point était le chef du parti social-démocrate, Kurt Schumacher, qui ne cessa de combattre avec opiniâtreté les idées soutenues par les Libéraux et les Chrétiens-Démocrates, qui désiraient attribuer des droits plus étendus aux Länder. Renforcer la centrale, tel était le vœu des sociaux-démocrates, vœu qui venait s'inscrire dans la tradition du parti, laquelle remontait à l'Empire.

Les Alliés décidèrent de l'aspect que devaient revêtir les Länder de la République fédérale, instaurée en 1949. A l'exception de Hambourg et de Brême, deux villes-Etats, ainsi que de la Bavière, aucun n'avait d'antécédents historiques. Le Schleswig-Holstein, la Hesse, la Basse-Saxe, la Rhénanie-Palatinat et la Rhénanie-du-Nord-Westphalie furent façonnées par les Alliés en majeure partie à partir des provinces prussiennes occidentales. Du fait de son statut d'occupation, Berlin joua, dès le début, un rôle particulier. Ce n'est qu'en 1952, à la suite d'un plébiscite, que le Bade-Wurtemberg vit le jour; il se constituait des provinces de la Bade, du Wurtemberg-Baden et du Wurtemberg-Hohenzollern. La Sarre les rejoignit cinq ans plus tard après en avoir décidé par référendum.

L'évolution fut toute autre au sein de la zone d'occupation soviétique. A l'exception de la Saxe-Anhalt, le Kremlin eut recours aux provinces prussiennes pour instaurer, en 1945, les cinq Länder de la zone d'occupation soviétique. Le Brandebourg, le Mecklembourg, la Saxe et la Thuringe représentaient des régions dont l'unité politique respective s'était faite au fil de l'histoire, et furent intégrées en tant que telles dans la constitution de la République démocratique allemande mise en place en 1949. Mais cette structure fédérale ne demeura qu'un simulacre. Walter Ulbricht, l'homme le plus puissant de RDA jusqu'à sa chute, en 1971, procéda à la dissolution des Länder en 1952. Ils furent remplacés par quinze «Bezirke» (districts) qui n'étaient que de pures entités administratives. De caractère dirigiste, l'économie de la RDA était commandée par l'Etat. Le SED, Parti socialiste unifié, était organisé selon le principe du centralisme, c'est-à-dire du haut vers le bas, les sections locales du parti n'étant que de purs exécutants. C'est ainsi que Staline et Ulbricht purent, d'en haut, remodeler de fond en comble la société au sein de la zone d'occupation soviétique. Toutefois, les districts ne furent pas véritablement acceptés par la population. L'héritage historique transmis de génération à génération était trop profondément ancré dans la conscience des

Nach dem Bau der Berliner Mauer am 13. August 1961 wurde eine Flucht aus dem Ostteil in die Westsektoren der Stadt fast unmöglich.

After the Berlin Wall was built on 13 August 1961, it was almost impossible to escape from East Berlin to the Western sectors of the city.

Après la construction du Mur de Berlin, le 13 août 1961, il devint presque impossible de fuir de la partie Est dans les secteurs occidentaux de la ville.

Sturz 1971 der mächtigste Mann in der DDR, hob sie 1952 auf. An die Stelle der Länder traten 15 Bezirke, sie waren reine Verwaltungsgebilde. Die Schaffung von Bezirken entsprang dem Drang der deutschen und sowjetischen Kommunisten nach Zentralisierung. Die Wirtschaft in der DDR wurde als Befehlswirtschaft zentral gesteuert. Die SED war nach dem

The vast majority of people need to identify with their native place, with their nation and with their culture and history. My native place always extended from Stade and Lüneburg via Lübeck, Wismar and Rostock to Stralsund and Greifswald. As a boy I cycled through all these old Hanseatic towns with their characteristic redbrick Gothic architecture. I was as familiar with the Marienkirche in Rostock as with the Marienkirche in Lübeck, with the Kröpeliner Tor in Rostock as with the Lübeck Holstentor. Thus I took it for granted that Saxons would go on feeling like Saxons and Mecklenburgers like Mecklenburgers – and

habitants de ces régions pour que des districts anonymes aient pu laisser de traces.

Dans leur grande majorité, les hommes ont besoin de s'identifier à leur patrie, à leur propre nation, à une culture et une histoire bien à eux. Ma patrie à moi s'est toujours étendue de Stade et de Lüneburg jusqu'à Stralsund et Greifswald, en passant par Lübeck, Wismar et Rostock. Jeune garçon, j'ai découvert à bicyclette toutes ces vieilles villes hanséatiques empreintes du style du gothique de briques; la Marienkirche (église Notre-Dame) de Rostock m'était aussi familière que la Marienkirche de Lübeck, la Porte Kröpelin à Rostock au même degré que celle du Holstentor à Lübeck. Aussi est-il pour moi tout à fait naturel que les Saxons continuaient de se sentir Saxons, les habitants du Mecklembourg, Mecklembourgeois – et non comme des habitants d'un quelconque «Bezirk». Ils se voyaient, par ailleurs, désavantagés au profit de la demi-ville qu'était Berlin-Est. Quand il y avait des bananes et des oranges au bord de la Spree, cela ne signifiait nullement que les habitants de Leipzig ou de Güstrow pouvaient en acheter. Tandis que de nombreuses maisons se délabraient à Greifswald ou à Dresde, la capitale de la RDA ne comptait plus les ouvrages de prestige. La bretelle de raccordement de Hambourg à l'autoroute de Rostock à Berlin, bretelle financée

Prinzip des Zentralismus organisiert, d. h. Steuerung von oben nach unten, die Bezirksgliederungen der Partei waren reine Befehlsempfänger. So konnten Stalin und Ulbricht die Gesellschaft in der sowjetischen Besatzungszone von oben her umkrempeln. Doch wurden die Bezirke durch die Bevölkerung nicht innerlich akzeptiert. Das geschichtliche Erbe, wie es von Generation zu Generation vermittelt worden war, ist zu tief im Bewusstsein der Menschen verankert gewesen, als dass die gesichtslosen Bezirke hätten Spuren hinterlassen können.

Die große Mehrheit der Menschen bedarf der Identifizierung mit der Heimat, mit der eigenen Nation und ihrer eigenen Kultur und Geschichte. Meine Heimat reichte immer von Stade und Lüneburg über Lübeck, Wismar, Rostock bis nach Stralsund und Greifswald. In all diesen von der Backsteingotik geprägten alten Hansestädten bin ich als Junge mit dem Fahrrad gewesen; die Marienkirche in Rostock war mir genauso vertraut wie die Marienkirche in Lübeck, das Kröpeliner Tor in Rostock genauso wie das Lübecker Holstentor. Es war mir deshalb selbstverständlich, dass sich die Sachsen weiterhin als Sachsen und die Mecklenburger weiterhin als Mecklenburger fühlten – und nicht als Bewohner eines beliebigen Bezirkes. Sie sahen zudem, dass sie zugunsten der Halbstadt Ostberlin benachteiligt wurden. Wenn es an der Spree Bananen und Apfelsinen gab, dann hieß das noch lange nicht, dass die Leipziger oder die Güstrower sie auch bekamen. Während in Greifswald oder in Dresden viele Häuser verfielen, wurde in der Hauptstadt der DDR ein Prestigeobjekt nach dem anderen gebaut. Zu den wenigen großen Infrastrukturinvestitionen, die die SED-Zeit überdauert haben, gehört der Hamburger Autobahnanschluss an die Autobahn von Rostock nach Berlin, welchen die Bundesregierung finanziert hat. Das wurde damals viel belächelt; heute ist jeder froh, dass es eine durchgehende Autobahn zwischen Hamburg und Berlin gibt.

Als im Herbst 1989 die Menschen in der DDR auf die Straße gingen, protestierten sie gegen ihre Bevormundung und damit zugleich gegen die Überzentralisierung des ostdeutschen Staates. Ich konnte mir davon selber einen Eindruck machen. Anfang November 1989, bevor die Mauer fiel, besuchte ich mit meiner Frau Meißen in der Nähe Dresdens und Hüttental in der Nähe der damaligen Karl-Marx-Stadt, heute wieder Chemnitz, um dort mit Kirchenleuten und politisch Interessierten zu diskutieren. Der Wissensdurst war groß. Wie funktioniert die Marktwirtschaft? Wie die Polizei? Wie die parlamentarische Demokratie in der Bundesrepublik? Und wie das Bund-Länder-Verhältnis? Zuerst waren in Sachsen die weiß-grünen Landesfarben im Fahnenmeer der Demonstranten zu sehen, später zeigte sich das Landesbewusstsein auch

not like the inhabitants of some local government district or other. In addition they saw that they were neglected in favour of the half-city of East Berlin. If there were bananas and apples available on the Spree, it by no means meant that people in Leipzig or Güstrow had them too. While many houses in Greifswald or Dresden fell into decay, one prestigious building after another went up in the GDR capital. One of the few major infrastructure investments which have outlasted the SED era is the Hamburg autobahn link to the Rostock-Berlin autobahn, which was financed by the government of the Federal Republic. At that time people smiled about it, but now everyone is pleased that there is an autobahn all the way from Hamburg to Berlin.

In 1989, when people in the GDR took to the streets, they were protesting against having their minds made up for them and thus simultaneously against the overcentralisation of the East German state. I was able to gain an impression of this for myself. In early November 1989, just before the Wall came down, my wife and I visited Meissen, near Dresden, and Hüttental, near what was then Karl-Marx-Stadt and is now Chemnitz once more, to hold discussions there with church people and politically interested individuals. Their thirst for knowledge was great. How does the market economy function? What about the police? And parliamentary democracy in the Federal Republic? And the centre-states relationship? In Saxony first, the white and green state colours were to be seen amidst the sea of flag-waving demonstrators. Later, state consciousness surfaced in other parts of the GDR too, as I was able to ascertain on a visit to Rostock in early 1990. A few months later, before unification on 3 October 1990, the East German states were reconstituted. A number of districts which had temporarily fallen into the historically "wrong" state immediately demanded to join their historic place of origin.

With German unity – with which a greater international responsibility accrues to us — the new states became part of the West German federal system, in which, unlike with Prussia in earlier times, there has since 1949 been no predominant state. The newly formed federal states were only strong together. Thus, opposition between federal government and states, usually confined to specific points, lacks the explosiveness of clashes between Prussia and the Reich during the Weimar Republic.

par le gouvernement fédéral, compte parmi les rares investissements de grande envergure à avoir survécu au régime placé sous la houlette du Parti socialiste unifié. Ce projet fit beaucoup sourire à l'époque; aujourd'hui, tout le monde se réjouit qu'il existe une autoroute reliant directement Hambourg et Berlin. Lorsque, à l'automne 1989, les Allemands de l'Est descendirent dans la rue, ce fut pour protester contre la tutelle à laquelle ils étaient assujettis mais aussi, contre l'excès de centralisation de l'Etat est-allemand. J'eus l'occasion de m'en convaincre moi-même. Au début de novembre 1989, avant la chute du mur, je me rendis en compagnie de ma femme à Meißen, dans les environs de Dresde ainsi qu'à Hüttental, situé près de la ville de Chemnitz qui portait alors le nom de Karl-Marx-Stadt, pour y discuter avec des hommes d'Eglise et des personnes intéressées à la politique. La soif de savoir était ardente. Comment fonctionne l'économie de marché? Et la police? Et la démocratie parlementaire en République fédérale? Quels sont les rapports entre la Fédération et les Länder? C'est en Saxe que, dans un premier temps, les couleurs régionales blanc et vert apparurent dans la mer de drapeaux des manifestants; plus tard, la conscience régionale se manifesta également dans d'autres parties de l'ex-RDA, ainsi que je pus le constater lors d'une visite à Rostock, au printemps 1990. C'est quelques semaines plus tard, peu de temps avant la réunification qui eut lieu le 3 octobre 1990, que les Länder est-allemands furent rétablis. Nombre de districts ruraux qui s'étaient temporairement retrouvés dans la «fausse» province du point de vue historique, rejoignirent sans tarder leur pays d'origine historique.

L'unité allemande – qui nous a valu une responsabilité internationale accrue – étant accomplie, les nouveaux Länder sont devenus parties intégrantes du système fédératif ouest-allemand, au sein duquel, depuis 1949, il n'existe pas d'Etat prédominant, contrairement au rôle que joua la Prusse dans les temps passés. Les Länder nouvellement constitués ne pouvaient être forts qu'en commun. Les rapports entre la Fédération et les Länder qui ne s'opposent que ponctuellement n'ont donc rien du caractère explosif dont étaient empreints les conflits entre la Prusse et le Reich sous la République de Weimar.

Cela n'a nullement terni l'importance des Länder, bien au contraire. En dépit de leur caractère tout d'abord artificiel, ils sont, eux aussi, parvenus à faire naître ce que les nouveaux Länder de l'ancienne RDA surent, après l'unification, recréer sans peine en tant que provinces historiques et homogènes: à savoir une

Bundeskanzler Willy Brandt im Dezember 1970 am Ehrenmal für die jüdischen Opfer im Warschauer Getto während des Zweiten Weltkriegs.

Federal Chancellor Willy Brandt in December 1970 at the memorial to the Jewish victims of the Warsaw ghetto during World War II.

Le Chancelier de la République fédérale, Willy Brandt, en décembre 1970, devant le monument élevé à la mémoire des victimes juives, qui périrent dans le ghetto de Varsovie au cours de la Seconde Guerre mondiale.

Bundeskanzler Helmut Schmidt und der französische Präsident Valéry Giscard d'Estaing bei einem Treffen 1978.

Federal Chancellor Helmut Schmidt and French President Valéry Giscard d'Estaing at a meeting in 1978.

Le Chancelier de la République fédérale, M. Helmut Schmidt, aux côtés du Président de la République française, M. Valéry Giscard d'Estaing, à l'occasion d'une rencontre, en 1978.

Vier Tage nach der Maueröffnung am 9. November 1989 forderten in Leipzig 200 000 DDR-Bürger freie Wahlen und die Einheit Deutschlands.

Four days after the Berlin Wall was opened on 9 November 1989, 200,000 East Germans demonstrated in Leipzig for free elections and German unity.

Le 9 novembre 1989, quatre jours après l'ouverture du Mur, 200 000 citoyens de la R.D.A., réunis à Leipzig, réclamèrent des élections libres et la réunification de l'Allemagne.

in den anderen Teilen der ehemaligen DDR, wie ich bei einem Besuch in Rostock im Frühjahr 1990 feststellen konnte. Wenige Monate darauf, noch vor der Vereinigung am 3. Oktober 1990, wurden die ostdeutschen Länder wiederhergestellt. Etliche Landkreise, die dabei vorübergehend in das historisch „falsche" Land geraten waren, suchten gleich den Anschluss an ihr historisches Stammland.

Mit der deutschen Einheit – mit der uns eine größere internationale Verantwortung zugewachsen ist – wurden die neuen Länder Teil des westdeutschen föderativen Systems, in dem es, anders als mit Preußen während früherer Zeiten, seit 1949 keinen dominierenden Staat gibt. Die neu gebildeten Bundesländer waren nur gemeinsam stark. Dem zumeist bloß punktuellen Oppositionsverhältnis zwischen Bund und Ländern fehlt damit jene Brisanz der Konflikte zwischen Preußen und dem Reich während der Weimarer Republik.

Der Bedeutung der Länder hat dies keinen Abbruch getan, eher im Gegenteil. Trotz ihres zunächst künstlichen Charakters haben auch sie geschafft, was den nach der Vereinigung neu gebildeten Ländern in der ehemaligen DDR als historisch gewachsenen Land-

This has done no harm to the significance of the federal states, rather the contrary. Despite their artificial character at the outset, they too have managed to achieve what came easily to the states newly formed in the former GDR after unification, with their historically evolved landscapes: that is, to create a state consciousness. A contributory factor was surely also the fact that the federal states with their direct responsibility for deciding which road is to be built, which educational system is to be introduced, or how many policemen are to be recruited directly affect the lives of individuals. Basic Law provides for the federal states to bear direct responsibility for schools and universities, planning, roads, energy supply and law and order.

Admittedly, since 1949 the federal government has constantly extended its authority at the states' expense. Originally, the fathers of the Basic Law clearly divided the tasks of state and their financing between federal government and states. Yet even during the Adenauer government from 1949 to 1962 the conditions of modern industrial society, increasing economic and transport interconnections and increasing mobility made it necessary to delegate additional tasks to the federal government. These were joined in the course of time by new areas of responsiblity: defence, after the Federal Republic became a sovereign state and joined NATO in 1955, or nuclear power, for which Bonn likewise assumed new powers of legislation and administration, with

conscience régionale. Le fait que les Länder soient dotés de compétences directes pour ce qui est de savoir, par exemple, quelle route doit être construite, quel système scolaire doit être adopté ou encore combien de policiers doivent être embauchés, et soient ainsi directement mêlés à la vie de tout un chacun, y a certainement contribué dans la même mesure. Ainsi que le veut la Loi fondamentale, l'enseignement scolaire et supérieur, l'aménagement du territoire, la construction de routes, l'approvisionnement en énergie ainsi que la sécurité et l'ordre publics relèvent de la compétence directe des Länder.

Depuis 1949, la Fédération n'a, toutefois, cessé d'étendre ses attributions au détriment des Länder. A l'origine, les auteurs de la Loi fondamentale avaient clairement réparti les tâches de l'Etat, ainsi que leur financement, entre la Fédération et les Länder. Dès l'époque d'Adenauer, qui fut chancelier de 1949 à 1963, les conditions de la société industrielle moderne, l'interdépendance croissante en matière d'économie et de transports, ainsi que la mobilité grandissante exigèrent le transfert de tâches supplémentai-

Bundeskanzler Helmut Kohl und der sowjetische Präsident Michail Gorbatschow unterschrieben am 9. November 1990 den Generalvertrag, der das Verhältnis beider Länder auf eine freundschaftliche Grundlage stellte.

Federal Chancellor Helmut Kohl and Soviet President Mikhail Gorbachov signed the general treaty putting relations between the two countries on a basis of friendship on 9 November 1990.

Le 9 novembre 1990, le Chancelier de la République fédérale, Helmut Kohl, et le président soviétique, Michail Gorbatchev, signèrent l'Accord général qui fonde sur une base amicale les relations entre les deux pays.

Tausende von Menschen versammelten sich in der Nacht zum 3. Oktober 1990 vor dem Berliner Reichstag, um die deutsche Einheit zu feiern.

Thousands of people converged on the Reichstag building in Berlin to celebrate German unity on the eve of 3 October 1990.

Dans la nuit du 3 octobre 1990, des milliers de personnes se rassemblèrent à Berlin, devant le Reichstag, pour fêter l'unité allemande.

schaften leichtfiel: nämlich ein Landesbewusstsein zu schaffen. Dazu trug sicherlich auch die Tatsache bei, dass die Bundesländer mit ihrer unmittelbaren Zuständigkeit für Fragen, welche Straße gebaut, welches Schulsystem eingeführt oder wie viele Polizisten eingestellt werden, den Lebensbereich des Einzelnen unmittelbar berühren. Die Bundesländer sind, so sieht es das Grundgesetz vor, für Schul- und Hochschulwesen, Raumordnung, Straßenbau, Energieversorgung sowie Sicherheit und Ordnung unmittelbar zuständig.

the consequence that the federal government – no matter of what political colour – has been squabbling with the states for over thirty years on the location of radioactive waste depots. There have been a very large number of constitutional amendments, whose overall effect has been to strengthen the powers of the federal government at the expense of those of the states. A clear division of tasks has in many cases been replaced by joint responsibility for tasks; unfortunately, this also means a loss of transparency. Political responsibilities have become blurred. For citizens and voters it becomes more and more difficult to identify whether the federal or state government is responsible for individual circumstances and measures.

res à la Fédération. De nouvelles responsabilités vinrent s'y ajouter au fil du temps: le secteur de la défense, après que la République fédérale eut acquis sa souveraineté et fut devenue membre de l'OTAN, en 1955, mais aussi l'énergie atomique, domaine dans lequel Bonn se vit conférer également de nouvelles attributions sur le plan législatif et administratif. La conséquence en est que le gouvernement fédéral – quelle que soit sa couleur politique, se querelle, depuis plus de trente ans, avec les Länder quant à la question de savoir où stocker les déchets nucléaires. Un très grand nombre de modifications ont été apportées à la constitution, qui, dans leur ensemble, ont eu pour effet de renforcer les compétences de la Fédération au détriment de celles des Länder. Une responsabilité commune face aux tâches à assumer est venue remplacer, dans de nombreux cas, une répartition claire et nette de celles-ci; cela a également entraîné, hélas, une perte de transparence. Les responsabilités politiques s'en sont vues brouillées. Pour les citoyens et les électeurs, il devient de plus en plus difficile de reconnaître qui, du gouvernement fédéral ou régional, est responsable en ce qui concerne tel état de chose ou telle démarche à entreprendre.

Pour comprendre quelle importance revêtent les Länder, il ne suffit pas de considérer la mission administrative de ces dernières. Le rôle des Länder dans le processus de législation est pour le moins aussi important. A travers le Bundesrat, au sein duquel ils délèguent des membres des gouvernements régionaux respectifs, ils disposent d'un puissant levier d'action en matière de législation. Les modifications de la constitution exigent l'accord du Bundesrat, au

Allerdings hat der Bund seine Zuständigkeiten auf Kosten der Länder seit 1949 ständig ausgeweitet. Ursprünglich hatten die Väter des Grundgesetzes die staatlichen Aufgaben sowie ihre Finanzierung deutlich zwischen Bund und Ländern aufgeteilt. Schon in der Regierungszeit Adenauers 1949 bis 1963 erforderten es die Bedingungen der modernen Industriegesellschaft – die zunehmende wirtschaftliche und verkehrsmäßige Verflechtung und die steigende Mobilität –, zusätzliche Aufgaben an den Bund zu delegieren. Neue Verantwortlichkeiten kamen im Laufe der Zeit hinzu: der Verteidigungsbereich, nachdem die Bundesrepublik 1955 souverän und Mitglied der NATO geworden war, oder auch die Kernenergie, wo Bonn ebenfalls neue Gesetzgebungs- und Verwaltungsbefugnisse übernahm, mit der Folge, dass die Bundesregierung – gleich welcher politischen Couleur – sich seit nunmehr über dreißig Jahren mit den Bundesländern über die Lagerstätten für radioaktive Abfälle herumstreitet. Zahlreiche Verfassungsänderungen sind erfolgt, welche im Gesamteffekt die Kompetenzen des Bundes zu Lasten derjenigen der Länder gestärkt haben. An die Stelle klarer Aufgabenverteilung ist vielfach eine gemeinsame Aufgabenverantwortung getreten; das bedeutete leider auch einen Verlust an Durchsichtigkeit. Die politischen Verantwortlichkeiten sind verwischt worden. Für Bürger und Wähler wird es immer schwieriger zu erkennen, ob Bundes- oder Landesregierung für einzelne Zustände und Schritte verantwortlich sind.

Um zu verstehen, welche Bedeutung die Bundesländer haben, reicht es nicht aus, nur auf die Länderverwaltungen zu sehen. Die Stellung der Länder im Gesetzgebungsprozess ist mindestens ebenso wichtig. Sie besitzen durch den Bundesrat, den sie mit Mitgliedern der jeweiligen Landesregierungen beschicken, ein machtvolles Instrument in der Gesetzgebung. Verfassungsänderungen brauchen die Zustimmung des Bundesrates ebenso wie ein Großteil der vom Bundestag beschlossenen Bundesgesetze. Damit haben Landtagswahlen und Regierungswechsel in den Ländern eine mittelbare Auswirkung auf die Bundespolitik. Sie beeinflussen direkt die Mehrheitsverhältnisse im Bundesrat und können unter Umständen den Bundesrat zum Sackbahnhof der Legislative machen. Diese Gefahr ist immer dann gegeben, wenn in Bundesrat und Bundestag unterschiedliche parteipolitische Mehrheiten gegeben sind, was bereits mehrfach in der Geschichte der Bundesrepublik der Fall gewesen ist. Sowohl den Regierungen Willy Brandts 1969 bis 1974 als auch meinen eigenen sozialliberalen Regierungen von 1974 bis 1982 stand eine von den Oppositionsparteien geführte Mehrheit im Bundesrat gegenüber. Heute muss sich umgekehrt die durch CDU/CSU und FDP gebildete Bundesregierung mit sozialdemokratischen Mehrheiten des Bundesrates auseinandersetzen. Etliche Gesetzesvorha-

To understand the significance of the federal states it is not enough just to look at the state administrations. The place of the states in the legislative process is at least equally important. Through the Bundesrat, to which they send members of their respective state governments, they possess a powerful legislative instrument. Constitutional amendments require the approval of the Bundesrat, as does much of the federal government legislation passed by the Bundestag. Thus, state assembly elections and changes of government in the states have a direct effect on federal government policies. They directly affect the majorities in the Bundesrat and in certain circumstances can turn the Bundesrat into a legislative dead end. This risk always exists when different parties have a majority in Bundesrat and Bundestag, which has been the case several times in the history of the Federal Republic. Both Willy Brandt's governments from 1969 to 1974 and my own Social and Free Democratic (SPD-FDP) governments of 1974 to 1982 faced a Bundesrat majority led by the Opposition parties. Now the situation is reversed, and a Christian and Free Democratic (CDU/CSU-FDP) government has to contend with Social Democratic majorities in the Bundesrat. Several items of planned legislation have had to be revised or have even failed as a result of the states' opposition.

On both home and foreign affairs the federal government's predictability has at times suffered as a result of clashes between the federal government and the states. In future, coordination of foreign policy between them will be even more important. In 1992, the federal states made use of their powerful position in the debate on ratification of the Maastricht Treaty to ensure for themselves, by means of a constitutional amendment, a right of veto over the federal government on matters relating to European integration. Before each and every further step towards integration, Berlin must first make sure of the Bundesrat's approval.

It is not yet clear what shape the further development of Europe will take. There is no historical parallel for the European Union, still less a model. We Germans

même titre qu'une grande partie des lois fédérales adoptées par le Bundestag. Ainsi, les élections parlementaires au niveau du Land et les changements de gouvernement dans les différents Länder ont-ils une répercussion directe sur la politique fédérale. Ils influencent directement les rapports de force et les majorités respectives au sein du Bundesrat et peuvent même, dans certaines circonstances, devenir un cul-de-sac du pouvoir législatif. Ce danger se présente dès lors que des majorités politiques différentes règnent au Bundesrat, d'une part, et au Bundestag, d'autre part, ce qui fut le cas, à plusieurs reprises, dans l'histoire de la République fédérale. Tant les gouvernements de Willy Brandt, de 1969 à 1974, que mes propres gouvernements, de 1974 à 1982, se sont vus confrontés à une majorité des partis de l'opposition au sein du Bundesrat. Inversement, le gouvernement fédéral, constitué par la coalition de la CDU/CSU (Union chrétienne-démocrate/Union chrétienne-sociale) et du Parti libéral doit faire face, aujourd'hui, à des majorités social-démocrates au Bundesrat. Nombre de projets de loi durent être remaniés ou échouèrent pour s'être heurtés à l'opposition des Länder.

Ayant eu parfois à pâtir des conflits opposant la Fédération aux Länder, l'attitude du gouvernement en matière de politique intérieure et extérieure, a pu paraître incalculable. A l'avenir, la coordination entre la Fédération et les Länder revêtira une importance accrue dans le domaine de la politique étrangère de la République fédérale car en 1992, au cours des débats sur la ratification du Traité des Maastricht, les Länder ont fait jouer leur forte position afin de s'assurer, par le biais d'une modifiaction de la constitution, un droit de véto vis-à vis du gouvernement fédéral dans le processus d'unification de l'Europe: avant de faire le moindre pas en vue de l'intégration européenne, Berlin doit obtenir l'accord du Bundesrat.

On ne peut encore, aujourd'hui, discerner avec exactitude, dans quel sens se fera l'évolution future de l'Europe. Il n'existe pas de parallèle historique pour ce qui est de l'Union européenne, encore moins de modèle. Nous, Allemands, devons renoncer au débat qui se veut juridico-scientifique et qui est si typique pour nous, quant à la question de savoir si l'Union européenne doit s'apparenter à une confédération d'Etats ou à un Etat fédéral. Au lieu de cela, les nations européennes devront construire leur édifice pierre à pierre – à la manière anglaise, c'est-à-dire

ben mussten revidiert werden oder scheiterten ganz am Widerstand der Länder.

Die innen- wie außenpolitische Berechenbarkeit der Bundesregierung hat bisweilen unter Bund-Länder-Konflikten gelitten. In Zukunft wird die Abstimmung zwischen Bund und Ländern für die Außenpolitik der Bundesrepublik noch wichtiger werden, denn die Länder haben 1992 in der Ratifizierungsdebatte über den Maastricht-Vertrag ihre starke Stellung dazu genutzt, sich durch eine Grundgesetzänderung ein Vetorecht gegenüber der Bundesregierung im europäischen Einigungsprozess zu sichern: Vor jedem weiteren Integrationsschritt muss Berlin die Zustimmung des Bundesrates einholen.

Wohin die weitere Entwicklung Europas gehen wird, das ist heute noch nicht zu erkennen. Es gibt für die Europäische Union keine geschichtliche Parallele, noch weniger ein Vorbild. Wir Deutschen müssen den für uns sehr typischen, scheinbar juristisch-wissenschaftlichen Streit darüber beiseite lassen, ob die Europäische Union eher einem Staatenbund oder eher einem Bundesstaat gleichen solle. Statt dessen müssen die europäischen Staaten – in einer typisch englischen, nämlich pragmatischen Manier – Stein auf Stein setzen. Der Prozess bis zur Vollendung der Union kann durchaus noch mehrere Jahrzehnte in Anspruch nehmen.

Wie aber auch immer die weitere Entfaltung der Europäischen Union verlaufen wird, zwei Erwartungen werden in jedem Falle eintreffen. Zum Ersten werden die in der Union miteinander verbundenen Nationalstaaten ihren jeweils eigenen Charakter nicht verlieren, sondern vielmehr bewahren. Dies wird zum Zweiten auch für die föderative Gliederung Deutschlands gelten, die sich bei uns – ganz anders als in Frankreich oder England – über viele Jahrhunderte entwickelt hat. Wer die Politik, die Wirtschaft, die Kultur der Deutschen verstehen will, der muss die Bundesländer kennen! Das gilt für unsere Nachbarn, die den vorliegenden Band in drei Sprachen lesen können. Es gilt aber auch für uns Deutsche selbst. Denn von der seelischen Vereinigung unserer Nation sind wir noch weit entfernt, ebenso von der vollständigen wirtschaftlichen Vereinigung. Immer noch wissen die West- wie Ostdeutschen viel zu wenig voneinander und von der gemeinsamen Geschichte.

Wenn der vorliegende Band dazu beitragen würde, dass sich die Deutschen in Ost und West besser kennenlernten, dann wäre viel erreicht. Nur ein demokratisches Deutschland wird das Vertrauen unserer Nachbarn finden. Nur wenn wir Deutschen im eigenen Vaterland Bund und Länder im inneren Gleichgewicht halten, werden wir unserer außenpolitischen Verantworung gerecht werden und wirksam auf ein geeintes Europa hinarbeiten können.

must set aside the seemingly legalistic and academic dispute – so typical of us – over whether the European Union is to be a confederation of states or a federal state. Instead, European states must put one stone upon the other – in a typically British, pragmatic manner. The process of completion may well yet take the European Union several further decades.

Whatever course the further evolution of the European Union takes, two expectations can be sure to be fulfilled. First, the nation-states joined together in the EU will not forfeit their individual character, but retain it. Second, this will continue to apply to the federal system in Germany, which – unlike in Britain or France – has evolved over the centuries. Anyone who seeks to understand the politics, economy and culture of the Germans must be conversant with Germany's federal states. And that includes our neighbours, who can read this book in three languages. It also applies to us Germans. We are still a long way away from mental and emotional unification, let alone total economic unification. West and East Germans still know far too little about each other and about the history they share.

If this book were to play a part in helping Germans in East and West to get to know each other better, much would have been accomplished. Only a democratic Germany will enjoy the trust and confidence of our neighbours, and only if we Germans in our own fatherland succeed in striking a balance between the federal government and the states will we do justice to our foreign policy responsibility and be able to work effectively for a united Europe.

pragmatique. Le processus d'unification de l'Europe peut prendre encore plusieurs dizaines d'années.

Quelle que soit l'évolution future de l'Union européenne, deux aspirations se verront satisfaites. En premier lieu, les nations regroupées au sein de cette Union ne perdront pas le caractère qui leur est propre, mais, au contraire, le conserveront. Cela vaut, en second lieu, pour la structure fédérative de l'Allemagne qui, chez nous – à la différence de la France ou de l'Angleterre – s'est forgée au fil des siècles. Qui veut comprendre la politique, l'économie, la culture des Allemands doit connaître les Länder! Cela s'adresse à nos voisins qui pourront lire le présent ouvrage en trois langues, mais est également valable pour nous, Allemands. Car nous sommes encore loin de l'unification de notre nation au sens affectif du terme, de même que d'une intégration parfaite sur le plan économique. Les Allemands de l'Ouest et de l'Est savent encore trop peu de choses les uns des autres et de l'histoire qui leur est commune.

Si le présent ouvrage contribuait à ce que les Allemands, à l'Est et à l'Ouest, apprennent à mieux se connaître, un grand pas serait fait. Seule une Allemagne démocratique s'attirera la confiance de ses voisins. Et ce n'est que si nous, Allemands, savons maintenir, au sein de notre propre patrie, l'équilibre intérieur entre la Fédération et les Länder, que nous pourrons faire face à la responsabilité qui nous incombe en matière de politique étrangère et que nous pourrons œuvrer efficacement en faveur d'une Europe unie.

Wie ein feiner Strich liegt die Hallig Langeneß am Horizont. Sturmfluten haben seit Jahrhunderten die Geschichte dieser winzigen Eilande geschrieben. Auch heute wird das Leben auf einer Hallig von Ebbe und Flut bestimmt.

Langeneß hallig lies like a fine line on the horizon. For centuries, floods have written the history of these tiny islands. To this day, life on a hallig is governed by high and low tides.

L'île plate de Langeneß rehausse la ligne d'horizon d'un trait fin. L'histoire de ces minuscules îlots porte l'empreinte des grandes marées qui les taraudent depuis des siècles. Comme de tout temps, le flux et le reflux ponctuent, aujourd'hui, la vie de ces îles.

Inmitten unserer schnelllebigen Zeit hat das reetgedeckte Friesenhaus seine Harmonie und Behaglichkeit bewahrt und weckt Erinnerungen an die gute alte Zeit.

In our fast-moving age, the thatched Frisian cottage has retained its harmony and cosiness, calling to mind memories of the good old days.

Défiant l'agitation des temps modernes, la maison frisonne, coiffée d'un toit de chaume, a conservé son harmonie et son aspect douillet évoquant le bon vieux temps.

Das Friesenmuseum Niebüll-Deezbüll zeigt in seinen original erhaltenen Innenräumen, wie die Inselfriesen früher wohnten. Hier die gute Stube mit dem Wandbett (Alkoven), das meist so kurz war, dass die Bewohner halb sitzend schliefen.

The Frisian Museum in Niebüll-Deezbüll shows in its original interiors how the Frisian islanders used to live. Here is the parlour with its alcove bed. It was so short that those who slept in it did so in a semi-recumbent position.

Le Musée Frison de Niebüll-Deezbüll illustre, à travers ses intérieurs conservés à l'original, la façon dont vivaient autrefois les habitants des îles de la Frise. On voit ici la pièce à vivre avec son lit encastré dans une alcôve. Il était si court que son occupant devait dormir à moitié assis.

Hunderte von Fischkuttern sorgen dafür, dass genügend Schollen, Muscheln und Krabben aus der Nordsee frisch in die Restaurants kommen.

Hundreds of fishing cutters ensure that a sufficient supply of fresh North Sea plaice, mussels and shrimps reaches restaurants.

Des centaines de chalutiers veillent à ce que les restaurants ne manquent pas de plies, de moules et de crevettes fraîches, pêchées en mer du Nord.

Der Maler Emil Nolde (1867–1956) entwarf sein Wohnhaus und den Garten in Seebüll/Nordfriesland 1926/27 selbst. Seine hier während der Nazi-Zeit entstandenen Aquarelle, die „ungemalten Bilder", spiegeln die Landschaft des Nordens.

The painter Emil Nolde, 1867–1956, designed his own home and garden in Seebüll, North Frisia, in 1926/27. The water colours he painted here during the Nazi era, or "unpainted paintings," as he called them, reflect the landscape of the north.

Le peintre Emil Nolde (1867 à 1956) dessina lui-même, en 1926/27, les plans de sa maison et de son jardin, qui se trouvent à Seebüll, en Frise septentrionale. Ses aquarelles, les «tableaux non-peints», réalisées pendant la période nazie représentent le paysage nordique.

Die Nordseeinsel Helgoland
besteht aus einem bis zu 56
Meter über dem Meeresspiegel
aufragenden Buntsandsteinfelsen
und der östlich gelegenen Düne.
Wahrzeichen des Nordseebades
ist die „Lange Anna" (links).

The North Sea island of Heligo-
land consists of a sandstone rock
jutting up to 56 metres above
sea level and the dune which lies
to the east of it. "Lange Anna,"
the rock left, is the North Sea
resort's landmark.

L'île d'Helgoland, en mer du
Nord, est constituée d'un rocher
de grès bigarré émergeant
jusqu'à 56 mètres au-dessus du
niveau de la mer ainsi que d'une
dune, en sa partie est. Le rocher
«Lange Anna» (à gauche) est
le symbole de cette station
balnéaire de la mer du Nord.

Grachtenrundfahrt in Friedrichstadt. Noch heute wirkt die
kleine Stadt wie ein Stück
Holland. Tatsächlich war Friedrichstadt eine Gründung für
niederländische Glaubensflücht-
linge im 17. Jahrhundert.

A tour of the grachten, or canals,
in Friedrichstadt, a small town
which to this day looks like a
piece of Holland. Friedrichstadt
was, indeed, established for
Dutch religious refugees in the
seventeenth century.

Circuit en bateau sur les canaux
de Friedrichstadt. De cette petite
ville émane aujourd'hui encore
une atmosphère rappelant la
Hollande. Friedrichstadt fut, en
effet, fondé par des réfugiés
néerlandais ayant dû fuir devant
les persécutions d'ordre
religieux dont ils furent l'objet
au XVIIe siècle.

Im Osten Schleswig-Holsteins haben sich gewaltige Meeresarme gebildet, die in der Eiszeit entstanden sind und die Ostsee tief in das Land haben eindringen lassen. Wie ein blaues Band teilt die Schlei östlich von Sieseby die von Raps und Baumkronen bestandenen, im Frühsommer gelbgrünen Ufer.

The east of Schleswig-Holstein is marked by large sea inlets formed during the Ice Age and enabling the Baltic to cut deep swathes into the countryside. Like a blue ribbon the Schlei east of Sieseby separates its yellow and blue banks, with their rapefields and treetops, in early summer.

De puissants bras de mer se sont formés à l'ère glaciaire dans l'est du Schleswig-Holstein, faisant pénétrer la mer Baltique loin à l'intérieur des terres. A l'est de Sieseby, la Schlei dévide son ruban bleu, scindant les rives ponctuées de bouquets d'arbres et émaillées de champs de colza qui se teintent de jaune et de vert au début de l'été.

Am Ostufer der Flensburger Förde liegt Schloss Glücksburg. Das 1582 bis 1587 unter dem dänischen Herzog Johann dem Jüngeren erbaute Wasserschloss gehört zu den schönsten Gebäuden Schleswig-Holsteins.

Glücksburg Castle stands on the east shore of Flensburg Bay. The moated castle, built between 1582 and 1587 during the reign of the Danish Duke John the Younger, is one of Schleswig-Holstein's most attractive buildings.

Sur la rive est de la baie de Flensburg se dresse le château de Glücksburg. Erigé de 1582 à 1587 pour le duc danois Jean le Jeune, ce château entouré de douves fait partie des plus beaux édifices du Schleswig-Holstein.

Im Inneren des Schlosses Gottorf/Schleswig warten wertvolle Sammlungen der Schleswig-Holsteinischen Landesmuseen auf interessierte Besucher.

In Schleswig's Gottorf Castle valuable Schleswig-Holstein Landesmuseum collections await interested visitors.

A l'intérieur du château de Gottorf, situé près de la ville de Schleswig, de précieuses collections issues des musées régionaux du Schleswig-Holstein attendent le visiteur intéressé.

Kiel ist nicht nur die Landeshauptstadt Schleswig-Holsteins, sondern auch Verbindungshafen zu den nördlichen Nachbarn. Am Schweden- und Oslokai kann man tagtäglich das An- und Ablegen der Fährschiffe beobachten.

Kiel is not just the state capital of Schleswig-Holstein but a seaport linking it with its Scandinavian neighbours. Ferries can be seen daily as they berth and depart from the Schwedenkai and Oslokai.

Kiel n'est pas seulement la capitale du Land de Schleswig-Holstein, mais aussi un port reliant cette région de l'Allemagne à ses voisins scandinaves. Des embarcadères, le «Schwedenkai» et l'«Oslokai», on peut, chaque jour, contempler l'arrivée et le départ des ferrys.

Kiel und die Kieler Woche. Die weltgrößte Segelsportveranstaltung findet jährlich in der letzten Juniwoche statt. Tausende von Teilnehmern treffen sich im Mekka des Segelsports und liefern sich den Launen von Wind und Wetter aus.

Kiel and the Regatta. The world's largest sailing event is held annually in the last week of June. Thousands of participants meet in the Mecca of yachting and abandon themselves to the caprices of wind and weather.

Kiel et la «Semaine de Kiel»: la plus grande manifestation sportive du monde en matière de yachting s'y tient chaque année pendant la dernière semaine de juin. Des milliers de participants se rencontrent dans cette mecque de la voile, livrés aux caprices du vent et du temps.

Der Nord-Ostsee-Kanal verbindet die Elbbucht der Nordsee mit der Kieler Förde der Ostsee. Er gehört zu den meistbefahrenen Wasserstraßen der heutigen Zeit. Die Durchfahrt des 98,7 Kilometer langen Kanals dauert sieben bis acht Stunden.

The Kiel Canal, linking the Elbe bay in the North Sea with Kiel Bay in the Baltic, is one of the busiest waterways today. It is 98.7 kilometres long and the passage takes between seven and eight hours.

Le canal de la mer du Nord à la mer Baltique établit la liaison entre la baie de l'Elbe sur la côte ouest et la baie de Kiel sur la côte est. Il compte parmi les voies navigables les plus fréquentées de nos jours. La traversée de ce canal, long de 98,7 kilomètres, demande sept à huit heures.

In unmittelbarer Nähe Kiels, in Molfsee, befindet sich das Schleswig-Holsteinische Freilichtmuseum. Es hat sich zur Aufgabe gemacht, typische Zeugnisse bäuerlicher Haus- und Hofformen des Landes zu sammeln und zu erhalten.

The Schleswig-Holstein Open-Air Museum is in Molfsee, just outside Kiel. It has set itself the task of collecting and maintaining typical examples of local rural houses and farms.

C'est à Molfsee, dans les proches environs de Kiel, que se trouve le Musée de plein air du Schleswig-Holstein. Il s'est donné pour tâche de rassembler et de préserver les témoins caractéristiques des modes d'habitation rurale que sont les maisons et les fermes de cette région.

Die hügelige Landschaft der Holsteinischen Schweiz erhielt ihre Gestalt durch die letzte Eiszeit. Die schönste Art, dieses idyllische Gebiet kennenzulernen, ist die berühmte „Fünf-Seen-Fahrt".

The undulating hills of Holsteinische Schweiz (Holstein Switzerland) were formed by the last Ice Age. The most agreeable way of getting to know this idyllic area is to take the well-known Five-Lakes Tour.

Le paysage vallonné de la «Suisse du Holstein» a été façonné au cours de la dernière période glaciaire. La plus agréable façon de faire connaissance de cette région idyllique est d'entreprendre la fameuse «croisière sur les cinq lacs».

Das Eutiner Schloss wurde im ausgehenden 17. Jahrhundert im Stil des Spätbarock errichtet. Bis 1800 residierten hier die Fürstbischöfe. In eine Stiftung umgewandelt, kann es nun wieder besichtigt werden. Auch der weiträumige Park mit versteckt liegenden Tempeln steht der Bevölkerung offen.

Eutin Palace was built in the late seventeenth century in the late Baroque style. Its prince-bishops lived here until 1800. Now a foundation, it is open to visitors once more. The extensive park and grounds with their secluded temples are also open to the public.

Le château d'Eutin fut construit vers la fin du XVIIe siècle dans le style du baroque tardif. Les princes-évêques y résidèrent jusqu'en 1800. Converti en établissement d'intérêt public, on peut de nouveau le visiter. Le parc de vastes dimensions où se dissimulent plusieurs petits temples est également ouvert au public.

Ein Wahrzeichen von Ostholstein ist die fast einen Kilometer lange Fehmarnsundbrücke, die die Insel Fehmarn mit dem Festland verbindet.

Fehmarnsund Bridge, nearly one kilometre long, linking the island of Fehmarn with the mainland, is an East Holstein landmark.

Le pont enjambant le Fehmarnsund, d'environ un kilomètre de long, qui relie l'île de Fehmarn à la terre ferme, est l'emblème de l'est du Holstein.

Zur sanft gewellten Hügellandschaft Schleswig-Holsteins gehören die im 16. Jahrhundert als gutsadliges Herrschaftszeichen errichteten Torhäuser – das von Hasselburg ist von besonderer Eleganz.

A feature of the gently rolling hills of Schleswig-Holstein is the sixteenth-century gatehouses built as an expression of power by the lords of the manor. This one, in Hasselburg, is strikingly elegant.

Symboles de la noblesse terrienne, les anciennes maisons-porches marquant l'entrée de domaines furent bâties au XVIe siècle et font partie du paysage mamelonné du Schleswig-Holstein – celle d'Hasselburg est d'une élégance toute particulière.

Glück bringt es, wenn man die Schuhspitze oder den hochgestreckten Daumen von Till Eulenspiegel berührt. Die bronzene Brunnenfigur steht auf dem Marktplatz der malerischen Altstadt von Mölln.

Touching the tip of Till Eulenspiegel's pointed shoe or his raised thumb is said to bring you luck. Eulenspiegel in bronze and his fountain can be seen on the market square in the picturesque old part of Mölln.

Toucher le bout de la chaussure ou le pouce levé de Till Eulenspiegel porte bonheur. Cette sculpture de bronze se dresse sur la place du marché de la pittoresque vieille ville de Mölln.

Das im 18. Jahrhundert erbaute Schloss Wotersen ist eine flach übergiebelte, sonnengelbe Dreiflügelanlage, die im norddeutschen Barockstil errichtet wurde. Klassische Musik erklingt hier alljährlich im Rahmen des Schleswig-Holstein Musik Festivals im Reitstall.

Wotersen Castle, built in the eighteenth century, is a flat-roofed, three-winged, north German Baroque manor house painted sunshine yellow. Classical music is played every year in the stable buildings as part of the Schleswig-Holstein Music Festival.

Le château de Wotersen, édifié au XVIIIe siècle, est un ensemble à trois ailes, de couleur jaune doré, doté d'un toit saillant à pignon plat. Il fut exécuté dans le style baroque caractéristique du nord de l'Allemagne. Chaque année, les anciennes écuries résonnent des accents de la musique classique que l'on y joue dans le cadre du Festival de Musique du Schleswig-Holstein.

Das Holstentor mit den mächtigen Rundtürmen ist das Wahrzeichen Lübecks. Es gehörte einst zu den Verteidigungsanlagen der alten Hansestadt. Links des trutzigen Gebäudes ragen die Türme von St. Marien auf.

The Holstentor with its massive round towers is the emblem of Lübeck. It once formed part of the old trading city's fortifications. To the left of the sturdy old building are the towers of the Marienkirche.

Le «Holstentor», porte fortifiée aux énormes tours circulaires, est l'emblème de Lübeck. Elle faisait autrefois partie des murs d'enceinte de cette ancienne ville hanséatique. A gauche du puissant édifice se dressent les tours de l'église St. Marien.

Travemünde ist nicht nur ein bekanntes Seebad, sondern auch Fährhafen nach Skandinavien und Osteuropa. Am Priwall liegt der außer Dienst gestellte Großsegler „Passat", heute ein Museumsschiff.

Travemünde is not just a well-known seaside resort but also a ferry port to Scandinavia and Eastern Europe. The tall ship "Passat," now a floating museum, is moored at Priwall.

Travemünde n'est pas seulement une station balnéaire fort connue, mais aussi un port pour ferrys à destination de la Scandinavie et de l'Europe de l'Est. Face à la presqu'île de Priwall est ancré le «Passat», quatre-mâts désormais hors service et aujourd'hui musée.

Blick von „Hamburgs guter Stube", der Binnenalster, auf den Ballindamm (links), den Jungfernstieg (rechts) und die „Skyline": links der Turm von St. Petri, in der Bildmitte die Ruine der im Zweiten Weltkrieg zerstörten Nikolaikirche, daneben Hamburgs pompöses Rathaus, das 1897 eingeweiht wurde, und ganz rechts Hamburgs Wahrzeichen, der „Michel".

The view from Hamburg's "front parlour," the Inner Alster, of Ballindamm, left, Jungfernstieg, right, and a city-centre skyline comprising the tower of St. Petri, left, in the centre the ruins of the Nikolaikirche, destroyed during World War II, to its right Hamburg's pompous Rathaus, or city hall, inaugurated in 1897, and on the right Hamburg's famous landmark "Michel", or St. Michael's Church.

Vue du bassin intérieur de l'Alster, la «pièce d'apparat de Hambourg», sur le Ballindamm (à gauche), le Jungfernstieg (à droite) ainsi que sur la silhouette caractéristique de la cité: à gauche, le Tour de l'église St-Petri, au centre de l'image les ruines de l'église St-Nikolai, détruite au cours de la Seconde Guerre mondiale, sur son côté droit le pompeux hôtel de ville, inauguré en 1897, et sur son côté droit l'emblème de Hambourg l'église «Michel».

Die Alsterarkaden wurden 1843–1846 errichtet. Ganz früher befand sich hier ein Apothekergarten. Um die Ecke, am berühmten Jungfernstieg, pulsiert das Leben.

The Alsterarkaden were built between 1843 and 1846 on a site which used to be an apothecary's garden. Just round the corner, on Jungfernstieg, the city is at its liveliest.

La rue «Alsterarkaden» fut aménagée entre 1843 et 1846. Un jardin de plantes médicinales se trouvait jadis à cet emplacement. Au coin de la rue, une animation intense règne sur le célèbre Jungfernstieg.

Die Außenalster ist ein inmitten der Stadt gelegenes Erholungsgebiet ganz eigener Art. Jedes der umliegenden Viertel hat besonderes Flair und seine eigene Geschichte.

The Outer Alster is a city-centre recreation area of a very special kind. The adjoining districts each have their distinctive character, history and flair.

S'étendant en plein cœur de la cité, le bassin extérieur de l'Alster constitue une zone de détente d'un genre tout à fait particulier. Les quartiers qui l'entourent ont chacun leur atmosphère toute particulière et leur propre histoire.

Das Chilehaus, dessen Konturen an einen Schiffsrumpf erinnern, ist eines der vielen Hamburger Kontorhäuser. Es wurde in den 1920er Jahren von dem Architekten Fritz Höger errichtet.

Chilehaus, shaped like a ship's hull, is one of many Hamburg office blocks. It was designed and built in the 1920s by the architect Fritz Höger.

La Maison du Chili, dont les contours rappellent ceux de la coque d'un navire, fait partie des nombreux immeubles commerciaux que compte Hambourg. Elle fut construite dans les années 1920 par l'architecte Fritz Höger.

Kein Hamburg-Besuch ohne Hafenrundfahrt. Von den Landungsbrücken starten die kleinen Barkassen und bringen Besucher aus aller Welt ganz nah an die riesigen Trockendocks und in die vielen Hafenbecken.

No visit to Hamburg is complete without a tour of the port. Launches set out from Landungsbrücken, taking visitors from all over the world close up to the gigantic dry docks and the many harbour basins.

Pas de visite de Hambourg sans circuit du port. Les petites barcasses partent des Landungsbrücken, que l'on voit ici au premier plan, et conduisent les visiteurs venus du monde entier dans le voisinage immédiat des gigantesques bassins de radoub et des nombreux autres bassins portuaires.

Dort, wo heute die ab 1883 errichtete Speicherstadt steht, befand sich vorher ein Wohnviertel. Dieser Teil Hamburgs mit seinen roten Backsteinhäusern war von 1888 bis 2003 „Zollausland" und gehörte zum Freihafen. Im Internationalen Maritimen Museum werden 3000 Jahre Seefahrtsgeschichte erzählt.

Houses used to stand where, from 1883 onward, the Warehouse City was built. This area of Hamburg with its red-brick buildings was outside customs jurisdiction and part of the free port from 1888 till 2003. The International Maritime Museum tells the tale of 3,000 years of seafaring history.

Là où s'étend aujourd'hui la Speicherstadt, le quartier des entrepôts, que l'on commença de construire à partir de 1883, se trouvait autrefois un quartier d'habitation. Cette partie
de Hambourg, aux beaux immeubles de briques rouges, a été «Territoire hors de la ligne douanière» de 1888 à 2003 et faisait partie du port franc. Le Internationales Maritimes Museum (Musée maritime international) relate 3.000 ans d'histoire de la navigation maritime.

Blick von den im 17. Jahrhundert für die Witwen der Einzelhändler errichteten Krameramtswohnungen auf das Wahrzeichen Hamburgs, den „Michel". Die Michaeliskirche wurde von 1751 bis 1762 errichtet, der Turm 1786 vollendet.

View from the Krameramtswohnungen almshouses, built in the seventeenth century for Hamburg retail traders' widows, of the city's landmark, the Michaeliskirche, or Michel, built between 1751 and 1762. The church tower was completed in 1786.

Vue des Krameramtswohnungen – maisonnettes bâties au XVIIe siècle à l'intention des veuves des petits commerçants de la ville – sur le «Michel», emblème de Hambourg. L'église St-Michaelis fut érigée de 1751 à 1762, la tour achevée en 1786.

Jeden Sonntag in aller Herrgotts-
frühe ist am Hafen Fischmarkt.
Hier gibt es alles, was das
Herz begehrt. Die Fischauktions-
halle (Bildmitte) wurde liebevoll
restauriert.

Down by the harbour, at the
crack of dawn on Sunday
morning, the Fischmarkt is held.
Everything the heart desires
is bought and sold here.
The fish auction hall, centre, has
been lovingly restored.

Le port sert de cadre au Marché
aux Poissons qui s'y tient tous les
dimanches, de grand matin.
On y trouve tout ce que l'on
désire. La Halle où a lieu la vente
à la criée des poissons (centre)
a été amoureusement restaurée.

Was wäre Hamburg ohne die
Reeperbahn, ohne die Große
Freiheit und ohne die David-
wache? In den letzten Jahren
haben sich auf der legendären
Amüsiermeile wieder Kabaretts,
Musik-Clubs und Musicals
etabliert.

What would Hamburg be like
without the Reeperbahn, Große
Freiheit and the Davidwache?
In recent years, the legendary
red-light area has witnessed a
renaissance of cabaret, music
clubs and musicals.

Que serait Hambourg sans la
Reeperbahn, sans la Große Freiheit et sans la Davidwache?
Ces dernières années, de
nombreux cabarets, clubs de
musique et music-halls ont
ouvert leurs portes en bordure
de cette légendaire avenue du
divertissement.

Die Köhlbrandbrücke ist ein Bei-
spiel herausragender
Ingenieurskunst. Die an zwei
schlanken, 135 Meter hohen
Pylonen aufgehängte Fahrbahn
verbindet seit 1974 mehrere
Hafenbecken miteinander.

Köhlbrandbrücke is an example
of outstanding civil engineering.
Since 1974, the bridge,
suspended from two slender
pylons 135 metres tall, has
linked several parts of the port.

Le pont Köhlbrandbrücke est un
remarquable chef-d'œuvre du
génie civil. Depuis 1974, la voie
de circulation suspendue à deux
pylones élancés, hauts de 135
mètres, établit la liaison entre
plusieurs bassins portuaires.

Im Jenisch Haus befindet sich heute ein Museum für die groß-bürgerliche Wohnkultur des 19. Jahrhunderts. Das 1831 bis 1834 für den Senator Martin Johann Jenisch gebaute Haus liegt im an der Elbe gelegenen Jenischpark.

The Jenisch Haus today houses a museum of nineteenth-century bourgeois style of living. The house, built between 1831 and 1834 for Senator Martin Johann Jenisch, is in the Jenischpark, overlooking the Elbe.

La villa construite entre 1831 et 1834 à l'intention du sénateur Martin Johann Jenisch se dresse au Parc Jenisch, bordant l'Elbe. La Villa Jenisch abrite aujourd'hui un musée où l'on découvrira le style d'intérieur propre à la grande bourgeoisie du XIXe siècle.

Durch den Fischer- und Lotsen-ort Övelgönne bei Altona an der Elbe führt ein schmaler laternen-gesäumter Weg. Auf dem breiten Elbstrand findet nicht nur die Jeunesse dorée Erholung. Im Hintergrund der auslaufende Kreuzfahrer Queen Mary 2.

A narrow path lined by street lamps runs through the fisher-men's and pilots' village of Övel-gönne, near Altona, on the River Elbe. The wide expanses of Elbe beach are popular with people from all walks of life and not just the jeunesse dorée. In the back-ground the cruise liner Queen Mary 2 is heading downstream to the North Sea.

Près d'Altona, longeant l'Elbe, un chemin étroit bordé de réver-bères mène à travers Övelgönne, autrefois village de pêcheurs et de pilotes lamaneurs. La jeu-nesse dorée n'est pas la seule à jouir d'un moment de détente sur cette large plage au bord de l'Elbe. A l'arrière-plan, le bateau de croisière Queen Mary 2.

Blankenese mit seinem Treppen-
viertel liegt malerisch am Elb-
hang. Weit geht der Blick über
den großen Strom hinüber auf
die unter Naturschutz stehende
Elbinsel und ins Alte Land, eines
der größten Obstanbaugebiete
Europas.

Blankenese and its Treppen-
viertel, a terraced area reached
only by flights of steps, nestles
picturesquely on the hillside
overlooking the Elbe. It has a
panoramic view across the river
to an island in the Elbe which is
a nature reserve and to the Altes
Land, one of the largest orchard
areas in Europe.

Blankenese et son pittoresque
quartier parcouru d'escaliers,
s'accroche au flanc de la colline
surplombant l'Elbe. Le regard
plonge par-delà le fleuve jusqu'à
l'île classée site protégé et
au «Vieux Pays», l'Altes Land,
qui est l'une des plus vastes
régions d'arboriculture fruitière
d'Europe.

Celle, die planmäßig angelegte Fachwerkstadt am Rande der Lüneburger Heide, war bis Anfang des 18. Jahrhunderts die Residenz der Fürsten von Braunschweig-Lüneburg. Davon zeugt noch heute das auf einem Hügel erbaute Schloss.

Celle, a half-timbered town laid out systematically on the periphery of the Lüneburg Heath, was until the early eighteenth century the seat of the princes of Brunswick-Lüneburg, as is evidenced to this day by the Schloss, or palace.

Celle, ville aux somptueuses maisons à colombages, située en bordure de la lande de Lüneburg, fut aménagée selon un plan rigoureux et servit de résidence aux princes de Brunswick-Lüneburg. Témoin de l'époque: le château.

Die gut erhaltenen Bürgerhäuser Lüneburgs zeigen den einstigen Reichtum der tausendjährigen Hansestadt. Hier ein Blick vom Lüneburger Stintmarkt über die Ilmenau auf den alten Kran und die Lüner Mühle.

Lüneburg's well-preserved town houses testify to the former affluence of the 1,000-year-old Hanseatic city. This is a view from the Stintmarkt over the Ilmenau of the old crane and the Lüne mill.

Les maisons bourgeoises de Lüneburg, épargnées par le temps, témoignent de l'ancienne richesse de cette ville millénaire qui fit partie de la Ligue hanséatique. La vue, prise du Stintmarkt de Lüneburg, s'étend jusqu'au-delà de l'Ilmenau et dévoile l'«Alter Kran», une vieille grue en bois ainsi que le moulin de Lüne.

Die Lüneburger Heide, zwischen Aller und Elbe gelegen, ist eine der eigentümlichsten Landschaften Norddeutschlands. Weidende Heidschnuckenherden, dunkle Wälder und Moore, Sand- und Lehmheiden prägen das Bild dieses Naturraums.

The Lüneburg Heath, extending from the Aller to the Elbe, boasts one of the most distinctive landscapes in North Germany. Grazing sheep, dark woods and moorland, sandy and clay heathland are nature's keynotes in this part of the country.

La Lande de Lüneburg, qui déploie ses étendues dans une région délimitée par l'Aller et l'Elbe, est l'une des contrées les plus insolites du nord de l'Allemagne. Troupeaux de moutons, forêts obscures, tourbières, landes au sol sablonneux ou argileux, caractérisent ce paysage naturel.

Kurfürstin Sophie von Hannover ließ 1682 bis 1714 mit den Herrenhäuser Gärten eine der schönsten Barockgartenanlagen der Welt entstehen. Das Universalgenie Gottfried Wilhelm Leibniz gab dem Gelände den mathematisch exakten Grundriss.

Between 1682 and 1714 Electoral Princess Sophie of Hanover had one of the finest Baroque gardens in the world laid out at Herrenhausen. The polymath Gottfried Wilhelm Leibniz was responsible for the gardens' mathematically precise layout.

En faisant aménager les Jardins de Herrenhausen de 1682 à 1714, la princesse-électrice Sophie de Hanovre créa l'un des plus beaux parcs baroques existant au monde. Gottfried Wilhelm Leibniz, génie universel, donna à l'ensemble la configuration mathématiquement rigoureuse qu'il présente.

Hannover ist die Landeshauptstadt Niedersachsens. Wer mit dem Fahrstuhl in die Kuppel des „neuen", wilhelminischen Rathauses (1901) fährt, hat einen herrlichen Blick über den Maschsee und die grüne Stadt an der Leine.

Hanover is the Lower Saxon capital. Take the lift up to the dome of the "new" Wilhelminian Rathaus, or city hall, built in 1901, for a magnificent view of the Maschsee and the green city on the river Leine.

Hanovre est la capitale du Land de Basse-Saxe. Qui prendra l'ascenseur pour gagner la coupole du «nouvel» hôtel de ville de style wilhelmnien (construit en 1901), jouira d'une superbe vue sur le lac de Maschsee et sur cette ville des bords de la Leine, noyée dans la verdure.

Hannover besitzt das größte Messegelände der Welt. 26 Hallen bieten Ausstellungsraum für internationale Leitmessen (z. B. CeBIT und Hannover Messe). Im Jahr 2000 fand hier die Weltausstellung EXPO statt.

Hanover boasts the world's largest trade fair facilities, with 26 exhibition halls where international keynote fairs (e. g. CeBIT and the Hanover Fair) are held. It was the venue for the EXPO 2000 world exhibition.

Hanovre possède le plus grand parc d'exposition du monde. 26 halles y accueillent des expositions pilotes internationales (p. e. CeBIT et la Foire de Hanovre). C'est ici qu'a eu lieu en l'an 2000 la Foire Universelle EXPO.

Braunschweig war bereits im 11. Jahrhundert eine der mächtigsten Städte des Reiches und Wirkungsstätte Heinrichs des Löwen, Herzog von Sachsen und Bayern. An ihn erinnert der bronzene Löwe vor dem Dom.

Braunschweig was one of the most powerful cities of the Holy Roman Empire in the eleventh century days of Henry the Lion, Duke of Saxony and Bavaria. The bronze lion outside the cathedral was erected in his memory.

Brunswick (Braunschweig) fut dès le XIe siècle l'une des plus puissantes villes de l'Empire où régna Henri le Lion, duc de Saxe et de Bavière. Le lion de bronze, face à la cathédrale, rappelle ce souverain.

Das 1576 erbaute Juleum ist das Hauptgebäude der früheren Universität in Helmstedt, die bis 1810 bestand. Die beiden Seitentrakte werden durch achteckige Treppentürme erschlossen.

The Juleum, built in 1576, is the main building of the former university in Helmstedt, which existed until 1810. The two side wings are accessed via octagonal staircase towers.

Le «Juleum» construit en 1576 est le corps de logis de l'ancienne université de Helmstedt qui y exista jusqu'en 1810. Les deux ailes latérales sont accessibles par des tours d'escalier.

Hildesheim besitzt neben einem tausendjährigen Rosenstock, dem romanischen Dom und der ottonischen Pfarrkirche St. Michael einen der schönsten mittelalterlichen Marktplätze. Das im Zweiten Weltkrieg zerstörte Knochenhaueramtshaus aus dem 16. Jahrhundert (rechts) wurde Ende der 1980er Jahre rekonstruiert.

Hildesheim boasts not just a 1,000-year-old rose tree, a Romanesque cathedral and the Ottonian parish church of St Michael's but one of the most attractive mediaeval market squares. The sixteenth-century Knochenhaueramtshaus, right, was destroyed in World War II and rebuilt in the late 1980s.

Hildesheim s'enorgueillit non seulement d'un rosier millénaire, d'une cathédrale romane et de l'église paroissiale St-Michaelis de style ottonien, mais encore de l'une des plus belles places médiévales. Détruite pendant la Seconde Guerre mondiale, la Knochenhaueramtshaus, la «Maison du Boucher» (à droite), datant du XVIe siècle, fut reconstruite vers la fin des années 1980.

Feigenbaumklippe im Okertal:
Murmelnde Bäche, wilde
Schluchten und waldbegrenzte
Höhen – der Harz ist der Inbe-
griff der deutschen Romantik.
Aus dem wilden Naturpanorama
des nördlichsten deutschen Mit-
telgebirges ist eine moderne
Erholungslandschaft geworden.

Feigenbaumklippe in the Oker
Valley: With its babbling brooks,
wild gorges and tree-lined
heights the Harz is the epitome
of German Romanticism.
The wild natural panorama of
Germany's northernmost low
mountain range has been
transformed into a modern
holiday region.

Feigenbaumklippe (Rocher du
Figuier) dans la vallée de l'Oker:
Ruisseaux babillards, gorges
sauvages, collines boisées font
du Harz l'incarnation du roman-
tisme allemand. Le cadre naturel
et sauvage de la bordure nord
des montagnes moyennes
d'Allemagne s'est vu transformé
en une zone de détente moderne.

Die Kaiserpfalz von Goslar ist einer der größten Profanbauten des Mittelalters, dessen Grundstein Heinrich III. im 11. Jahrhundert legte. Das Silbererz machte Goslar zur ersten Stadt des Reiches.

Goslar's Kaiserpfalz, or imperial palace, is one of the largest secular buildings of the Middle Ages. Its foundation stone was laid by Henry III in the eleventh century. Silver ore made Goslar the first city of the Holy Roman Empire.

Le Palais impérial de Goslar, dont Henri III posa la première pierre au XIe siècle, est l'un des plus vastes édifices d'architecture profane médiévale. Les mines d'argent firent de Goslar la première ville de l'Empire.

Die abenteuerliche Zeit des Bergbaus im Harz wird nur noch in Museen – wie hier im Oberharzer Bergwerksmuseum von Clausthal-Zellerfeld – konserviert. Der Ort ist berühmt für seine 1775 gegründete Bergakademie.

The heyday of mining in the Harz is only preserved in museums such as the Upper Harz Mining Museum in Clausthal-Zellerfeld. Clausthal-Zellerfeld is famous for its mining academy, founded in 1775.

Les temps périlleux de l'exploitation des mines du Harz ne revivent que dans le cadre de musées, tel que celui des Mines du Haut-Harz, à Clausthal-Zellerfeld. Cette ville est célèbre pour son Ecole des Mines, fondée en 1775.

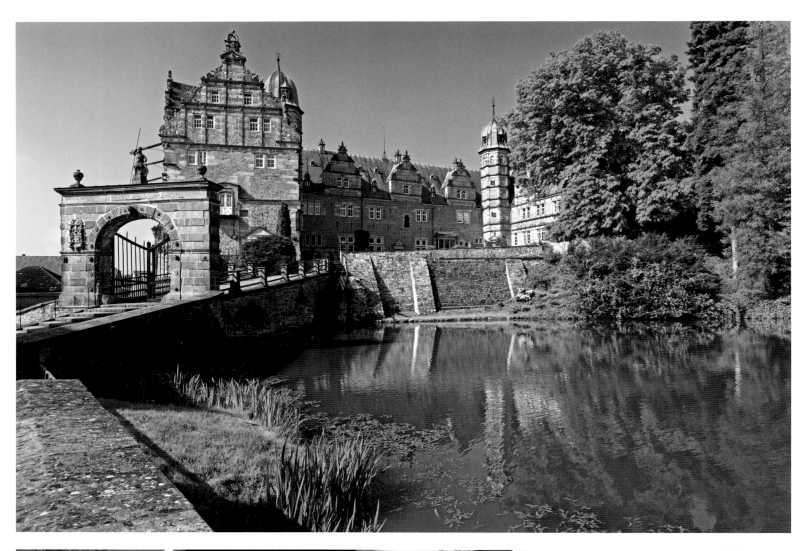

In einem Seitental der Weser, nahe Bad Pyrmont, steht die Hämelschenburg. Sie wurde um 1600 erbaut. Die stattliche dreiflügelige Anlage gilt als das vollkommenste Zeugnis der Weserrenaissance.

Hämelschenburg, a palace in a valley of the Weser near Bad Pyrmont, was built in about 1600. The impressive three-winged building is rated the most perfect example of the Weser Renaissance style.

C'est dans une vallée transversale de la Weser, près de Bad Pyrmont, que se dresse le château de Hämelschenburg. Il fut érigé en 1600. L'imposant ensemble de bâtiments disposés sur trois ailes passe pour être le plus parfait exemple de la Renaissance de la Weser.

Das Benediktinerkloster Bursfelde an der Weser wurde 1093 von den Grafen von Northeim gestiftet. Hier ein Blick in das Westschiff der romanischen Basilika. Die lutherische Reformation führte 1589 zur Auflösung des Konvents.

The Benedictine monastery of Bursfelde on the Weser was founded in 1093 by the Counts of Northeim. This is a view of the the Romanesque basilica's western nave. The Lutheran Reformation led to its dissolution in 1589.

L'abbaye bénédictine de Bursfelde sur la Weser est une donation faite en 1093 par les comtes de Northeim. Ici, une vue à l'intérieur de la nef Ouest de la basilique romaine. La Réforme luthérienne aboutit en 1589 à la dissolution du couvent.

Das im Schaumburger Land gelegene Bückeburg ist seit Jahrhunderten Residenz. Die aus dem 14. Jahrhundert stammende Burg wurde mehrfach umgebaut und erweitert. Nicht nur das Schloss und sein Park sind sehenswert, sondern auch die Stadt und ihre Umgebung.

Bückeburg in the Schaumburg area has been a princely seat for centuries. The fourteenth-century castle has been converted and enlarged on several occasions. It is not only the castle and grounds that are worth seeing; so are the town and its environs.

Bückeburg, située dans le Schaumburger Land, est depuis des siècles une ville de résidence. Le château remontant au XIVe siècle a été remanié et agrandi à plusieurs reprises. Si le château et son parc sont dignes de la visite, la ville et ses environs ne le sont pas moins.

Das „Gänseliesl" gilt als das meistgeküsste Mädchen der Welt, denn nach altem Brauch muss jeder Student nach bestandenem Doktorexamen der Jungfer die Lippen küssen. Seit dem Jahre 1901 schmückt sie den Marktbrunnen der alten Universitätsstadt Göttingen.

Gänseliesl, the Goose Girl, is reputed to be the most-kissed girl in the world. An old tradition has it that every student must kiss her on the lips on passing his PhD exam. She has graced the Marktbrunnen fountain in the old university town of Göttingen since 1901.

La «Gänseliesl», une gardeuse d'oies, est la jeune fille la plus embrasssée du monde entier. La coutume veut en effet que tout étudiant nouvellement diplômé dépose un baiser sur les lèvres de la pucelle. Depuis 1901, elle orne la fontaine de la Place du Marché de la vieille ville universitaire de Göttingen.

Das Stadtbild Oldenburgs ist im Wesentlichen vom Klassizismus geprägt. Die Lambertikirche wurde nach dem Einsturz 1797 zur Rotunde umgebaut. Davor der Schlossplatz mit der Schloss-wache.

The general aspect of Oldenburg is mainly characterised by Classi-cism. After collapsing in 1797 the Lambertikirche was rebuilt as a rotunda. In front of it is the palace square and palace guard-house.

La physiognomie d'Oldenburg porte essentiellement le cachet du classicisme. L'église Lamberti fut aménagée en rotonde à la suite de son effondrement en 1797. A l'avant, la Place du Château avec la Garde du Château.

Nachdem der Stadtkern von Osnabrück im Zweiten Weltkrieg schweren Schaden erlitten hatte, wurden viele Gebäude wieder aufgebaut oder restauriert – wie hier das Rathaus am Markt (1487 bis 1512).

Many buildings have been rebuilt or restored since the city centre of Osnabrück was badly damaged in World War II. They include the Rathaus, 1487–1512, on the market square.

Le noyau urbain d'Osnabrück ayant subi d'importants dégâts au cours de la Seconde Guerre mondiale, de nombreux bâti-ments ont été reconstruits ou restaurés – tels l'hôtel de ville (1487 à 1512), en bordure de la Place du Marché.

Der Leuchtturm von Pilsum ist eines der Wahrzeichen Ostfrieslands. Bis 1915 wies der elf Meter hohe, genietete Eisenturm den Schiffen den Weg in die Ems. Seither ist der leuchtend gelbrote Veteran außer Dienst.

Pilsum lighthouse is one of the landmarks of East Frisia. Until 1915 the 11-metre iron tower, rivets and all, showed shipping the way to the River Ems. The brilliant yellow and red old-timer has since been out of service.

Le phare de Pilsum est l'un des emblêmes de la Frise orientale. Jusqu'en 1915, la tour en fer rivetée a indiqué aux navires la voie à suivre pour s'engager dans l'Ems. Ce vétéran aux flamboyantes couleurs jaune et rouge est désaffecté depuis cette date.

Viele der noch gut erhaltenen Bürgerhäuser Stades stammen aus dem 17. Jahrhundert. Sie wurden nach dem großen Brand von 1659 gebaut, der den mittelalterlichen Stadtkern weitgehend zerstört hatte. Ein reizvolles Ensemble von Speichern, Fachwerk- und Bürgerhäusern gruppiert sich um den Alten Hafen an der Schwinge, einem Zufluss der Elbe.

Many of the well-preserved town houses in Stade date back to the seventeenth century. They were built after the Great Fire of 1659, which largely destroyed the mediaeval town centre. The Alter Hafen (Old Harbour) on the Schwinge, a tributary of the Elbe, is surrounded by a delightful combination of warehouses, half-timbered buildings and town houses.

Nombre de maisons bourgeoises de Stade, aujourd'hui encore en bon état de conservation, remontent au XVIIe siècle. Elles furent construites à la suite du grand incendie en 1659 qui ravagea la majeure partie de son noyau urbain médiéval. Un ravissant ensemble, fait d'entrepôts, de maisons bourgeoises et d'édifices à colombages, se blottit tout autour du Vieux Port aménagé en bordure de la Schwinge, un petit affluent de l'Elbe.

In Worpswede, nördlich von
Bremen, steht der Barkenhoff.
Der Maler und Sozialrevolutio-
när Heinrich Vogeler hat ihn entworfen, als er hier Ende des
19. Jahrhunderts mit Gleich-
gesinnten eine Künstlerkolonie
gründete.

Barkenhoff is in Worpswede,
north of Bremen. It was designed by painter and social
revolutionary Heinrich Vogeler
when he and like-minded people
founded an artists' colony here
before the end of the 19th
century.

C'est à Worpswede, au nord de
Brême que l'on trouvera le
Barkenhoff. Heinrich Vogeler,
peintre et partisan d'une révolution sociale, en élabora les plans
à la fin du XIXe siècle dernier
lorsqu'il vint y fonder une
colonie d'artistes partageant ses
conceptions.

Bis zu acht Meter hohe Deiche
schützen das größte Obstanbau-
gebiet des Kontinents, das Alte
Land bei Stade, vor den Fluten
der Elbe. Vor den Fachwerk-
gehöften stehen liebevoll gefer-
tigte Prunkpforten.

Dikes up to eight metres tall
protect the continent's largest
orchard area, the Altes Land
near Stade, from flooding by the
Elbe. Lovingly carved ornamental
gateways stand in front of the
half-timbered farmhouses.

Plusieurs digues atteignant
jusqu'à huit mètres de hauteur
protègent le Altes Land, près de
Stade, la plus vaste région de
culture fruitière du continent,
de l'assaut des marées de l'Elbe.
De majestueux portails amoureusement sculptés ont été
érigés à l'entrée des grands bâtiments de ferme à colombages.

Bremen | Bremen | Brême

Der Roland von Bremen blickt seit mehr als sechshundert Jahren auf den Marktplatz. Die Rittergestalt in Rüstung symbolisiert das Marktrecht. Solange der Roland vor dem Rathaus steht, sagen die Bremer, ist die Freiheit der Hansestadt nicht bedroht.

This statue of Roland has looked out onto the market square in Bremen for more than six hundred years. The figure of a knight in armour symbolises the conferring of market rights. Bremen people say that as long as Roland stands in front of the Rathaus, there is no threat to the Hanseatic city's freedom.

Voilà plus que six cents ans que le «Roland» de Brême promène ses regards sur la Place du Marché. Ce chevalier en armure symbolise le droit de tenir marché. La liberté de la ville hanséatique ne sera pas en danger aussi longtemps que la statue de Roland se dressera face à l'hôtel de ville, disent les Brémois.

Schmuckstück des Bremer
Marktplatzes ist das historische
Rathaus mit der Fassade im Stil
der Weserrenaissance. Daneben
erhebt sich der St.-Petri-Dom,
rechts davon auf dem historischen Gelände der einstigen
Börse die moderne Glasfassade
des Bremer Landesparlaments,
der „Bürgerschaft".

The jewel of Bremen's market
square is the historic Rathaus
with its Weser Renaissance
facade. Next to it stands St
Peter's Cathedral, and to its right
the modern glass facade of the
Bremen state parliament, the
House of Burgesses, built on the
historic site of the former stock
exchange.

L'hôtel de ville, un bâtiment
d'époque, dont la façade est exé-
cutée dans le style Renaissance
de la Weser, constitue le joyau de
la Place du Marché de Brême.
A côté, s'élève la cathédrale
St-Pétri et, à droite de celle-ci,
sur l'emplacement historique de
l'ancienne Bourse, la façade de
verre moderne du Parlement du
Land, la «Bürgerschaft».

Die Wallanlagen schmiegen sich als grüner Gürtel um die Altstadt Bremens. Die Mühle auf der Gießhausbastion ist die letzte erhaltene von einst zwölf Mühlen, die hier standen.

The Wallanlagen, a park on the site of the old city ramparts, encircle Bremen's old city centre like a green belt. The mill on the Giesshausbastion is the sole survivor of twelve mills which once stood here.

Les Wallanlagen (Promenade des Remparts) forment une ceinture de verdure qui enserre la partie ancienne de Brême. Le Gieß-hausbastion est le dernier des 12 moulins se dressant autrefois en cet endroit à avoir été préservé des outrages du temps.

Zu den Wahrzeichen der Weser-metropole gehören die Bremer Stadtmusikanten. Obwohl Esel, Hund, Katze und Hahn die Stadt nie erreichten, ließen die Bremer Ratsherren die Grimm-schen Märchenfiguren vom Bildhauer Gerhard Marcks in Bronze gießen.

One of the emblems of Bremen: the town musicians. Although the donkey, dog, cat and cock never reached the city, the Bremen city councillors commissioned from sculptor Gerhard Marcks this cast bronze statue of the figures from the Grimm fairy tale.

Les animaux musiciens de la ville de Brême. font partie des emblêmes de cette métropole des bords de la Weser. Bien que l'âne, le chien, le chat et le coq ne soient jamais parvenus jusqu'à Brême, les magistrats de la ville firent couler dans le bronze ces personnages du conte de Grimm. La pyramide formée par ces animaux est l'œuvre du sculpteur Gerhard Marcks.

Die Böttcherstraße ist das Werk des Kaffeekaufmanns Ludwig Roselius, der sie Anfang des 20. Jahrhunderts erwarb. Für die ungewöhnliche Architektur aus den 1920er Jahren zeichnet vor allem der Bildhauer und Baumeister Bernhard Hoetger verantwortlich.

Böttcherstrasse is the work of coffee merchant Ludwig Roselius, who purchased it at the beginning of the 20th century. The sculptor and architect Bernhard Hoetger is primarily responsible for the unusual 1920s architecture.

La Böttcherstraße fut aménagée par Ludwig Roselius, négociant en café, qui, au début du XXe siècle, fit l'acquisition des maisons qui la bordent. L'architecture unique en son genre, issue des années 1920, est en grande partie due à Bernhard Hoetger, sculpteur et architecte.

Im Schnoorviertel mit seinen bis zu fünfhundert Jahre alten Häusern treffen sich Bremer und Bremen-Besucher zum gemütlichen Plausch und zum Einkaufen in den zahlreichen Kunst- und Kunsthandwerkerläden.

In the Schnoor district, with houses up to 500 years old, Bremen residents and visitors alike meet for a cosy chat or go shopping in the numerous art and craft shops.

Le quartier Schnoor dont les maisons ont, en partie, cinq cents ans, est le rendez-vous des Brémois mais aussi des visiteurs de Brême qui viennent y faire un brin de causette ou leurs emplettes dans les nombreux magasins et galeries d'art ou d'artisanat d'art.

Die neue Skyline von Bremer-
haven: Das wie ein Bootsrumpf
geformte Klimahaus Bremer-
haven 8° Ost (vorne links) ist
mit rund 11.500 Quadratmetern
Ausstellungsfläche die größte
Wissens- und Erlebniswelt zum
Themenkomplex Klima und
Wetter. Davor ragt das Atlantic
Hotel Sail City über den Deich
(Mitte) und bietet einen beson-
deren Ausblick auf die Weser,
rechts daneben sieht man die
Kuppel des Mediterraneo, einer
Einkaufs- und Erlebniswelt mit
südländischem Flair.

Bremerhaven's new skyline: The
Klimahaus Bremerhaven 8° Ost,
shaped like a ship's hull (foreground, left), is the largest
knowledge and adventure centre
dealing with climate and weather
issues with around 11,500
square metres of exhibition
space. In front of it the Atlantic
Hotel Sail City (centre) towers
over the dike with a special view
of the River Weser, and to its
right is the dome of the Mediterraneo, a shopping and enter-
tainment centre with a Latin flair.

Le nouveau profil de Bremerhaven: la «Klimahaus Bremerhaven 8° Ost» dont la forme
rappelle la coque d'un bateau
entraîne ses visiteurs dans un
inoubliable voyage autour du
monde le long du huitième
degré de longitude. Recouvrant
11.500 mètres carrés de surface
d'exposition, elle représente les
thèmes du climat et du temps. A
l'avant, l'Atlantic Hotel Sail City
surplombe la digue (au centre)
offrant une remarquable vue sur
la Weser. A côté, sur la droite,
on voit les coupoles du Mediterraneo, un grand centre
commercial et événementiel à
l'atmosphère toute méridionale.

Seit 1900 steht dieser nur
15 Meter hohe, architektonisch
reizvolle Leuchtturm an der
Ostseite der Bremerhavener
Kaiserschleuse. Er heißt Pingelturm, weil er mit einer kleinen
Nebelschallglocke versehen ist.

This architecturally pleasing
lighthouse, only 15 metres tall,
has stood on the east side of
Bremerhaven's Kaiserschleuse
lock since 1900. It is known by
the derisory name of Pingelturm
because it is felt to have such a
small and insignificant bell.

Depuis 1900, ce phare à
l'architecture pleine de charme
et ne mesurant que 15 mètres de
hauteur, se dresse sur le côté
ouest de la Kaiserschleuse, à
Bremerhaven. On l'a toutefois
affublé du nom de «Pingelturm»,
du fait qu'il n'est équipé que
d'une sirène de brume.

Das Auswandererhaus Bremerhaven wurde 2005 eröffnet. Sein
Hauptthema ist die Auswande-
rung Deutscher in die USA. Bei
einem Rundgang können die
Besucher die einzelnen Stationen
einer Emigration verfolgen.

The German Emigration Centre
in Bremerhaven was opened in
2005. It deals mainly with German emigration to the United
States. On a tour of the museum
visitors can follow the individual
stages of emigration.

La Auswandererhaus, Maison
des Emigrants à Bremerhaven,
est inauguré en 2005. Sa théma-
tique se consacre principalement à l'émigration d'Allemands
à destination des USA. Les visiteurs peuvent accompagner le
migrant de manière interactive à
travers les différentes stations de
l'émigration.

Mecklenburg-Vorpommern | Mecklenburg-West Pomerania | Le Mecklembourg-Poméranie occidentale

Von Bad Doberan, mit seiner ehemaligen Klosterkirche, über das älteste Seebad Deutschlands, Heiligendamm, nach Kühlungsborn zuckelt die Bäderbahn „Molli" – nicht nur eine Attraktion für Dampflokfans.

Molli, the narrow-gauge seaside railway, runs from Bad Doberan with its former monastery church via the oldest seaside resort in Germany, Heiligendamm, to Kühlungsborn. Steam train fans are not alone in seeing the fine old train.

«Molli», train desservant les stations balnéaires cahote nonchalamment de Bad Doberan, où l'on trouvera une ancienne église abbatiale, jusqu'à Kühlungsborn, en passant par Heiligendamm, la plus ancienne station balnéaire d'Allemagne. Ce train vieillot n'attirent pas que les fervents des locomotives à vapeur.

Hauptattraktion von Schwerin, der Landeshauptstadt Mecklenburg-Vorpommerns, ist das Schloss. Es wurde auf einer Insel im Burgsee erbaut und ist heute Sitz des Landtages von Mecklenburg-Vorpommern.

The main attraction of Schwerin, the capital of Mecklenburg-West Pomerania, is the Schloss, or palace. It was built on an island in the Burgsee lake and now houses the Mecklenburg-West Pomerania state parliament.

L'attraction principale de Schwerin, capitale du Land de Mecklembourg-Poméranie occidentale est son château. Elevé sur une île du Burgsee, il est aujourd'hui siège du parlement de Mecklembourg-Poméranie occidentale.

Treppengiebel und Fachwerkhäuser prägen die Silhouette der alten Hansestadt Wismar. Besondere Attraktion des großen Marktplatzes ist die Wasserkunst, ein zwölfeckiger Pavillon mit geschwungenem Kupferdach.

Stepped gables and half-timbered houses are characteristic features of the skyline of the old Hanseatic town of Wismar. The large market square's special attraction is the Wasserkunst fountain, a twelve-sided pavilion with a curved copper roof.

Pignons à gradins et maisons à colombages donnent leur empreinte à la silhouette de Wismar, ancienne ville hanséatique. Le «Wasserkunst», pavillon dodécagonal surmonté d'un toit de cuivre convexe, en est l'attraction principale.

Vom jenseitigen Ufer der Warnow aus ist der Blick auf Rostocks Stadtsilhouette besonders attraktiv. Der Backstein der St.-Marien-Kirche, die alten Speicher und die im Stil alter Kaufmannshäuser neuerbauten Wohnhäuser bilden mit ihren kräftigen Rottönen einen Kontrast zum Blau des Wassers. Rostock ist nach wie vor eine bedeutende Wirtschaftsmetropole im Ostseeraum.

From the far bank of the Warnow the view of Rostock's city skyline is particularly attractive. The red brick of the St-Marien-Kirche, the old warehouses and the newly-built housing stand out in stark contrast to the blue of the water with their strong shades of brick red. Rostock continues to be a major industrial city in the Baltic region.

La vue se dégageant de la rive opposée de la Warnow sur la ville de Rostock fait apparaître la silhouette de cette dernière sous un jour particulièrement attrayant. Les teintes rouges de l'église de briques St-Marien, les vieux entrepôts et les maisons d'habitation reconstruites dans le style des anciens établissements de commerce contrastent vivement avec le bleu de l'eau. Rostock continue de jouer un rôle important en tant que métropole économique de l'ensemble des pays de la Baltique.

Die Häuser auf dem Hohen Ufer von Ahrenshoop sind durch den unaufhaltsamen Küstenrückgang gefährdet. An diesem stillen Ort war Ende des 19. Jahrhunderts auf Initiative des Malers Paul Müller-Kaempff eine Künstlerkolonie entstanden.

Houses on Ahrenshoop's Hohes Ufer are threatened by the constant erosion of the coast. An artists' colony was set up in this quiet village at the end of the 19th century on the initiative of the painter Paul Müller-Kaempff.

Les maisons bordant la «Haute Rive» (Hohes Ufer) d'Ahrenshoop sont menacées par l'effritement inéluctable de la côte. Dès avant la fin du XIXe siècle, une colonie d'artistes était venue s'installer dans ce site paisible, à l'initiative du peintre Paul Müller-Kaempff.

Der 1909 gegründete Ausstellungspavillon Kunstkaten in Ahrenshoop bot Künstlern die Möglichkeit, ihre Werke der Öffentlichkeit zu präsentieren.

The Kunstkaten exhibition pavilion, set up in Ahrenshoop in 1909, provided artists with an opportunity of showing their work to the general public.

Le «Kunstkaten», pavillon d'exposition aménagé en 1909 à Ahrenshoop, permit aux artistes de présenter leurs œuvres au public.

Die bizarren Kreidefelsen sind Wahrzeichen der Insel Rügen. Der Maler Caspar David Friedrich machte sie durch seine Gemälde berühmt.

The bizarre chalk cliff formations are a landmark of the Baltic island of Rügen. The painter Caspar David Friedrich made them famous.

Ces falaises crayeuses aux formes insolites sont les symboles de l'île de Rügen. C'est à travers les tableaux du peintre Caspar David Friedrich qu'elles furent immortalisées.

Das größte Seebad Rügens ist Binz. Hier ein Blick von der wiedererrichteten Seebrücke auf das Kurhaus, eines der vielen schönen Beispiele der Bäderarchitektur an der Ostsee.

Binz is the largest seaside resort on Rügen. This view, from the rebuilt pier, is of the Kurhaus, one of many fine examples of seaside resort architecture on the Baltic.

La plus importante station balnéaire de Rügen est Binz. La vue, prise de l'appontement, montre la Kurhaus (établissement thermal), l'un des plus beaux exemples d'architecture balnéaire sur la côte de la Baltique.

Eine Stadt zum Vorzeigen hatte sich Fürst Wilhelm Malte zu Putbus gewünscht, als er Anfang des 19. Jahrhunderts die Rügensche Residenz ausbaute. Nach seinen Plänen entstand auch das Residenztheater am Rande des Schlossparks.

Prince Wilhelm Malte of Putbus had a showpiece town in mind when he converted his palace on Rügen at the beginning of the nineteenth century. The "Residenztheater" on the periphery of the Schlosspark was built in accordance with his plans.

Une ville modèle, c'est ce qu'avait souhaité réaliser le prince Wilhelm Malte zu Putbus lorsqu'il fit agrandir sa résidence de Rügen au début du XIXe siècle. Le «Residenztheater» aménagé en bordure du parc du château fut créé selon ses plans.

Die Hansestadt Stralsund ist vom Meer geprägt. Vom Selbstbewusstsein der Stralsunder Kaufleute zeugt, dass den unteren Teil des Rathauses die Wappen der sechs wichtigsten Handelsstädte zieren. Hinter der Schmuckfassade aus dem 15. Jahrhundert ist einer der massigen Türme der stolzen Nikolaikirche zu erkennen.

The Hanseatic town of Stralsund bears the imprint of the sea. The self-assurance of the town's merchants is evidenced by the coats of arms of the six most important trading towns of the day on the front of the Rathaus. Behind its fifteenth-century ornamental facade you can see one of the sturdy towers of the proud Nikolaikirche.

La ville hanséatique de Stralsund porte l'empreinte de la mer. Que la partie inférieure de l'hôtel de ville soit ornée des armoiries des 6 plus importantes villes de la Hanse témoigne de la fierté des négociants de Stralsund. Derrière la façade richement ornementée, datant du XVe siècle, on reconnaît la Nikolaikirche qui dresse dignement dans le ciel une de ses puissantes tours.

Der Dichter Gerhart Hauptmann ernannte die 18 Kilometer lange Insel Hiddensee zum „geistigsten aller deutschen Seebäder". Die Grashügellandschaft erstreckt sich vom fast 70 Meter hohen Dornbusch, auf dem auch der weiß gestrichene Leuchtturm steht, bis zum ausgedehnten Vogelschutzgebiet Gellen am Südzipfel der Insel.

The playwright Gerhart Hauptmann called the island of Hiddensee, 18 kilometres long, the "most intellectual of all German seaside resorts." Its grassy knolls extend from Dornbusch, nearly 70 metres high and topped by the white-painted lighthouse, to the large bird sanctuary of Gellen on the southernmost tip of the island.

L'écrivain Gerhart Hauptmann appelait l'île d'Hiddensee, longue de dix-huit kilomètres, «la plus immatérielle de toutes les stations balnéaires allemandes». Ses mamelons herbeux s'étendent du Dornbusch, qui atteint presque 70 mètres de hauteur, jusqu'à la réserve ornithologique de Gellen, à la pointe sud de l'île.

Gerhart Hauptmann kam im Juli 1885 von Rügen aus zum ersten Mal nach Hiddensee. Viele weitere Besuche folgten. 1930 kaufte er in dem Örtchen Kloster als Sommersitz Haus Seedorn, das noch heute eine Gedenkstätte ist.

Gerhart Hauptmann first visited Hiddensee from Rügen in July 1885. It was the first of many visits. In 1930 he bought Haus Seedorn as a summer home in the tiny village of Kloster. It is still a Hauptmann museum.

Venant de Rügen, Gerhart Hauptmann se rendit à Hiddensee pour la première fois en juillet 1885. De nombreuses visites suivirent. En 1930, il fit l'acquisition de «Haus Seedorn», située dans la petite localité de Kloster. Cette maison, dont il fit sa résidence d'été, est aujourd'hui un mémorial.

Weißer Berg auf der Halbinsel Gnitz mit Blick über das Achterwasser zum Krumminer Wiek. Das stille Achterwasser ist eine seeartige Verbreiterung des Peeneflusses hinter („achter") Usedom.

Weisser Berg on the Gnitz peninsula with a panorama of the Achterwasser toward the Krumminer Wiek. The still Achterwasser is a lake-like widening of the River Peene behind ("achter" in German) the island of Usedom.

La montagne blanche sur la presqu'île de Gnitz avec vue au-delà de l' «Achterwasser» vers le Krumminer Wiek. Ces eaux dormantes sont un évasement à l'allure de bras de mer du fleuve Peene, s'étendant à l'arrière («achter») d'Usedom.

Im Boom der wilhelminischen Gründerjahre fand Usedoms Aufstieg zu „der" deutschen Bäderinsel statt. Im Sommer traf man sich in Bansin (Foto), Heringsdorf oder Ahlbeck.

In the economic boom that followed German unification in 1871 Usedom soon became Germany's foremost holiday isle. In summer, people met in Bansin (photo), Heringsdorf or Ahlbeck.

Pendant la période d'intense activité qui suivit la fondation de l'empire wilhelmnien Usedom devint l'île balnéaire allemande par excellence. En été, c'est à Bansin (photo), à Heringsdorf ou à Ahlbeck que l'on se donnait rendez-vous.

Auf Pfählen in die Ostsee gebaut
ist die 280 Meter lange Seebrücke von Ahlbeck, dem direkt
an der Grenze zu Polen gelegenen der drei sogenannten Kaiserbäder der Insel Usedom.

The 280-metre-long pier at
Ahlbeck stands on piles driven
into the bed of the Baltic.
Ahlbeck, one of the three towns
on the island of Usedom known
as Kaiserbäder, or imperial
resorts, is situated directly on the
border with Poland.

Construit sur pilotis, la jetée
(Pont historique) d'Ahlbeck
s'avance à 280 mètres dans
la mer Baltique. Ahlbeck, ville
située à proximité directe
de la frontière avec la Pologne,
est l'une des trois stations
balnéaires dites «impériales» de
l'île d'Usedom.

Eingebettet in die alte Stadt-
befestigung der Stadt Neubrandenburg liegen schmucke
Fachwerkhäuser, die sogenannten Wiekhäuser. Sie dienten
ursprünglich der Verteidigung
der Stadt, später boten sie den
Armen preiswerten Wohnraum.

The Wiekhäuser almshouses are
attractive half-timbered houses
that form part of the old city
walls of Neubrandenburg. They
were first used to help defend
the town and later provided
inexpensive housing for the poor.

A l'abri des anciens remparts de
la ville de Neubrandenburg se
blotissent de pimpantes maisons
à colombages, appelées ici
«Wiekhäuser». Elles servirent, à
l'origine, à la défense de la cité
et plus tard de logements à loyer
bon marché destinés aux plus
pauvres.

Der größte der rund achthun-
dert Seen Mecklenburgs, der
Müritzsee, hier bei Röbel. Ein
riesiges Naturparadies mit Fisch-
adlern und brütenden Wasser-
vögeln.

The largest of Mecklenburg's
800-odd lakes, Müritzsee, is a
gigantic natural paradise that is
home to ospreys and nesting sea
birds. This picture was taken
near Röbel.

Müritzsee, le plus étendu des
huit cents lacs que compte
environ le Mecklembourg.
Un gigantesque paradis naturel
où l'on découvrira encore des
aigles pêcheurs et des oiseaux
aquatiques couvant leurs œufs.
Photographié ici près de Röbel.

Brandenburg | Brandenburg | Le Brandebourg

„Es schwelgt in freien Sichten", schwärmte Friedrich II. (der Große) von Sanssouci, seiner geliebten Sommerresidenz. Das kleine Schloss, von 1745 bis 1747 errichtet, wird als „Juwel des friderizianischen Rokoko" gepriesen und ist eine weltberühmte Attraktion.

"It revels in extensive views," Frederick the Great enthused about Sanssouci, the summer palace he so loved. Built between 1745 and 1747, the small palace is a world-famous attraction and a jewel of the Rococo style of his day.

«C'est une orgie de perspectives», disait avec ravissement Frédéric II (Le Grand) de Sans-Souci, sa résidence d'été tant aimée. Célèbre dans le monde entier, ce petit château, construit de 1745 à 1747, est considéré comme le «joyau du rococo de l'époque frédéricienne».

Schloss Babelsberg war die Sommerresidenz Prinz Wilhelms, der 1871 Deutscher Kaiser wurde. In den in der Nähe liegenden Filmstudios von Babelsberg wird seit 1912 gedreht.

Schloss Babelsberg was the summer palace of Prince Wilhelm, who became German emperor in 1871. Films have been made since 1912 in the nearby Babelsberg film studios.

Le château de Babelsberg servit de résidence d'été au prince Guillaume qui devint empereur d'Allemagne en 1871. De nombreux films ont été tournés depuis 1912 dans les studios de cinéma de Babelsberg, situés dans ses proches environs.

Das Holländische Viertel in Potsdam, ein beliebtes Wohnquartier, wurde zwischen 1733 und 1742 von dem Amsterdamer Baumeister Johann Boumann angelegt.

The Holländisches Viertel, or Dutch quarter of Potsdam, is a popular residential area. It was built by Amsterdam architect Johann Boumann between 1733 and 1742.

Le Quartier hollandais, à Potsdam, zone résidentielle fort prisée, fut aménagé entre 1733 et 1742 par Johann Boumann, architecte originaire d'Amsterdam.

Blick auf Schloss Rheinsberg
(1736) am Grienericksee.
Schloss und See sind Schauplatz
eines der schönsten deutschen
Liebesromane, „Rheinsberg",
von Kurt Tucholsky (1890–
1935).

A view of Schloss Rheinsberg
(1736), on Grienericksee lake.
The castle and the lake are the
setting for one of the finest German love stories, "Rheinsberg"
by Kurt Tucholsky, 1890–1935.

Vue sur le château de Rheinsberg (1736) près du lac
Grienericksee. Le château et le
lac sont le cadre d'un des plus
beaux romans d'amour
allemand: «Rheinsberg», de Kurt
Tucholsky (1890–1935).

Frühe Abendstimmung am Neuruppiner See. Blick auf die 1246 erbaute Klosterkirche St. Trinitatis. In Neuruppin, der „preußischsten aller preußischen Städte", wurde 1819 der Schriftsteller Theodor Fontane geboren.

Early evening on the shore of Neuruppiner See with a view across the lake of the monastery church of St Trinitatis, built in 1246. The writer Theodor Fontane was born in 1819 in Neuruppin, the "Prussianmost of all Prussian towns."

Impressions crépusculaires sur le lac de Neuruppin. Vue sur l'église conventuelle St. Trinitatis, bâtie en 1246. C'est à Neuruppin, «la plus prussienne de toutes les villes prussiennes» qu'est né, en 1819, l'écrivain Fontane.

Über das Zisterzienserkloster Chorin schrieb Theodor Fontane: „Wer … plötzlich zwischen den Pappeln hindurch einen still einsamen Prachtbau halb märchenhaft, halb gespenstisch auftauchen sieht, dem ist das Beste zuteil geworden."

Theodor Fontane wrote about the Cistercian monastery of Chorin that: "Those who … suddenly see a quiet and lonely palatial building rise between the poplars, half fairy tale, half spectre, have seen the best."

A propos de Chorin, abbaye cistercienne, Theodor Fontane écrivait: «Qui … voit tout à coup apparaître, à travers les peupliers, un bâtiment fastueux et solitaire, à la fois chimérique et fantômatique, aura été témoin de ce qu'il y a de plus beau.»

Der Spreewald bietet ein für Mitteleuropa einzigartiges Landschaftsbild. Er ist geprägt von einem weitverzweigten Geflecht von Flussverästelungen, das die ungefähr 50 Kilometer lange und bis zu 15 Kilometer breite Niederung durchzieht. Noch immer ist der Kahn ein wichtiges Verkehrsmittel und darüber hinaus eine Attraktion für Besucher.

The Spreewald boasts a landscape unique in Central Europe. It consists of a latticework of river branches criss-crossing a marshy plain about 50 kilometres long and up to 15 kilometres wide. Boats are still an important means of transport here – and a great attraction for visitors too.

Le paysage du Spreewald présente un aspect tout à fait insolite en Europe centrale. Il se caractérise par un vaste entrelacs de cours d'eau extrêmement ramifiés parcourant cette large vallée d'une longueur de 50 kilomètres et atteignant jusqu'à 15 kilomètres de largeur. La barque est demeurée un moyen de locomotion important et, qui plus est, une attraction pour les nombreux visiteurs.

Das Reichstagsgebäude, das 1894 errichtet wurde, ist seit 1999 wieder das Zentrum deutscher Politik. Nach dem von Norman Foster geleiteten Umbau residiert hier seither der Deutsche Bundestag.

The Reichstag building, erected in 1894, resumed its place as the centre of German politics in 1999. Since then, after rebuilding works under the direction of the architect Norman Foster, it has been the seat of the German Bundestag.

Le Reichstag, bâtiment érigé en 1894, est redevenu depuis 1999 le centre de la politique allemande. Le parlement allemand y réside après que les travaux de réaménagement dirigés par Norman Foster ont été achevés.

Eines der schönsten Zeugnisse preußischer Architektur ist das 1695 bis 1699 erbaute und bis 1791 erweiterte Schloss Charlottenburg. Seine Front erreicht eine Länge von 505 Metern.

One of the finest examples of Prussian architecture is Charlottenburg Palace, built between 1695 and 1699 and extended up to 1791. Its facade is 505 metres long.

Le Château de Charlottenbourg, construit de 1695 à 1699 et agrandi jusqu'en 1791 est l'un des plus beaux témoins de l'architecture prussienne. Sa façade atteint une longueur de 505 mètres.

Das „Rote Rathaus", 1861 bis 1869 erbaut, verdankt seinen volkstümlichen Namen dem roten Klinker. Es ist Regierungssitz des wiedervereinigten Berlin.

The "Red Town Hall," built between 1861 and 1869, owes its popular name to its red-brick exterior. It is the seat of the city government of reunited Berlin.

L'«Hôtel de Ville rouge», érigé de 1861 à 1869, doit son nom populaire à la brique rouge de sa façade. Il est le siège du gouvernement de la ville réunifiée de Berlin.

Das 1788 bis 1791 am Pariser Platz errichtete Brandenburger Tor ist das letzte erhaltene von ehemals 14 Stadttoren. Der von Carl Gotthard Langhans entworfene Monumentalbau wurde 1794 mit der von Johann Gottfried Schadow gestalteten Quadriga gekrönt. Stets war das Brandenburger Tor auch ein politisches Symbol – vom Sieg über Napoleon bis zur Wiedervereinigung Deutschlands 1990.

Berlin's Brandenburg Gate, built between 1788 and 1791 on Pariser Platz, is the last of what once were 14 city gates. The monumental structure was designed by Carl Gotthard Langhans. The four-hoursed chariot by Johann Gottfried Schadow was added in 1794. The Brandenburg Gate has always been a political symbol – of events ranging from the victory over Napoleon to German reunification in 1990.

La Porte de Brandebourg, construite de 1788 à 1791 sur la Pariser Platz, est la dernière porte de la ville encore existante parmi les 14 que l'on comptait autrefois. Cet édifice monumental, conçu par Carl Gotthard Langhans fut couronné en 1794 par Johann Gottfried Schadow. De tout temps, la Porte de Brandebourg fut également un symbole politique – de la victoire remportée sur Napoléon à la réunification de l'Allemagne en 1990.

Der Berliner Dom, die Grab-
kirche der Hohenzollern, wurde
ab 1894 auf Wunsch Wilhelms II.
gebaut. Im Hintergrund der
Fernsehturm, der mit 368
Metern das höchste Bauwerk der
Stadt ist.

The Berliner Dom, the burial
church of the Hohenzollern
dynasty, was built from 1894 at
the request of Kaiser Wilhelm II.
The 368-metre TV Tower on the
left is the city's tallest building.

Le Berliner Dom, sépulture de la
dynastie des Hohenzollern,
fut construit à partir de 1894
conformément au désir de
Guillaume II. Avec ses 368
mètres, la Tour de Télévision est
le plus haut bâtiment de la ville.

Das Schauspielhaus am Gendarmenmarkt ist eines der
Hauptwerke des berühmten
preußischen Baumeisters Karl
Friedrich Schinkel. Das klassizis-
tische Gebäude wurde 1821
eingeweiht. Heute wird es für
Konzertveranstaltungen genutzt.

The Schauspielhaus on Gendarmenmarkt is one of the main
works of the famous Prussian
architect Karl Friedrich Schinkel.
Built in the neo-Classical style, it
was inaugurated in 1821 and is
now used as a concert venue.

Le Schauspielhaus, théâtre en
bordure du Gendarmenmarkt est
l'une des plus célèbres réalisa-
tions de l'éminent architecte
prussien, Karl Friedrich
Schinkel. Ce bâtiment de style
classique fut inauguré en
1821. On y donne aujourd'hui
des concerts.

Die Museumsinsel in der Spree. Hier befindet sich eines der spektakulärsten Museenensembles der Welt: Das Pergamonmuseum (im Hintergrund, rechts), die Alte Nationalgalerie, das Alte und das Neue Museum sowie das Bode-Museum (vorne) präsentieren Kunstschätze und Altertümer von Weltrang.

Museum island in the River Spree, site of one of the most spectacular museum ensembles in the world: the Pergamonmuseum (in the background, right), the Alte Nationalgalerie, the Altes Museum, the Neues Museum and the Bode Museum (front) display world-ranking art treasures and antiquities.

L'«Ile des Musées», sur la Spree. On y trouvera l'un des ensembles de musées les plus étonnants qui soient au monde: Le Musée Pergame (à l'arrière-plan, à droite), la Vieille Galerie Nationale, le Vieux et le Nouveau Musée ainsi que Musée Bode (devant) abritent des trésors artistiques et des chefs-d'œuvre de l'Antiquité.

Das Alte Museum ist ebenso wie das 1843 und 1845 von Friedrich August Stüler errichtete Neue Museum Teil des Weltkulturerbes Berliner Museumsinsel. Das Neue Museum (links) beherbergt das Ägyptische Museum mit der Büste der Nofretete sowie im Museum für Vor- und Frühgeschichte Objekte aus dem Schatz des Priamos.

Like the Neues Museum, built by Friedrich August Stüler in 1843 and 1845, the Altes Museum is part of the Berlin Museumsinsel UNESCO world heritage site. The Neues Museum, left, houses the Egyptian Museum with the bust of Nefertiti and the Museum of Prehistory and Early History with its exhibits from Priam's treasure.

Le Altes Museum, Vieux Musée, de même que le Neues Museum, Nouveau Musée, œuvre de Friedrich August Stüler qui le réalisa en 1843 et 1845, sont aujourd'hui inscrits au patrimoine culturel mondial «Berliner Museumsinsel». Le Nouveau Musée (à gauche) abrite le Musée égyptien avec le buste de Néfertiti ainsi que le Musée d'Histoire préhistorique et protohistorique qui renferme des objets issus du Trésor de Priam.

Berlins aufregendste Treppe
führt über 27 hohe Stufen zum
Pergamonaltar. Carl Humann hat
den um 180 bis 160 v. Chr. geschaffenen Altar ausgraben und
1902 nach Berlin bringen lassen. Nach Plänen von Alfred
Messel und Ludwig Hoffmann
entstand von 1909 bis 1930 das
älteste Architekturmuseum der
Welt, das Pergamonmuseum.

Berlin's most exciting staircase
takes you up 27 steep steps to
the Pergamon Altar, which dates
back to 180–160 BC. Carl
Humann had it excavated and
transported to Berlin in 1902.
The world's oldest museum of
architecture, the Pergamonmuseum, was designed by Alfred
Messel and Ludwig Hoffmann
and built between 1909 and 1930.

Les escaliers les plus éblouis-
sants de Berlin mènent par 27
hautes marches à l'autel de Pergame. Carl Humann a mis au
jour cet autel créé aux environs
de 180 à 160 avant J.C. et l'a fait
transporter en 1902 à Berlin.
Le plus ancien musée d'architecture du monde, le Pergamonmuseum, fut réalisé de 1909 à
1930 d'après les plans tracés
par Alfred Messel et Ludwig
Hoffmann.

Die Berliner Gemäldegalerie
zeigt europäische Malerei vom
13. bis zum 18. Jahrhundert.
Zu den Höhepunkten der Sammlung gehören die „Flügel des
Wurzacher Altars" (Foto).

The Berlin Gemäldegalerie
exhibits European paintings
from the thirteenth to the eighteenth centuries. One of its high-
lights is the "Wings of the Wur-
zach Altar" (photo).

La Gemäldegalerie de Berlin présente la peinture européenne du
XIIIe au XVIIIe siècle. Les «Ailes
de l'autel de la Passion de Wur-
zach» (sur la photo) sont un des
points d'orgue de la collection.

Das Jüdische Museum Berlin ist das größte Europas. Der Besucher erhält in der Dauerausstellung einen Überblick über zwei Jahrhunderte deutschjüdischer Geschichte. Der zickzackförmige Neubau wurde vom US-amerikanischen Architekten Daniel Libeskind entworfen.

Berlin's Jewish Museum is the largest in Europe. Visitors to the permanent exhibition are given an overview of two centuries of German Jewish history. The zigzag-shaped new building was designed the US architect Daniel Libeskind.

Le Musée Juif de Berlin est le plus grand d'Europe. A travers son exposition permanente, le visiteur pourra se faire une idée de deux siècles d'histoire judéoallemande. Le nouveau bâtiment construit en zigzag a été conçu par l'architecte nord-américain Daniel Libeskind.

Das in der Nähe des Brandenburger Tors errichtet „Holocaust-Mahnmal" erinnert an die
unter der Nationalsozialistischen
Herrschaft ermordeten Juden.
Der Entwurf des von 2711
Betonquadern geprägten Denk-
mals stammt von Peter Eisenman.

The Holocaust Memorial, erected near the Brandenburg Gate,
recalls the Jews murdered under
Nazi rule. Consisting mainly of
2,711 concrete blocks, it was
designed by Peter Eisenman.

Le Mémorial de l'Holocauste
(Holocaust-Mahnmal) a été
érigé à proximité de la Porte de
Brandebourg, à la mémoire des
Juifs assassinés sous le régime
national-socialiste. L'ensemble
du mémorial constitué de 2711
stèles rectangulaires de béton a
été conçu par Peter Eisenman.

Ein unterirdischer, 930 Quadrat-
meter großer „Ort der Information" ergänzt den Komplex
des Holocaust-Mahnmals
(unten). An Computerstationen
sind die Namen von rund vier
Millionen jüdischer Holocaust-
opfer einsehbar.

A 930 square metre under-
ground "Place of Information"
supplements the Holocaust
Memorial complex (below). The
names of around four million
Jewish Holocaust victims can be
seen on computer workstations.

Le «Lieu d'Information» (Ort
der Information) souterrain, de
930 mètres carrés de surface,
vient compléter le complexe du
Mémorial de l'Holocauste (en
bas). Sur des écrans d'ordina-
teurs on pourra lire les noms
des 4 millions de Juifs environ,
qui furent victimes de la Shoah.

Acht Höfe in Berliner Bautradition: Vorderhaus, Seitenflügel, Quergebäude. Was die Hackeschen Höfe zum Besonderen macht, ist die aufwendige Jugendstil-Gestaltung des ersten Hofes mit bunten Klinkermustern. Längst sind die Hackeschen Höfe kultureller Mittelpunkt und Touristenattraktion.

Eight courtyards, or Höfe, testify to the Berlin tradition of designing a front building with side wings and a rear wing. What is special about the Hackeschen Höfe is the elaborate Jugendstil design of the first courtyard with its coloured brick patterns. The Hackeschen Höfe have long been a Berlin cultural hub and tourist attraction.

Huit cours intérieures qui représentent la tradition architectonique berlinoise: maison de devant, ailes latérales, bâtiment transversal. Ce qui donne aux Hackesche Höfe leur originalité est la profusion d'éléments décoratifs issus de l'Art Nouveau dans la première cour ornée de motifs multicolores en clinker. Les Hackseche Höfe sont devenues depuis longtemps tant un centre de la culture qu'une attraction touristique

Erst 1991 wurden dem Fassadenbau der im Krieg zerstörten
Neuen Synagoge in der Oranienburger Straße wieder die weithin
leuchtenden Kuppeln aufgesetzt.

The gleaming cupolas of the New
Synagogue in Oranienburger
Strasse were replaced on its
facade only in 1991, after having
been destroyed in World War II.

Ce n'est qu'en 1991 que le bâtiment de la Nouvelle Synagogue
de l'Oranienburger Straße,
détruite pendant la guerre, et
dont il ne restait que la façade,
s'est vu couronné de coupoles
scintillantes, visibles de loin.

Berlin war spätestens seit dem
18. Jahrhundert und bis zu den
Greueln des Holocaust immer
auch eine jüdische Stadt. Generationen von jüdischen Bürgern
sind auf dem Friedhof an der
Schönhauser Allee im Stadtteil
Prenzlauer Berg begraben.

By the 18th century at the latest
and right up to the horrors of the
Holocaust, Berlin was always a
Jewish city. Generations of Jewish
citizens are buried in the
cemetery on Schönhauser Allee
in the Prenzlauer Berg district.

Depuis le XVIIIe siècle, au plus
tard, jusqu'aux atrocités de
l'Holocaust, Berlin a toujours été
également une ville juive. Des
générations de citoyens juifs sont
enterrées au cimetière de la
Schönhauser Allee, situé dans le
quartier de Prenzlauer Berg.

Mit seinen 1142 Metern überragt der Brocken alle anderen Gipfel des Harzes. Mehr als seine Gestalt und Höhe hat der Mythos des alten Blocksberges, auf dem die Hexen in der Walpurgisnacht zusammenkommen sollen, die Menschen immer wieder in seinen Bann gezogen. Seit Juli 1992 kann man mit der Brockenbahn wieder das überwältigende Panorama des Nationalparks Harz genießen.

The 1,142-metre-high Brocken towers above all the other peaks of the Harz. Also known as the Blocksberg, it has cast a spell on people throughout the centuries, not so much because of its shape and height as on account of the myth that witches hold a rendezvous here on their sabbath, Walpurgis Night. Since July 1992, visitors have been able to enjoy the overwhelming panorama of the Harz National Park from the Brockenbahn narrow-gauge railway.

De ses 1142 mètres, le Brocken domine tous les autres sommets du Harz. Plus encore que son aspect extérieur et son altitude, le mythe qui s'est forgé autour de ce vieux massif rocheux, sur lequel, dit-on, se réunissaient les sorcières dans la Nuit de Walpurgis, continue de hanter l'imagination des hommes. Grâce au «Train du Brocken», on peut de nouveau, depuis juillet 1992, jouir du panorama grandiose qu'offre le Parc national du Harz.

Der Marktplatz und das Rathaus von Wernigerode mit seinen Türmen und Erkern aus dem 15. Jahrhundert. Die „bunte Stadt am Harz" lohnt einen Besuch wegen ihrer Fachwerkhaus-Ensembles.

The market square and town hall of Wernigerode with its fifteenth-century towers and oriels. The "colourful town in the Harz" has other attractions for the visitor, including numerous ensembles of half-timbered buildings.

Place du Marché et Hôtel de ville de Wernigerode. Surmonté de flèches élancées et orné d'oriels en façade, ce dernier date du XVe siècle. La «ville bigarrée au pied du Harz» mérite la visite en raison de l'ensemble constitué par les nombreuses maisons à colombages encore existantes.

Schon von Weitem sichtbar ruht auf einem Felsen hoch über der berühmten Fachwerkstadt Quedlinburg das Schloss, das von den beiden kantigen Türmen der Stiftskirche überragt wird.

Perched on a rock high over the town of Quedlinburg, famous for its half-timbered buildings, the castle can be seen from a long way off. Above it protrude the two angular towers of the collegiate church.

Visible de loin, le château, que surmontent les deux tours à arêtes vives de l'église collégiale, repose sur un piton rocheux surplombant cette ville célèbre pour son patrimoine de maisons à colombages.

Das Schöne mit dem Nützlichen zu verbinden war das Bestreben des Fürsten Leopold III. Friedrich Franz von Anhalt-Dessau. Angeregt durch Reisen nach England entstand Ende des 18. Jahrhunderts unweit der Städte Dessau, Wittenberg und Bitterfeld der Wörlitzer Park, die früheste Schöpfung des englischen Landschaftsgartens auf dem Kontinent. Hunderttausende von Besuchern erleben heute die Wörlitzer Anlagen als ein Kunstwerk besonderer Schönheit. Der Blick geht über den See auf das Schloss und die Kirche.

Prince Leopold III Friedrich Franz of Anhalt-Dessau always strove to combine beauty with utility. Inspired by journeys to England, Wörlitz Park, not far from the towns of Dessau, Wittenberg and Bitterfeld, was laid out at the end of the eighteenth century, the first example of an English landscaped garden on the European continent. Nowadays hundreds of thousands of visitors come to enjoy the park and gardens as a work of art of special beauty. The photograph shows the view across the lake to the castle and church.

Joindre l'utile à la beauté, telle était l'aspiration profonde du prince Léopold III Frédéric Franz von Anhalt-Dessau. Inspiré par ses voyages en Angleterre, il fit aménager le parc de Wörlitz vers la fin du XVIIIe siècle, non loin des villes de Dessau, Wittenberg et Bitterfeld. Ce parc représente la première création, sur le continent, de jardins paysagés à l'anglaise. Des centaines de milliers de visiteurs sont attirés par ce chef-d'œuvre d'une si singulière beauté. Le regard plane, par-delà le lac, jusqu'au château et à l'église.

Die Landeshauptstadt Magdeburg spielte im Mittelalter als Zentrum der Slawenmission und Entstehungsort des „Magdeburger Rechts", verbriefter bürgerlicher Freiheiten, eine wichtige Rolle in der deutschen Geschichte. Die Türme des Doms St. Mauritius und die Elbe geben der Stadt ihre unverwechselbare Silhouette.

In the Middle Ages Magdeburg, the state capital, played a significant role in German history. It was the centre for missionary work among the Slavs, and the place of origin of the "Magdeburg Law" setting down civil liberties. The towers of St Mauritius' Cathedral and the River Elbe lend the city an unmistakable silhouette.

Centre de l'évangélisation des Slaves et lieu d'origine du «Droit de Magdebourg» qui garantissait par écrit les libertés individuelles, Magdebourg, capitale du Land, joua un rôle important dans l'histoire allemande au Moyen Age. Les tours de la cathédrale St-Maurice (Dom St. Mauritius), mais aussi l'Elbe, confèrent à la ville sa silhouette fort caractéristique.

Unter neugotischen Baldachinen stehen auf dem Markt der einstigen Residenzstadt Wittenberg die Denkmäler Martin Luthers und seines Freundes und Mitarbeiters Philipp Melanchthon. Hier nahm die Reformation im Jahre 1517 ihren Ausgang.

These monuments to Martin Luther and his friend and colleague Philipp Melanchthon stand beneath neo-Gothic canopies on the market square of the former royal seat of Wittenberg. In 1517 Wittenberg was the starting point for the Reformation.

Abritées par des baldaquins de style néo-gothique, les statues élevées à la mémoire de Martin Luther ainsi que de son ami et disciple Philipp Melanchthon, se dressent sur la Place du Marché. C'est de là qu'en 1517 se propagèrent les idées de la Réforme.

Die spätgotische Schlosskirche von Wittenberg gilt als „Denkmal der Reformation". Rechts, unterhalb der Kanzel, ist das Grabmal Martin Luthers zu sehen.

The Late Gothic palace church in Wittenberg is regarded as a "monument to the Reformation." On the right, beneath the pulpit, Martin Luther's gravestone can be seen.

L'église du château de Wittenberg, qui date de la fin du gothique, est considérée comme le «Monument de la Réforme». A droite, en dessous de la chaire, on découvrira le tombeau de Martin Luther.

Am Ufer der Saale liegt Merseburg mit seinem Schloss (Bildmitte) und dem doppeltürmigen Dom St. Johannes und St. Laurentius. In dieser Stadt entstanden im 8. Jahrhundert die „Merseburger Zaubersprüche". Sie sind die ältesten Zeugnisse deutscher Literatur.

Merseburg with its palace (in the centre of the picture) and twin-towered Cathedral of St Johannes and St Laurentius lies on the bank of the Saale. The "Merseburger Zaubersprüche," a collection of magic spells which are the oldest examples of German literature, were written here in the eighth century.

Merseburg, avec son château (au centre) et sa cathédrale à deux tours, St-Johannes et St-Laurentius, s'étire le long des rives de la Saale. C'est en cette ville que virent le jour les «Merseburger Zaubersprüche» (Recueil de formules magiques), les plus anciens témoignages de la littérature allemande.

Ein Gesicht, dessen Anmut und zarte Schönheit die Menschen seit Jahrhunderten fasziniert. Die Markgräfin Uta von Ballenstedt steht als Stifterfigur im Westchor des Naumburger Doms, daneben ihr Ehemann Ekkehard. Der Name des genialen Bildhauers aus dem 13. Jahrhundert bleibt wohl für immer unbekannt.

A face whose grace and delicate beauty has fascinated people for centuries. This statue of Margravine Uta von Ballenstedt, one of the founders, stands in the west choir of Naumburg cathedral alongside that of her husband, Ekkehard. The identity of the superbly gifted 13th-century sculptor will no doubt always remain a mystery.

Un visage, dont la grâce et la délicate beauté fascinent l'observateur depuis des siècles. La statue de la margravine Uta von Ballenstedt se dresse dans la partie occidentale du chœur de la cathédrale de Naumburg, dont elle est la fondatrice. A ses côtés, son époux, Ekkehard. Le nom du génial sculpteur, qui vécut au XIIIe siècle, demeure à jamais inconnu.

Der St.-Paulus-Dom ist die Keimzelle Münsters und auch heute noch Mittelpunkt der Stadt. 1225 wurde der Grundstein für den heutigen, den dritten Dom gelegt.

St Paul's Cathedral was the nucleus of the town of Münster, and is still its centrepoint. The foundation stone of the present cathedral, the third built on this spot, was laid in 1225.

C'est autour de la cathédrale St-Paul (St-Paulus-Dom) que s'est développé Münster et là que continue de battre le cœur de la ville de nos jours. La première pierre de la cathédrale (en réalité la troisième du nom) fut posée en 1225.

Der Barockbaumeister Johann Conrad Schlaun schuf Haus Rüschhaus 1745 bis 1749. In dem kleinen Anwesen bei Münster verbrachte Westfalens bedeutendste Dichterin, Annette von Droste-Hülshoff, einen wesentlichen Teil ihres Lebens.

Haus Rüschhaus was built between 1745 and 1749 by Baroque architect and master builder Johann Conrad Schlaun. Westphalia's most eminent poetess, Annette von Droste-Hülshoff, spent a substantial part of her life living on this little estate.

La «Rüschhaus» est l'œuvre de Johann Conrad Schlaun, bâtisseur du baroque, qui la construisit de 1745 à 1749. C'est dans ce petit domaine que Annette von Droste-Hülshoff passa la majeure partie de sa vie.

Das große Barockwasserschloss
Anholt liegt in unmittelbarer
Nähe der niederländischen
Grenze. Sein mächtiger Bergfried
stammt aus dem 13. Jahrhundert. Im Herrenhaus sind heute
ein Hotel, ein Restaurant und ein
Museum (in dem unter anderem
ein echter Rembrandt hängt)
untergebracht.

The large moated Baroque
palace of Anholt is right on the
Dutch border. Its mighty keep
dates back to the thirteenth
century. The mansion now
houses a hotel, a restaurant and
a museum (with exhibits that
include a genuine Rembrandt
painting).

Le vaste château baroque
entouré d'eau à Anholt est situé
à proximité immédiate de la
frontière néerlandaise. Son
puissant donjon date du XIIIe
siècle. La maison de maître
abrite aujourd'hui un hôtel, un
restaurant et un musée (où l'on
pourra admirer entre autres un
vrai Rembrandt).

Eine idyllische Szenerie an der „Westfälischen Mühlenstraße": Gerade neunzig Jahre alt ist die Kolthoffsche Mühle in Levern bei Stemwede. Die kleine Mühle, deren umlaufende Galerie viel zu groß geraten erscheint, entstand 1922.

Idyllic scenery along the "Westphalian Mill Road." The Kolthoff Mill in Levern near Stemwede is just ninety years old. The small mill with the disproportionately large-looking gallery was built in 1922.

Tableau idyllique, le long de la «Route des Moulins westphalienne»: le moulin de Kolthoff, à Levern, près de Stemwede, a tout juste quatre-vingt-dix ans. Ceinturé d'une galerie qui a l'air d'être beaucoup trop grande, il fut construit en 1922.

Kloster Corvey prägte seit 822 über Jahrhunderte das geistige und kulturelle Leben Norddeutschlands. Die schlossartige Benediktinerabtei wurde im 18. Jahrhundert barock umgebaut.

Corvey Abbey, founded in 822, made its mark on intellectual and cultural life in northern Germany for centuries. The palatial Benedictine abbey was modernised in the Baroque style in the eighteenth century.

Fondée en 822, l'abbaye de Corvey a empreint, pendant des siècles, la vie spirituelle et culturelle de l'Allemagne du Nord. Cette abbaye bénédictine aux allures de château fut remaniée au XVIIIe siècle dans le style baroque.

Fünf graue Felsen ragen bis zu 40 Meter in den Himmel: die Externsteine im südlichen Teutoburger Wald. Das einzigartige Naturdenkmal und eine in den Felsen geschlagene Kapelle waren bereits im Mittelalter eine Wallfahrtsstätte.

Five grey rocks towering up to 40 metres high: the Externsteine in the southern Teutoburger Wald. Back in the Middle Ages this unique natural monument and a chapel carved into the rock were already a place of pilgrimage.

Hauts de 40 mètres, cinq rochers gris se dressent dans le ciel: ce sont les «Externsteine», pierres de grès, que l'on trouvera dans le sud de la Forêt de Teutobourg. Ce site naturel hors pair ainsi que la chapelle, creusée à même la roche, étaient déjà des lieux de pélerinage au Moyen Age.

In Reih und Glied, hingestreckt über vier Gassen stehen die Fachwerkhäuser des Alten Fleckens in Freudenberg im Siegerland. Das Ensemble entstand nach dem großen Stadtbrand am 9. August 1666. Heute steht der Alte Flecken unter Denkmalschutz.

The half-timbered houses of the Alter Flecken in Freudenberg in the Siegerland region stand in formation along four narrow streets. This ensemble was built after the great town fire of 9 August 1666. Alter Flecken is now a protected historic monument.

A Freudenberg, dans le Siegerland, les maisons à colombages du «Alter Flecken» s'alignent en rangs serrés, le long de quatre ruelles. Cet ensemble fut aménagé après le grand incendie qui ravagea la ville le 9 août 1666. Le quartier «Alter Flecken» fait aujourd'hui partie des sites protégés.

Westfalens größte Talsperre, der Biggesee, ist ein Paradies für „Wasserratten". Die 1965 fertiggestellte Biggetalsperre ist der südlichste, jüngste und voluminöseste unter den Stauseen des Sauerlands.

Westphalia's largest reservoir, the Biggesee, is a paradise for water sports enthusiasts. Completed in 1965, it is the southernmost, most recent and most extensive of the Sauerland reservoirs.

Le plus grand barrage de Westphalie, le Biggesee, est un véritable paradis pour les «fanas de la trempette». Terminé en 1965, il est le plus récent et le plus vaste des lacs de barrage, en même temps que celui des lacs du Sauerland qui se trouve le plus au sud du pays.

Weltweit ein einmaliges Verkehrsmittel, fährt die Wuppertaler Schwebebahn seit 1900 an Schienen hängend und meist dem Lauf der Wupper folgend durch das Stadtgebiet. Im Hintergrund das Opernhaus.

The Wuppertal suspension railway, the only hanging railway of its kind in the world, has run through the town since 1900, largely following the course of the River Wupper. The building in the background is the Opera House.

Moyen de transport unique au monde, le tramway aérien de Wuppertal, suspendu depuis 1900 à des rails et suivant en grande partie le tracé de la Wupper, dessert le territoire de la municipalité. A l'arrière-plan, l'Opéra.

Das Wahrzeichen des alten und neuen Ruhrgebiets: Welterbe Zeche und Kokerei Zollverein in Essen. Die Zentralschachtanlage Zollverein XII galt bis zu ihrer Stilllegung 1986 nicht nur als modernste, sondern auch als „schönste Zeche der Welt". Wo früher täglich 12 000 Tonnen Kohle gefördert, aufbereitet und weiter zu Koks veredelt wurden, befindet sich heute ein moderner, lebendiger Standort für Kultur und Design.

The Zollverein coalmine and coking plant in Essen is the symbol of the Ruhr region old and new. It is also a UNESCO world heritage site. Until it was closed in 1986 the main pit, Zollverein XII, was considered to be not only the most modern but also "the most beautiful coalmine in the world". The site where 12,000 tons of coal a day used to be mined, processed and refined into coke is now a modern, vibrant cultural and design location.

Symbole de l'ancien et du nouveau Bassin de la Ruhr: la mine et la cokerie Zollverein à Essen, inscrites au Patrimoine de l'Humanité. Jusqu'à sa fermeture en 1986, le puits central Zollverein II passait non seulement pour être la plus moderne mais aussi «la plus belle mine du monde». Là où 12 000 tonnes de charbon étaient autrefois extraites, préparées et transformées en coke, se trouve aujourd'hui un centre moderne et vivant de la culture et du design

Die Dortmunder Zeche Zollern war bei ihrer Einweihung 1898 die Musterzeche der Gelsenkirchener Bergwerks AG. Seit 1969 unter Denkmalschutz, ist die Zeche heute Zentrale des Westfälischen Industriemuseums des Landschaftsverbandes Westfalen-Lippe.

The Dortmund Zollern coalmine was the Gelsenkirchener Bergwerks AG's model pit when it was opened in 1898. A listed monument since 1969, it is now the main site of the Westfalen-Lippe region's Westphalian Industry Museum.

A son inauguration, en 1898, la Dortmunder Zeche Zollern, était la mine modèle des Charbonnages Gelsenkirchener Bergwerk AG. Classée monument historique depuis 1969, elle constitue aujourd'hui le cœur du Musée industriel westphalien de la fédération régionale Westfalen-Lippe.

Fin de siècle in Dortmund-Bövinghausen: Mit seinen Jugendstilschnörkeln erinnert das Portal der 1903 fertiggestellten Maschinenhalle von Zollern II/IV an eine Pariser Metrostation.

Fin de siècle in Dortmund-Bövinghausen, where the portal of the Zollern II/IV mine's machine shop, built in 1903, reminds you of a Paris Metro station with its Jugendstil flourishes.

Fin de siècle à Dortmund-Bövinghausen. Avec ses ornements de style Art Nouveau, l'entrée de la Salle des Machines de Zollern II/IV, achevée en 1903, rappelle une station de métro parisienne.

Das weiße Haus am Rhein war bis 1999 Heimat des Deutschen Bundestags und des Bundesrats. Vorne, optisch am Fuße des Post-Turms, ist der Eingang zum früheren Plenarsaal zu sehen.

The white house on the Rhine was the home of the Bundestag and Bundesrat, the two chambers of the German parliament, until 1999. In the front of the picture, seemingly at the foot of "Post Tower," the entrance to the former plenary chamber can be seen.

La maison blanche sur les rives du Rhin abritait jusqu'en 1999 le Bundestag allemand et le Bundesrat. A l'avant-plan, pour ainsi dire au pied de la «Post Turm», on peut voir l'entrée de l'ancien hémicycle.

Als verschlossen und sonderbar galt Ludwig van Beethoven – der Schöpfer unvergänglich schöner Musikwerke – bei seinen Zeitgenossen. Bonn ist stolz auf den großen Komponisten, der hier am 17. Dezember 1770 als Sohn eines Hofmusikers geboren wurde, und würdigt ihn mit einem Denkmal auf dem Münsterplatz.

Though regarded by his contemporaries as reserved and peculiar, Ludwig van Beethoven composed works of music of immortal beauty. The great composer was born in Bonn on 17 December 1770, the son of a court musician. The town's pride in him is manifested by this monument in his honour on the Münsterplatz.

Aux yeux de ses contemporains, Ludwig van Beethoven passait pour être de caractère renfermé et étrange – et pourtant, les œuvres musicales qu'il créa sont d'une impérissable beauté. Bonn est fier de ce grand compositeur qui y naquit le 17 décembre 1770 en tant que fils d'un musicien à la cour. La ville lui rendit hommage en élevant un monument à sa mémoire sur la Münsterplatz.

Blick von Bad Godesberg über den Rhein zum Petersberg, Schloss Drachenburg (Bildmitte) und Burg Drachenfels (oben rechts).

View from Bad Godesberg over the Rhine to the Petersberg, Schloss Drachenburg (in the centre) and Burg Drachenfels (above right).

La vue de Bad Godesberg sur le Rhin au Petersberg, Schloss Drachenburg (au centre de l'image) et Burg Drachenfels (en haute à droite).

Der Altenberger Dom im Bergischen Land gilt als eine der bedeutendsten gotischen Kirchen in Deutschland. Im Kontrast zur klaren, schlichten Linienführung im Inneren des Doms steht die Farbenpracht des riesigen achtteiligen Maßwerkfensters in der Westfassade.

Altenberg Cathedral in the Bergisches Land region is one of the most important Gothic churches in Germany. The gorgeous colours of the gigantic, eight-part, stained-glass window in the west facade stand out in contrast against the clear and simple lines of the interior.

La cathédrale d'Altenberg dans le Bergisches Land passe pour être l'une des plus importantes églises gothiques d'Allemagne. Ses lignes limpides et sobres contrastent avec le faste de la gigantesque verrière colorée composée de huit parties, sur la façade ouest.

Zwischen dem Kölner Dom und dem Rheinufer liegt das Kulturzentrum mit dem Museum Ludwig, links die romanische Kirche Groß St. Martin, der Fernsehturm und die Altstadt. Vom Deutzer Rheinufer aus ist der Blick auf diese ungewöhnliche Kombination von Bauwerken aus Mittelalter und Moderne besonders eindrucksvoll.

Between the grandeur of Cologne Cathedral and the bank of the Rhine lies an arts centre including the Museum Ludwig, the Romanesque Great St Martin's church, the TV tower and the Altstadt on the left. The view from Deutz on the other bank of the Rhine of this unusual combination of mediaeval and modern architecture is particularly impressive.

Le centre culturel de la ville de Cologne, où l'on trouvera le Musée Ludwig, se situe entre l'imposante cathédrale et les bords du Rhin l'église romane Groß St. Martin, la tour de télévision et la vieille ville à gauche. De la rive droite du fleuve, de Deutz, la vue se dégageant sur cette combinaison inhabituelle de bâtiments médiévaux et modernes, est particulièrement saisissante.

Masken, Kostüme, Frohsinn: Während der Festumzüge des Kölner Karnevals ist die ganze Stadt auf den Beinen.

Masks, costumes and good cheer: during the Cologne carnival parade the whole city is out and about.

Masques, costumes, allégresse: la ville toute entière est sur les jambes pendant les défilés du Carnaval de Cologne.

Die elegante Landeshauptstadt
Düsseldorf mit ihrer reizvollen
Rheinpromenade beherbergt
viele Schaltstellen von Wirtschaft
und Politik.

Düsseldorf, the elegant state
capital with its delightful Rheinpromenade is indeed a centre of
business and politics.

Düsseldorf, l'élégante capitale
du land, connue pour sa belle
promenade des bords du Rhin
abrite également de nombreux
centres de décision du monde
industriel et politique.

Die Königsallee in Düsseldorf,
kurz „Kö" genannt, ist eine der
führenden Luxuseinkaufsstraßen
Europas. Charakteristisch sind
ihre große Breite, der Stadtgraben (Foto) und der eindrucks-
volle Baumbestand. Auf diesem
Boulevard beruht Düsseldorfs
Ruhm als Konsummetropole und
Modestadt.

Königsallee in Düsseldorf, or "Kö"
for short, is one of Europe's
leading luxury shopping streets.
It is characterised by its width
and by the Stadtgraben (photo)
and its impressive trees. Düsseldorf's fame as a consumer
metropolis and fashion city is
based on this boulevard.

La Königsallee à Düsseldorf,
«Kö» en abrégé, est l'une des
rues luxueuses les plus chics
d'Europe. Sa largeur, le fossé de
la ville (photo) et l'impressionnant peuplement en arbres en
sont les caractéristiques majeu-
res. Ce boulevard a fondé la
réputation de Düsseldorf en tant
que métropole de la consomma-
tion et capitale de la mode.

Bis vor wenigen Jahrzehnten war das Hohe Venn ein abgeschiedenes, weitgehend unberührtes Hochmoor im Dreieck der beiden belgischen Städte Eupen und Malmédy sowie Monschau auf deutscher Seite. Heute lässt sich der schwankende Boden des Naturreservats auf Holzwegen begehen.

Until a few decades ago the Hohes Venn was an isolated, largely unspoiled high moorland region in the triangle of land between the Belgian towns of Eupen and Malmédy and Monschau on the German side. Nowadays you can walk along boardwalks across ground that can rock beneath your feet.

Il y a quelques dizaines d'années les tourbières du «Hohes Venn», situées dans le triangle formé par les deux villes belges de Eupen et de Malmédy, ainsi que par Monschau, du côté allemand, constituaient encore une région isolée, demeurée en majeure partie à l'état naturel.

Reste einer mittelalterlichen
Burg überragen Monschau an
der Rur. Die wohlerhaltene
Altstadt stammt aus der ruhm-
reichen Zeit der Monschauer
Tuchmacher im 17./18. Jahrhundert.

The remains of a mediaeval
castle tower above Monschau on
the Rur. The well-preserved old
town centre dates from the
heyday of the Monschau weavers
in the 17th and 18th centuries.

Les vestiges d'une forteresse
médiévale surplombent
Monschau sur la Rur. La vieille
ville, conservée en très bon état,
date des XVIIe et XVIIIe siècles,
l'époque prestigieuse des
drapiers de Monschau.

Der Aachener Dom – Begräbnis-
stätte Karls des Großen und
Krönungskirche deutscher
Könige. Der Radleuchter aus
dem 12. Jahrhundert in der 805
geweihten Pfalzkapelle symbolisiert das himmlische Jerusalem.

Aachen cathedral – burial place
of Charlemagne and the church
where German kings were
crowned. The 12th-century
chandelier in the palatine
chapel, dedicated in 805, symbolises the heavenly Jerusalem.

La cathédrale d'Aix-la-Chapelle,
où est enterré Charlemagne et
où furent sacrés les rois allemands. Le grand lustre en forme
de couronne, exécuté au XIIe
siècle et suspendu sous la voûte
de la Chapelle Palatine conca-
crée en 805, symbolise la Jérusalem céleste.

Alter Rhein bei Xanten:
Am Niederrhein ist das Meer
schon zu spüren. Eine stille
Landschaft, verfließend, aber mit
einem hellen Zauber.

The Alter Rhein near Xanten:
On the Lower Rhine you can
already sense the sea.
A quiet landscape, hazy, but with
a luminescent magic.

Le Vieux Rhin, près de Xanten.
Une légère brume flotte dans
l'air. En effet, l'influence de la
mer se fait déjà ressentir dans
cette région du Rhin inférieur.
De ce paysage serein aux
contours estompés, émane un
charme fait de lumière.

Xanten am Niederrhein war eine
wichtige Römerkolonie und
besitzt einen mächtigen Dom.
Das wuchtige Klever Tor aus dem
Jahr 1393 lässt Xantens einstige
Bedeutung erahnen.

Xanten on the Lower Rhine was
an important Roman colony and
it has an immense cathedral. The
massive Klever Tor, dating from
1393, is an indication of Xanten's
former importance.

Xanten, sur le Rhin inférieur, fut
une importante cité romaine et
possède, en outre, une puissante
cathédrale. La porte trapue de
Clèves, qui date de 1393, donne
une approche assez concrète de
l'importance que revêtait Xanten
à l'époque.

Viele beeindruckende Schlösser
und Wasserburgen lassen sich
am Niederrhein entdecken.
Schloss Pfaffendorf in Bergheim
erhielt 1865 sein neugotisches
Äußeres.

There are many impressive
palaces and moated castles to
discover on the Lower Rhine.
Schloss Pfaffendorf in Bergheim
was given its neo-Gothic exterior
in 1865.

Dans la région du Rhin inférieur,
le visiteur pourra découvrir de
nombreux et imposants châteaux
ainsi que d'anciennes demeures
féodales entourées d'eau. Le
château de Pfaffendorf, à Bergheim, fut aménagé dans le style
néo-gothique en 1865.

Romantischer Rhein: Trutzig steht Burg Katz, 1370 von Graf Johann von Katzenelnbogen gegründet, über St. Goarshausen. Ganz in der Nähe befindet sich der sagenumwobene Loreleyfelsen.

The Romantic Rhine: The fortress of Katz, founded in 1370 by Count Johann von Katzenelnbogen, stands defiantly over St Goarshausen. Close by is the legendary Loreley rock.

Le Rhin romantique: le château fort de Katz, érigé en 1370 par le comte Johann von Katzenelnbogen, dresse son imposante silhouette sur les hauteurs dominant St-Goarshausen. Tout près de là, se trouve le légendaire rocher de la Loreley.

Am Deutschen Eck bei Koblenz
fließen Rhein und Mosel zusammen. Seit der Bundesgarten-
schau 2011 verbindet die
Festung Ehrenbreitstein und die
Koblenzer Rheinanlagen eine
Luftseilbahn (Bildmitte).

The confluence of the Rhine and
the Moselle at Deutsches Eck
near Koblenz. Since the 2011
National Garden Show an aerial
cableway (centre) has linked the
Ehrenbreitstein fortress and the
Rhine Park in Koblenz.

C'est à la pointe formée par le
Deutsches Eck, près de Coblence, que confluent le Rhin et la
Moselle. Depuis l'Exposition
fédérale horticole de 2011, un
téléphérique aérien relie la
forteresse de Ehrenbreitstein et
les bords du Rhin à Coblence.

Zu den eindrucksvollsten Bauwerken in der Eifel gehört die
Klosterkirche von Maria Laach.
Die 1093 gegründete Benediktinerabtei ist eines der kulturellen Zentren des Katholizismus in
Deutschland.

The monastery of Maria Laach is
one of the most impressive
pieces of architecture in the
Eifel. Founded in 1093, the
Benedictine abbey is one of the
cultural centres of Catholicism in
Germany.

L'église abbatiale de Maria Laach
fait partie des édifices les plus
remarquables de l'Eifel. Cette
abbaye bénédictine, fondée en
1093, est l'un des centres culturels de l'Eglise catholique en
Allemagne.

Trier, die alte Römerstadt, ist Hauptort des Weinbaugebiets Mosel-Saar-Ruwer. Die römische Basilika aus dem 4. Jahrhundert überragt den kurfürstlichen Palast.

The old Roman city of Trier is the main centre of the Moselle-Saar-Ruwer wine-growing region. The fourth-century Roman basilica towers over the electoral palace.

Trèves, ancienne cité romaine, est le centre de la région viticole «Mosel-Saar-Ruwer». La basilique romaine, remontant au IVe siècle, domine le Palais des Princes-Electeurs.

Hoch über Cochem und der Mosel erhebt sich die ehemalige Reichsburg, die im 19. Jahrhundert restauriert und wiederaufgebaut wurde.

High above Cochem and the Moselle towers the former Reichsburg, which was restored and reconstructed in the nineteenth century.

Sur un promontoir surplombant Cochem et la Moselle, se dresse le Reichsburg, ancien château médiéval restauré et reconstruit au XIX siècle.

Die Mosel, fein, zart, unmerklich ist ihr Zauber. Blick vom Calmont, dem steilsten deutschen Rebhang, auf die Bremmer Schleife.

The Moselle exudes a subtle, delicate, imperceptible magic. A view from the Calmont, the steepest vineyard in Germany, of the horseshoe bend known as the Bremmer Schleife.

La Moselle, diaphane, délicate: sa magie est impalpable. Vue du Calmont – le versant allemand tapissé de vignobles le plus à pic d'Allemagne – sur la boucle de la Bremmer.

Die Pfalz ist eine der großen Weinregionen Deutschlands. Eine besondere Reputation genießen die Weine der kleinen Gemeinde Birkweiler.

The Palatinate is one of Germany's great wine-producing regions. The wines of the small community of Birkweiler enjoy a particularly good reputation.

Le Palatinat est l'une des grandes régions viticoles d'Allemagne. Les vins de la petite commune de Birkweiler sont particulièrement réputés.

Der Pfarrer Georg Friedrich Blaul fand in Deidesheim im vergangenen Jahrhundert genügend „angenehme Hindernisse, durch die man sich gern aufhalten lässt". Dazu gehörte sicher auch das historische Rathaus mit der schönen Freitreppe von 1724.

In the nineteenth century Pastor Georg Friedrich Blaul found in Deidesheim sufficient "pleasant hindrances one enjoys being delayed by." These certainly included the historic Rathaus with its attractive external staircase dating from 1724.

Au siècle passé, le prêtre Georg Friedrich Blaul trouva à Deidesheim suffisamment «d'obstacles agréables invitant à s'y attarder avec plaisir». L'hôtel de ville historique, construit en 1724 et doté d'un superbe perron en faisait assurément partie.

Neustadt an der Weinstraße ist die größte weinbautreibende Gemeinde Deutschlands. Neben dem Rebensaft locken auch die Fachwerksträßchen, wie hier die MIttelgasse, in die Altstadt.

Neustadt on the German Wine Road is Germany's biggest wine-growing community. Along with the wine there are a multitude of narrow streets lined with half-timbered houses, like Mittelgasse pictured here, to attract visitors to the historic town centre.

Neustadt an der Weinstraße est la plus vaste des communes d'Allemagne se consacrant à la viticulture. Le visiteur en appréciera, certes, le jus de la treille, mais il sera également séduit par les ruelles de la vieille ville, bordées de maisons à colombages, telle la Mittelgasse que l'on voit ici.

Der 1061 geweihte Kaiserdom ist das Wahrzeichen der am Rhein gelegenen Stadt Speyer. Acht deutsche Kaiser und Könige sind in der Krypta des romanischen Bauwerks begraben.

The imperial cathedral, consecrated in 1061, is the emblem of the town of Speyer on the Rhine. Eight German emperors and kings are buried in the crypt of the Romanesque building.

La cathédrale impériale, consacrée en 1061, est le symbole de la ville de Spire qui s'étend en bordure du Rhin. Huit empereurs allemands sont enterrés dans la crypte de cet édifice de style roman.

Tausende Bürger zogen im Mai 1832 zum Hambacher Schloss, um für Demokratie und die Einheit Deutschlands zu demonstrieren. Das Land bestand damals aus vielen Einzelstaaten, die im Deutschen Bund zusammengeschlossen waren.

In May 1832 thousands of citizens marched to Hambach Palace to demonstrate for democracy and German unity. At that time Germany consisted of many individual states linked in the German confederation.

Des milliers de citoyens marchèrent, en mai 1832, sur le château de Hambach pour manifester en faveur de la démocratie et de l'unité allemande. Le pays était alors constitué de nombreux Etats indépendants, réunis par des liens au sein de la Confédération germanique.

Das Herz der Landeshauptstadt
Mainz ist der Kaiserdom St. Martin und St. Stephan. Seinen spät-
romanischen Westbau überragt
der Chorturm (rechts) aus dem
18. Jahrhundert.

Heart of the state capital Mainz
is the imperial cathedral of
St Martin and St Stephan. The
eighteenth-century choir tower,
right, rises above its late Romanesque west section.

Le cœur de la capitale du Land,
Mayence, est occupé par la
cathédrale impériale St-Martin et
St-Stéphane. Son bâtiment occidental, construit dans le style du
roman tardif est surplombé par
la tour du chœur (à droite),
datant du XVIIIe siècle.

Die Saar, in den Vogesen ent-
sprungen, mündet nach 235
Kilometern bei Konz in die
Mosel. Bei Mettlach macht sie
ihre eindrucksvollste Schleife.

The River Saar rises in the
Vosges, flowing into the Moselle
at Konz, 235 kilometres downstream. Its most dramatic bend
is this one at Mettlach.

La Sarre, qui prend sa source
dans les Vosges, conflue avec la
Moselle près de Konz, après
avoir parcouru 235 kilomètres.
C'est près de Mettlach qu'elle
décrit la plus impressionnante
de ses boucles.

Die Liutwinuskirche in Mettlach. In ihrem Inneren werden wertvolle Teile der Innenausstattung der ehemaligen Benediktinerabtei von Mettlach aufbewahrt, unter anderem ein Kreuzreliquiar von 1230.

The Liutwinuskirche in Mettlach. The church interior houses valuable items from the interior decoration of the former Benedictine abbey of Mettlach, including a cruciform reliquary dating from 1230.

L'église Liutwinus, à Mettlach. De précieux éléments de l'ornementation intérieure de l'ancienne abbaye bénédictine de Mettlach y sont conservés, dont, notamment, un reliquaire en forme de croix datant de 1230.

Das bedeutendste Baudenkmal aus römischer Zeit im Saarland ist die Villa zu Nennig. Das Fußbodenmosaik in ihrem Inneren datiert aus dem 3. Jahrhundert n. Chr.

The most important Ancient Roman monument in the Saarland is the villa in Nennig. The floor mosaic inside the villa dates back to the third century AD.

En Sarre, l'édifice le plus remarquable remontant à l'époque des Romains est la «Villa zu Nennig». Les mosaïques au sol, à l'intérieur, datent du 3e siècle après Jésus-Christ.

Der Heilige Wendelin soll um 610 Gründer und erster Abt der Benediktinerabtei in Tholey gewesen sein. 1794 wurde das Kloster nach Zerstörung durch die Franzosen aufgehoben, seit 1949 leben wieder Mönche in der weitläufigen Anlage.

Saint Wendelin is said to have founded and been the first abbot of the Benedictine abbey in Tholey in around 610. In 1794 the monastery was abandoned after the French destroyed it, but monks have lived in the spacious complex once more since 1949.

Saint Wendelin aurait fondé, en 610, l'abbaye bénédictine de Tholey et en aurait été le premier abbé. Après sa destruction par les troupes françaises, elle aurait été fermée en 1794. Depuis 1949, des moines vivent de nouveau dans ce vaste ensemble.

Alte Fachwerkhäuser bestimmen das Bild des Städtchens Ottweiler an der Blies. Den schönen Rathausplatz überragt der Alte Turm aus dem 15. Jahrhundert.

Old half-timbered houses characterise the appearance of the little town of Ottweiler on the Blies. The Alter Turm (Old Tower), dating from the 15th century, dominates the attractive town hall square.

De vieilles maisons à colombages donnent leur cachet à la petite ville de Ottweiler sur la Blies. La belle Place du Marché est dominée par la «Vieille Tour» remontant au XVe siècle.

Ein imposantes Zeugnis der Industriekultur des Saarlands: Die UNESCO erhob das Stahlwerk von Völklingen zum Weltkulturerbe. Mit ihren gigantischen Schwungrädern von bis zu sechs Meter Durchmesser wirkt die Gasgebläsehalle wie ein Spielplatz für Riesen.

Impressive testimony to Saarland's industrial culture: UNESCO declared the Völklingen steelworks a world cultural heritage site. Giant flywheels, up to six metres in diameter, make the gas blower hall look like a playground for giants.

Témoin imposant de la civilisation industrielle de la Sarre: l'acièrie de Völklingen s'est vue admise sur la liste du patrimoine culturel mondial établie par l'UNESCO. Avec ses énormes roues à volant d'un diamètre allant jusqu'à six mètres, la halle de la soufflerie à gaz fait l'effet d'un terrain de jeux pour géants.

Markttag auf dem Saarbrücker
Ludwigsplatz im Zentrum der
Landeshauptstadt. Die 1762 bis
1765 erbaute Ludwigskirche gilt
als bedeutendster Kirchenbau
des Saarlands.

Market day on Ludwigsplatz in
the heart of Saarbrücken, the
state capital. The Ludwigskirche,
built between 1762 and 1765, is
regarded as the Saarland's foremost church building.

Jour de marché sur la Ludwigsplatz, à Sarrebruck, au cœur
même de la capitale du Land. La
Ludwigskirche, édifiée de 1762 à
1765, passe pour être la plus
importante des églises de la
Sarre.

Moderne und historische Architektur befinden sich am Saarbrücker Schloss im Einklang.
Der Architekt Gottfried Böhm
baute den durch Kriegsschäden
baufälligen Mittelteil in den
1980er Jahren um.

Modern and historic architecture
in harmony at Saarbrücken
palace. In the 1980s architect
Gottfried Böhm rebuilt the
central section, which had fallen
into disrepair after suffering wartime damage.

Le château de Sarrebruck est
une synthèse harmonieuse de
styles architecturaux historiques
et modernes. Son architecte,
Gottfried Böhm, procéda, dans
les années 1980, au remanie-
ment de la partie centrale, dont
les bâtiments, endommagés pendant la guerre, étaient en état de
délabrement.

Die zentrale Lage hat Frankfurt zu einem wichtigen Zentrum für die Industrie und den Handel in Europa gemacht. Zeichen der Entwicklung sind die vielen Hochhaustürme sowie der Neubau der Europäischen Zentralbank (EZB), rechts.

Its central location has made Frankfurt a major centre for commerce and industry in Europe. A sign of this development are the many highrise towers, like the new building of the European Central Bank (ECB), right.

Sa position centrale a fait de Francfort un pôle d'activité important dans le domaine de l'industrie et du commerce en Europe. Signes de cette evolution: les nombreuses tours ainsi que l'immeuble neuf de la Banque centrale européenne (BCE), à droite.

Der Römer, das Frankfurter Rathaus, ist ein Bauensemble von elf Patrizierhäusern, deren ältestes (Mitte) aus dem 14. Jahrhundert stammt. Nach schweren Kriegsschäden wurde es wiederaufgebaut.

The Römer, Frankfurt's city hall, is a group of eleven town houses the oldest of which (centre) dates back to the fourteenth century. It was rebuilt after heavy wartime damage.

Le Römer, hôtel de ville de Francfort, est un ensemble composé de 12 maisons patriciennes, dont la plus ancienne (au centre) remonte au XIVe siècle. Fortement endommagé pendant la guerre, il fit l'objet d'une restauration par la suite.

Ein Mittelpunkt der Kulturszene Frankfurts ist die Alte Oper, ein Bau des späten 19. Jahrhunderts. Als Symbol bürgerlichen Selbstbewusstseins wurde sie mit großem Aufwand in ein Kongress- und Musikzentrum umgewandelt.

The Alte Oper, built in the late nineteenth century, is a focal point of Frankfurt's cultural scene. It has always been a symbol of bourgeois self-esteem and has now been converted at great expense into a congress and music centre.

Le «Vieil Opéra» (Alte Oper), édifice datant de la fin du XIXe siècle, est un des foyers culturels parmi tous ceux, que compte Francfort. Symbole, depuis toujours, de la fierté de ses habitants, il fut transformé à grands frais en un centre de congrès et de concerts.

Unter Kennern gelten die trockenen Riesling-Weine des sonnenverwöhnten Rheingaus als unnachahmlich. Rechts im Bild die Burgruine Ehrenfels bei Rüdesheim, in der Bildmitte der Mäuseturm auf der gleichnamigen Rheininsel. Diese Passage des Rheins galt früher wegen der Stromschnellen und eines gefährlichen querliegenden Riffs im Fluss als besonders gefährlich.

Connoisseurs agree that the dry Riesling wines of the sun-splashed Rheingau region are beyond compare. On the right are the ruins of Ehrenfels castle, near Rüdesheim, and in the centre the Mäuseturm, or Mouse Tower, on the island of the same name in the Rhine. This stretch of the Rhine used to be considered particularly hazardous because of the rapids and a dangerous transverse reef in the river.

Aux yeux des connaisseurs, les Riesling, vins secs du Rheingau, région privilégiée par le soleil, passent pour être inégalables. A droite, sur la photo, les ruines du château fort de Ehrenfels près de Rüdesheim, au milieu, la Tour aux Souris sur l'île du Rhin du même nom. En raison des rapides et d'un récif dangereux en travers du fleuve, ce passage du Rhin était considéré comme particulièrement périlleux.

27 Mineralquellen besitzt die
hessische Landeshauptstadt
Wiesbaden. Seine Glanzzeit
erlebte der Kurort Ende des
19. und Anfang des 20. Jahrhunderts; damals entstand auch
das prächtige neoklassizistische
Kurhaus.

Wiesbaden, the state capital of
Hesse, boasts 27 mineral
water springs. Its heyday as a spa
was at the end of 19th to 20th
century, which was when the
Neoclassicist Kurhaus was built.

La capitale du land, Wiesbaden,
possède 27 sources d'eau miné-
rale. Cette station thermale connut son apogée au fin de XIXe et
au début du XXe siècle; c'est
également de cette époque que
date la Kurhaus (établissement
thermal), un bâtiment de style
néo-classique.

Drangvolle Enge herrscht meist
in diesem idyllischen Sträßchen,
denn die weltberühmte Drosselgasse von Rüdesheim ist nur
wenige Meter breit.

This idyllic narrow street is
usually crowded with people.
It is Rüdesheim's world-famous
Drosselgasse, and it is only a few
metres wide.

Se frayer un passage à travers
ces ruelles idylliques est, la
plupart du temps, chose ardue,
car la Drosselgasse de Rüdesheim, connue dans le monde
entier, n'a que quelques mètres
de large.

Fritzlar an der Eder war einst ein befestigter Stützpunkt der Mainzer Erzbischöfe. Der Roland auf dem Brunnen blickt seit 1564 über den Marktplatz, an dem eines der ältesten Rathäuser Deutschlands steht.

Fritzlar on the River Eder was once a fortified stronghold of the archbishops of Mainz. The statue of Roland on the fountain has stood guard over the market square since 1564. The square also boasts one of the oldest town hall buildings in Germany.

Fritzlar-sur-la-Eder fut autrefois une ville fortifiée et un point d'appui des archevêques de Mainz. Depuis 1564, la statue de Roland couronnant la fontaine, promène ses regards sur la place du marché, en bordure de laquelle se dresse l'un des plus vieux hôtels de ville d'Allemagne.

In Hessen findet man noch viele erhaltene Fachwerkensembles – wie hier in der über 700-jährigen Altstadt von Bad Wildungen. Im Hintergrund die evangelische Stadtkirche aus dem 14. Jahrhundert mit dem berühmten Flügelaltar von Conrad von Soest.

In Hesse you can still find many well-preserved groups of half-timbered buildings, such as here in the Altstadt of Bad Wildungen, which is over 700 years old. In the background is the fourteenth-century Protestant Stadtkirche with its famous winged altar by Conrad of Soest.

En Hesse, on pourra encore découvrir de nombreux ensembles de maisons à colombages préservés des outrages du temps – comme on le voit ici, dans la vieille ville de Bad Wildungen qui fut fondée il y a plus de 700 ans. A l'arrière-plan, l'église protestante datant du XIVe siècle qui abrite le célèbre triptyque de Conrad von Soest.

In Alsfeld, dem südlichen Tor
zum Vogelsberg, ist die romantische Altstadt in ihrer ehemaligen historischen Geschlos-
senheit mit herrlichen Wohnbau-
ten des 14. bis 19. Jahrhunderts –
hier das Neurath-Haus – bis
heute erhalten geblieben.

In Alsfeld, the southern gateway
to the Vogelsberg area, the
romantic Altstadt has survived
unscathed in a unique historic
unity of magnificent fourteenth-
to nineteenth-century town
houses like the Neurath-Haus
(photo).

A Alsfeld, porte s'ouvrant vers le
Vogelsberg, en direction du sud,
la vieille ville romantique a préservé, jusqu'à nos jours, son
caractère historique et son
homogénéité incomparables.
Parmi les splendides bâtiments
d'habitation, issus du quator-
zième au dix-neuvième siècle, on
découvrira la maison Neurath,
représentée sur la photo.

In den Jahren 1785 bzw. 1786
erblickten die beiden berühmtesten Hanauer das Licht der
Welt – die Brüder Grimm. Das
Denkmal der Sprachforscher
und Märchensammler steht vor
dem historischen Rathaus auf
dem Neustädter Marktplatz.

Hanau's most celebrated native
sons, the Brothers Grimm, were
born in 1785 and 1786. The
monument to the two linguists
and collectors of fairy tales
stands on Neustadt market
square in front of the historic
town hall.

C'est en 1785 et en 1786 que
virent respectivement le jour les
deux plus célèbres habitants de
Hanau: les frères Grimm. Le
monument élevé à la mémoire
de ces linguistes et compilateurs
de contes de fées se dresse face
à l'hôtel de ville historique, sur
la Neutstädter Marktplatz.

Die romantische Stadt Marburg erstreckt sich vom Westrand der Lahnberge durch das Lahntal bis zum Schlossberg auf der anderen Seite. An der ältesten Universität Deutschlands (1527) studierten auch Jacob und Wilhelm Grimm zu Beginn des 19. Jahrhunderts.

The romantic university town of Marburg extends from the western perimeter of the Lahnberge across the Lahn Valley to the Schlossberg. Students at what is now the oldest university in Germany, founded in 1527, included Jacob and Wilhelm Grimm in the early nineteenth century.

La ville romantique de Marburg s'étire de la bordure ouest des montagnes de la Lahn, à travers la vallée de la Lahn jusqu'au Schlossberg, sur la rive opposée. Marburg, la plus ancienne des universités allemandes (1527) accueillit également Jacob et Wilhelm Grimm qui y firent leurs études au XIXe siècle.

Ein eindrucksvolles Ensemble bilden Burg und Dom von Limburg an der Lahn. Der siebentürmige Kirchenbau vom Anfang des 13. Jahrhunderts stellt sich von jeder Seite überraschend anders dar.

The castle and cathedral of Limburg on the Lahn form an impressive ensemble. The early thirteenth-century cathedral with its seven towers looks surprisingly different on every side from which you look at it.

Le château fort et la cathédrale de Limburg sur la Lahn forment un ensemble imposant. L'église à sept tours, édifice datant du XIIIe siècle, présente sur chacun de ses côtés un visage étonnamment différent.

Das im Stil des Klassizismus von 1786 bis 1798 errichtete Schloss in Kassel Wilhelmshöhe wurde für Landgraf Wilhelm IX. (ab 1803 Kurfürst Wilhelm I.) errichtet. International bekannt ist es heute als Museum mit seiner bedeutenden Antikensammlung und der Gemäldegalerie Alter Meister. Seit 2013 ist der Bergpark Wilhelmshöhe mit dem Schloss UNESCO-Weltkulturerbe.

Wilhelmshöhe Palace in Kassel was built in the classicist style between 1786 and 1798 for Count Wilhelm IX (from 1803 Electoral Prince Wilhelm I). It now enjoys an international reputation as a museum with its important collection of antiquities and its gallery of paintings by Old Masters. Since 2013 the Bergpark Wilhelmshöhe and the palace have been a UNESCO cultural heritage site.

Le château Wilhelmshöhe, à Cassel, fut érigé dans le style du classicisme de 1786 à 1798, à l'intention du landgrave Guillaume IX (à partir de 1803, prince électeur sous le nom de Guillaume Ier). Devenu musée, il abrite aujourd'hui une importante collection d'œuvres de l'Antiquité et la Galerie de peinture des Maîtres Anciens. Depuis 2013, il est inscrit, avec le Parc sur la colline de Wilhelmshöhe, au patrimoine culturel mondial de l'UNESCO.

Gewaltig erhebt sich die Statue des Herkules über dem Oktogon und der Kaskadentreppe im Schlosspark Wilhelmshöhe. Die Anlage im gleichnamigen Kassler Stadtteil gehört zu den bedeutendsten Barockgärten Europas.

The mighty statue of Hercules towers over the Oktogon and the cascading staircase in Wilhelmshöhe Schlosspark. This park in the Wilhelmshöhe suburb of Kassel is one of the finest Baroque gardens in Europe.

De gigantesques dimensions, la statue d'Hercule domine l'Octogone et le «grand escalier d'eau» du parc du château de Wilhelmshöhe. Cet ensemble de jardins, situé dans le quartier de Kassel du même nom, fait partie des plus importants parcs aménagés dans le goût baroque en Europe.

Als Vorbild der Michaelskirche in Fulda diente die Grabeskirche in Jerusalem. Erhalten geblieben ist nur die Krypta mit den acht Säulen, die auf einen karolingischen Bau aus dem 9. Jahrhundert zurückgeht. Sie gehört damit zu den ältesten Kirchenbauten in Deutschland.

The Michaelskirche in Fulda was modelled on the Church of the Holy Sepulchre in Jerusalem. The crypt with eight pillars is all that remains of a ninth-century Carolingian building. That makes it one of the oldest church buildings in Germany.

La Michaelskirche, à Fulda, fut construite à l'image de l'Eglise du Saint-Sépulcre, à Jérusalem. Seule la crypte aux huit colonnes remontant à un édifice carolingien du IXe siècle a été préservée. Elle compte ainsi parmi les plus vieux édifices religieux d'Allemagne.

Die Schönheiten der Rhön lassen sich aus der Luft am besten betrachten: ein Gleitschirmflieger über der Wasserkuppe. Der Fremdenverkehr gewinnt in der kargen Mittelgebirgslandschaft im Länderdreieck Hessen, Bayern, Thüringen zunehmend an Bedeutung.

The beauty of the Rhön is best admired from the air, as pilots and passengers of gliders soaring over the Wasserkuppe will agree. Tourism is growing increasingly important in the bleak central mountain landscape on the border between Hesse, Bavaria and Thuringia.

C'est d'en haut que les beautés de la Rhön se dévoilent avec le plus d'évidence: un planeur survole la colline «Wasserkuppe». Le tourisme prend de plus en plus d'importance dans ce pays peu fertile, occupé par les montagnes moyennes du triangle délimité par la Hesse, la Bavière et la Thuringe.

Die russische Kapelle auf der Mathildenhöhe in Darmstadt. 1898 bis 1899 erbaute der Architekt Louis Benois diese kleine orthodoxe Kirche mit den markanten Zwiebeltürmen auf Wunsch des Zaren Nikolaus II., dessen Gemahlin Alexandra aus dem Hause Hessen-Darmstadt stammte.

The Russian Chapel on Darmstadt's Mathildenhöhe is a small Russian Orthodox church with distinctive onion-shaped towers which was built in 1898–99 by the architect Louis Benois for Tsar Nicholas II of Russia, whose wife Alexandra was a member of the Hesse-Darmstadt ruling family.

La chapelle russe, édifiée sur la Mathildenhöhe à Darmstadt. De 1898 à 1899, l'architecte Louis Benois construisit cette petite église orthodoxe surmontée de tours à bulbes caractéristiques, à la demande du tsar Nicolas II, dont l'épouse, Alexandra, descendait de la maison de Hessen-Darmstadt.

Der ehemalige Wohn- und Verwaltungssitz der Landgrafen und Großherzöge von Hessen-Darmstadt, das Residenzschloss, auch Stadtschloss genannt, wurde Anfang des 18. Jahrhunderts errichtet und brannte 1944 in einer Bombennacht bis auf die Außenmauern nieder. In zwanzigjähriger Arbeit wurde der Vorkriegszustand detailgetreu wieder hergestellt. Im Schloss sind neben der Technischen Universität auch ein Museum und ein Studentenkeller untergebracht. Das Wallhäuschen im Vordergrund wurde 1627 erbaut.

The former home and administrative headquarters of the counts and grand-dukes of Hessen-Darmstadt, the Residenzschloss, also known as the Stadtschloss, was built in the early years of the eighteenth century and burnt down to its outer walls in a 1944 air raid. It was rebuilt to the original design over a period of 20 years. It now houses the Technical University, a museum and a student cellar. The Wallhäuschen in the foreground was built in 1627.

L'ancienne résidence et siège administratif des landgraves et grands-ducs de Hesse-Darmstadt, le Residenzschloss, également appelé Stadtschloss, fut érigé au début du XVIIIe siècle. Détruit par un incendie au cours d'un bombardement nocturne, il n'en resta que les murs extérieurs. Après vingt ans de travaux au cours desquels le château fut restauré jusque dans les moindres détails, il a retrouvé son aspect d'origine. En dehors de l'Université Technique, il abrite un musée et une «Cave pour étudiants». La petite maison sur les anciens remparts, au premier plan, fut construite en 1627.

Am Rande des Odenwalds und am rechten Ufer des Neckars liegt Hirschhorn. Über der Stadt erhebt sich auf einem steilen Berg die seit mehr als 800 Jahren erhalten gebliebene, kühn gebaute Burg, deren weitläufig verwinkelten Befestigungswerke sich erst auf den zweiten Blick erschließen. Seit 1949 ist sie im Besitz des Bundeslandes Hessen.

Hirschorn is on the outskirts of the Odenwald on the right bank of the Neckar. The boldly built castle has overlooked the town from a steep mountain for over 800 years. Its extensive, labyrinthine fortifications are only apparent at second glance. Since 1949 the castle has been owned by the federal state of Hesse.

A l'orée de l'Odenwald, sur la rive droite du Neckar, s'étend la petite ville de Hirschhorn. En surplomb, hardiment perché sur une colline aux versants abrupts, se dresse depuis plus de 800 ans, un château fort dont les fortifications toutes en coins et recoins ne se dévoilent qu'au deuxième coup d'œil au visiteur. Il est propriété du Land de Hesse depuis 1949.

Die Torhalle – auch Königshalle – des ehemaligen Klosters Lorsch datiert vermutlich aus dem 9. Jahrhundert und wurde als spätkarolingischer Bau unter Ludwig dem Deutschen errichtet. Zusammen mit den übrigen baulichen Resten der mittelalterlichen Klosteranlage wurde sie 1991 in die Liste des Weltkulturerbes der UNESCO aufgenommen.

The Torhalle – also known as the Königshalle – of the former monastery of Lorsch probably dates back to the ninth century and was a late Carolingian structure built in the reign of Ludwig the German. Together with the other structural remains of the mediaeval monastery it was named a UNESCO world heritage site in 1991.

La Torhalle, porte-halle, également appelée Königshalle, de l'ancienne abbaye de Lorsch date probablement du IXe siècle et fut érigée sous le règne de Louis l'Allemand. Sa construction correspond à la fin de la période carolingienne. De même que les autres vestiges architecturaux de cette abbaye médiévale, la portehalle a été déclarée patrimoine culturel mondial de l'UNESCO.

Thüringen | Thuringia | La Thuringe

Die Wartburg im Thüringer Wald bei Eisenach gilt als das Symbol deutscher Kultur schlechthin. Nur zwei berühmte Ereignisse seien genannt: Im 13. Jahrhundert war die Burg Stätte des berühmten „Sängerkriegs", der Richard Wagner zu seiner Oper „Tannhäuser" anregte, und 1521 bis 1522 übersetzte Martin Luther hier das Neue Testament.

The Wartburg in the Thuringian Forest near Eisenach is regarded as the epitome of German culture. To name but two famous events, in the thirteenth century the castle was the scene of the famous "Singers' Contest" which inspired Richard Wagner's opera "Tannhäuser," and Martin Luther translated the New Testament here in 1521–1522.

Le château de la Wartburg, dans la Forêt de Thuringe, près de Eisenach, est considéré comme étant le symbole par excellence de la culture allemande. Nous ne citerons que deux des événements historiques dont il fut le cadre: les Minnesänger, troubadours de l'époque, s'y affrontèrent au XIIIe siècle, pendant les célèbres concours de chants qui inspirèrent à Richard Wagner son opéra «Tannhäuser». C'est également là que, de 1521 à 1522, Martin Luther traduisit en allemand le Nouveau Testament.

Das Holz der Decke und der Wände in der Lutherstube der Wartburg stammt fast vollständig aus der Zeit, als der Reformator hier als „Junker Jörg" lebte. Die Bibel auf dem Tisch, 1541 gedruckt, enthält Vermerke Martin Luthers.

The wooden ceiling and wall panelling in the Luther Room in the Wartburg dates almost entirely from the period when the Reformer lived here under the pseudonym of Junker Jörg. The Bible on the table, printed in 1541, contains Martin Luther's annotations.

Les boiseries du plafond et des murs de la chambre de Luther, au château de la Wartburg, datent pour la plupart de l'époque où le réformateur y vécut sous le nom de «Junker Jörg» (hobereau Jörg). La bible reposant sur la table, imprimée en 1541, comporte des annotations de la main de Martin Luther.

Bis 1228 lebte die ungarische Königstochter Elisabeth und Frau des Landgrafen Ludwig IX. von Thüringen in dieser Kemenate auf der Wartburg. Nachdem ihr Gemahl bei einem Kreuzzug ums Leben kam, widmete sie sich ganz den Armen und Kranken.

Elisabeth, the daughter of the king of Hungary, lived in this bower house on the Wartburg as the wife of Count Ludwig IX of Thuringia until 1228. After her husband was killed on a crusade she devoted all of her time to the poor and sick.

Elisabeth, épouse du landgrave Louis IX de Thuringe et fille du roi de Hongrie, vécut dans cette chambre chauffée par une château de la Wartburg. Son époux ayant péri dans une croisade, elle se dédia alors aux pauvres et aux malades.

Das mittelalterliche Ensemble der Türme des Doms (links) und der Severikirche krönt das „Thüringsche Rom": die Landeshauptstadt Erfurt. Der Domschatz birgt eine bedeutende Sammlung sakraler Kunst.

The mediaeval ensemble of towers of the cathedral (left) and St Severus' Church crown "Thuringia's Rome," the state capital Erfurt. The cathedral houses a major collection of sacred art.

L'ensemble d'aspect moyen-âgeux, formé par les tours de la cathédrale (à gauche) et de la Severikirche (Eglise Saint-Sever), couronne la «Rome thuringienne»: Erfurt, capitale du land. Le Trésor de la cathédrale renferme une remarquable collection d'objets se rapportant à l'art sacré.

In der thüringischen Stadt Schmalkalden gründeten die protestantischen Reichsstände in Anwesenheit von Martin Luther 1531 den Schmalkaldischen Bund. Die Reformation hatte damit eine mächtige politische Organisation erhalten.

In 1531, in the Thuringian town of Schmalkalden, the Protestant German princes founded the Schmalkaldic League in the presence of Martin Luther. This was a powerful political organisation to support the Reformation.

C'est en 1531, à Schmalkalden, ville de Thuringe, qu'en l'absence de Martin Luther, les états protestants de l'empire conclurent la Ligue de Schmalkalden. La Réforme s'était ainsi dotée d'une puissante organisation politique.

Thüringen, Deutschlands Mitte, hat in weiten Teilen seine landschaftliche Unschuld bewahrt. Blick vom Bockfelsen auf den Hohenwarte Stausee bei Gössitz. Zwischen Werra und Saale, Wartburg und Kyffhäuser fand die Nation ihre Mythen.

Large areas of Thuringia in the heart of Germany have retained their unspoiled countryside. This is the view from the Bockfelsen of the Hohenwarte reservoir near Gössitz. The nation's myths stem from this region between the rivers Werra and Saale, the Wartburg and the Kyffhäuser.

Le paysage de Thuringe, province située au cœur même de l'Allemagne, a, dans une large mesure, conservé sa virginité. Vue du Bockfelsen sur le Lac de barrage de Hohenwarte, près de Gössitz. C'est entre la Werra et la Saale, Wartburg et Kyfhäuser, que la nation puisa ses mythes.

Erst 1802 konnte sich Friedrich Schiller in Weimar ein eigenes Haus leisten, und nur wenige Jahre durfte sich der 1805 verstorbene Dichter daran erfreuen. Vor der Eingangstür sahen sich die Freunde Schiller und Goethe zum letzten Mal.

Friedrich Schiller was not able to afford his own house in Weimar until 1802, and was only able to enjoy it for a few years before he died in 1805. Schiller and his friend Goethe saw each other for the last time outside its front door.

Ce n'est qu'en 1802 que Friedrich Schiller fut en mesure de s'acheter une maison à Weimar, mais le poète, mort en 1805, ne put en jouir que quelques années seulement. Goethe et Schiller, liés d'amitié, se virent pour la dernière fois sur le pas de porte de cette maison.

Das Staatliche Bauhaus wurde 1919 von Walter Gropius als Kunstschule in Weimar gegründet. Die bahnbrechende Idee war die Zusammenführung von Kunst und Handwerk. Das Bauhaus bestand bis 1933 und gilt heute als Heimstätte der Klassischen Moderne. In der von Henry van de Velde 1907 errichteten Großherzoglich-Sächsischen Kunstgewerbeschule wurde – bis zum Umzug 1925 nach Dessau – der Unterricht abgehalten.

Walter Gropius founded the Bauhaus in 1919 as an art school. His pioneering idea was to merge art and craftsmanship. The Bauhaus continued to operate until 1933 and is now considered to be the home of classical modernism. Until it relocated to Dessau in 1925, lectures were held at the Saxon Grand-Ducal School of Arts and Crafts, built by Henry van de Velde in 1907.

C'est en 1919, à Weimar, que Walter Gropius fonda le Staatliches Bauhaus en tant qu'Ecole des Beaux-Arts. L'idée révolutionnaire en était la synthèse de l'art et des métiers. Le Bauhaus exista jusqu'en 1933 et passe aujourd'hui pour le foyer de l'art moderne classique. A la «Großherzoglich-Sächsische Gewerbeschule», école des Arts et Métiers, construite par Henry van de Velde en 1907, les cours furent dispensés jusqu'au déménagement à Dessau.

„Übermütig siehts nicht aus",
bemerkte Johann Wolfgang von
Goethe über sein bescheidenes
Gartenhaus nahe der Ilm in
Weimar. Doch die Naturnähe war
ihm wichtiger als jeder Komfort.
Hier entstanden bedeutende
Dichtungen, unter anderem das
„Lied an den Mond".

"It doesn't look too showy",
remarked Johann Wolfgang von
Goethe of his modest garden
house near the River Ilm/
Weimar. Closeness to nature was
more important for him than
any kind of luxury. Here he
composed some distinguished
poems, including his famous
"Ode to the Moon".

«Cela n'a rien de bien
majestueux», disait Goethe en
parlant de son modeste pavillon
des bords de l'Ilm/Weimar. La
proximité de la nature était en
effet plus importante à ses yeux
que le confort, quel qu'il fût. Des
poèmes, dont «L'Ode à la lune»,
y virent le jour.

Schloss Altenburg entstand auf den Grundmauern einer alten Kaiserpfalz vom 16. bis zum 18. Jahrhundert. Die Schlosskapelle mit ihrem kunstvoll verschlungenen spätgotischen Gewölbe bekam später eine kostbare Barockausstattung.

Schloss Altenburg was built between the sixteenth and eighteenth centuries on the foundation walls of an old imperial palace. The palace chapel with its intricately entwined Late Gothic vaulted ceiling had its sumptuous Baroque interior added at a later date.

Le château d'Altenburg fut construit du XVIe au XVIIIe siècle sur les fondations d'un ancien palais impérial. La chapelle, de style gothique flamboyant, dont la voûte se constitue d'éléments s'entrelaçant avec art, fut dotée, plus tard, d'un riche décor baroque.

Erst 18 Jahre war Johann Sebastian Bach alt, als er 1703 die Stelle des Organisten in der Arnstädter Kirche antrat. Heute steht das ihn als jungen Mann zeigende Denkmal auf dem Marktplatz vor dem schmucken Renaissance-Rathaus.

Johann Sebastian Bach was only 18 years old when he took up the post of organist in the church in Arnstadt. Today a statue of Bach as a young man stands on the Marktplatz in front of the attractive Renaissance Rathaus.

Johann Sebastian Bach n'avait que 18 ans lorsqu'il prit ses fonctions d'organiste en l'église de Arnstadt. Aujourd'hui le monument qui le représente, jeune homme, se dresse sur le Marktplatz, face au ravissant hôtel de ville.

Paulina war die Tochter eines Lehnsmannes von König Heinrich IV. Sie gründete etwa 1105 das Kloster, das später nach ihr benannt wurde: Paulinzella. Nur geraume Zeit danach begannen die Benediktinermönche mit dem Bau der dreischiffigen Basilika.

Paulina was the daughter of a vassal of King Heinrich IV. In around 1105 she founded the monastery which was later named after her: Paulinzella. It was not until a good deal later that the Benedictine monks began building the triple-naved basilica.

Paulina était la fille d'un vassal du roi Heinrich IV. Aux environs de 1105, elle fonda le couvent qui devait, par la suite, adopter son nom: Paulinzella. Quelque temps plus tard, les moines bénédictins mirent en œuvre la construction de la basilique à trois nefs.

Im Jahre 1640 wurde Gotha Residenz der Herzöge von Sachsen-Gotha. Das frühbarocke Schloss Friedenstein beherbergt in den ehemaligen Wohn- und Repräsentationsräumen des Herzogs das Schlossmuseum (Foto: der Festsaal) mit einer der frühesten ägyptischen Sammlungen Europas.

In 1640 Gotha became the seat of the dukes of Sachsen-Gotha. Its early Baroque Friedenstein Palace, once the home of the dukes with its living and state rooms, now houses the Schlossmuseum (photo: the ceremonial hall) with one of Europe's earliest collections of Ancient Egyptian exhibits.

C'est en 1640 que Gotha devint résidence des ducs de Sachsen-Gotha. Le château de Friedenstein datant des débuts du baroque abrite dans les anciennes pièces d'habitation et d'apparat du duc, le Schlossmuseum (Sur la photo, la Salle des festivités) qui comporte l'une des plus anciennes collections d'art égyptien en Europe.

Besonders im Abendlicht, wenn die historischen Gebäude Dresdens – von der Semperoper bis zur Frauenkirche, vom Schloss bis zum Albertinum am östlichen Ende der Brühlschen Terrasse – sich in der Elbe spiegeln, ist heute schon wieder viel von dem einstigen Glanz der Elbmetropole zu spüren.

Especially in the evening light, when Dresden's historic buildings – from the Semper Opera House to the Frauenkirche and from the Schloss to the Albertinum at the eastern end of the Brühlsche Terrasse – are reflected in the water of the Elbe, much of the city's former grandeur can be sensed once more.

C'est au soleil couchant, lorsque se reflètent dans l'Elbe les bâtiments historiques de Dresde – du Semperoper à la Frauenkirche, du château jusqu'à l'Albertinum, à l'extrémité est de la Terrasse de Brühl – que l'atmosphère prestigieuse dont était autrefois nimbée la métropole des bords de l'Elbe se fait de nouveau ressentir.

Als die Stadt in Trümmern lag, wünschten sich die Dresdner dieses Bild zurück. Mit dem vollendeten Wiederaufbau der Frauenkirche am Neumarkt hat sich diese Vision erfüllt.

When the city was in ruins, the people of Dresden longed for this view to be restored. This vision was fulfilled when reconstruction of the Frauenkirche on Neumarkt was completed.

Quand la ville ne fut plus qu'un amas de décombres, les habitants de Dresde souhaitèrent ardemment retrouver cette image de leur ville. Après la reconstruction de la Frauenkirche en bordure du Neumarkt, cette vision a pu enfin devenir réalité.

Der Zwinger ist das berühmteste Baudenkmal Dresdens. Der Barock-Baumeister Matthäus Daniel Pöppelmann und der Bildhauer Balthasar Permoser gaben dem Bauwerk 1709 bis 1732 seine einzigartige Gestalt.

The Zwinger is Dresden's best-known architectural monument. It owes its unique design to the Baroque architect Matthäus Daniel Pöppelmann and the sculptor Balthasar Permoser, who worked on it from 1709 to 1732.

Le Zwinger est le plus célèbre des bâtiments historiques de Dresde. De 1709 à 1732, Matthäus Daniel Pöppelmann, architecte du baroque ainsi que le sculpteur Balthasar Permoser, conférèrent au Zwinger l'aspect qui en fait un édifice hors du commun.

Schloss Pillnitz vor Dresden erinnert an die heitere Zeit des Barock. August der Starke ließ den von seinem Architekten Matthäus Daniel Pöppelmann entworfenen Bau als Sommerresidenz errichten.

Schloss Pillnitz, just outside Dresden, recalls the serenity of the Baroque era. The architect Matthäus Daniel Pöppelmann was commissioned to build the palace as a summer residence by King Augustus the Strong.

Le château de Pillnitz, aux portes de Dresde, évoque l'époque insouciante du baroque. Auguste le Fort fit aménager cet édifice conçu par son architecte Matthäus Daniel Pöppelmann pour en faire sa résidence d'été.

Die alte Burg Stolpen, östlich von Dresden auf einer Bergkuppe gelegen, diente ganz unterschiedlichen Zwecken. König August der Starke hielt in diesem Zimmer eine seiner vielen Mätressen, die in Ungnade gefallene Reichsgräfin von Cosel, von 1716 bis zu ihrem Tod 1765 gefangen.

In days of old Stolpen Castle on a hilltop east of Dresden served a variety of purposes. After she had fallen into disfavour King Augustus the Strong kept Countess von Cosel, one of his many mistresses, prisoner in this room from 1716 until her death in 1765.

L'ancien château fort de Stolpen, à l'est de Dresde, situé sur une hauteur, remplissait des fonctions très diverses. Le roi Auguste le Fort y tint enfermée, dans cette chambre, une de ses nombreuses maîtresses, la comtesse von Cosel, tombée en disgrâce, et ceci, de 1716 à 1765, date à laquelle mourut cette dernière.

In den Niederungen des Friede-
waldes, nordwestlich von
Dresden, steht das kurfürstliche
Jagdschloss Moritzburg.
Die fröhlichen Rot- und Ocker-
töne sind Kennzeichen des
sächsischen Barock.

Moritzburg hunting lodge is in
the Friedewald marshes north-
west of Dresden. The cheerful
reds and ochres are characteristic of the Saxon Baroque.

Au creux de la forêt de Friedewald, qui s'étend au nord-ouest
de Dresde, se dresse le château
de Moritzburg, pavillon de
chasse du prince-électeur. Les
teintes rouges et ocres dont
émane une impression de gaieté,
sont caractéristiques du baroque
en Saxe.

Das „Blaue Wunder", die 1893
errichtete Brücke zwischen den
Dresdener Bezirken Blasewitz
und Loschwitz, hat die Kriege
überstanden. Das stählerne tech-
nische Denkmal überspannt mit
145 Metern Länge die Elbe.

The Blaues Wunder, or Blue
Miracle, has linked the Dresden
districts of Blasewitz and
Loschwitz since 1893, surviving
two world wars unscathed. It is a
steel bridge, with a span of 145
metres, across the Elbe.

Le «Miracle bleu», pont construit
à 1893 pour relier les quartiers
de Blasewitz et de Loschwitz,
a survécu à la guerre. Ce monument en acier, long de 145
mètres, enjambe l'Elbe.

Meißen bietet eine zu Stein gewordene tausendjährige Geschichte: Die Albrechtsburg aus dem 10. Jahrhundert, der frühgotische Dom und das ehemalige Bischofsschloss verbinden sich zu einer reizvollen Silhouette.

Meissen bears testimony in stone to 1,000 years of history. The tenth-century Albrechtsburg, the early Gothic cathedral and the former episcopal palace jointly form an attractive silhouette.

Meißen s'enorgueillit d'une histoire millénaire: le château d'Albrechtsburg, construit au Xe siècle, la cathédrale qui date des débuts du gothique et l'ancien château épiscopal se conjuguent pour faire naître sa silhouette pleine de charme.

In Görlitz, der östlichsten Stadt Deutschlands, findet sich noch eine Fülle von hervorragend restaurierten Bürgerhäusern aus Renaissance und Barock. Das neue Rathaus am Untermarkt (Bildmitte) stammt aus dem 16. Jahrhundert.

Görlitz, the easternmost town in Germany, still boasts an abundance of superbly restored Renaissance and Baroque town houses. The new Rathaus on the Untermarkt (in the centre of the picture) dates back to the sixteenth century.

A Görlitz, ville située aux confins orientaux de l'Allemagne, on découvrira une multitude de maisons bourgeoises superbement restaurées datant de la Renaissance et du baroque. Le nouvel hôtel de ville, en bordure du Untermarkt (au centre de l'image) remonte au XVIe siècle.

Bautzen gehört zu den schönsten mittelalterlichen Städten Sachsens. Hoch über dem Ostufer der Spree bilden die Türme der Ortenburg, der Alten Wasserkunst, der Michaelis- und der Domkirche St. Petri ein malerisches Ensemble.

Bautzen is one of the most attractive mediaeval towns in Saxony. Up above the east bank of the Spree the towers of the Ortenburg, the Alte Wasserkunst, the Michaeliskirche and the cathedral church of St Petri form a picturesque ensemble.

Bautzen fait partie des plus belles cités médiévales de Saxe. Dominant la rive Est de la Spree, les tours du château d'Ortenburg, de l'ancienne fontaine (Alte Wasserkunst), de la Michaeliskirche et de la cathédrale Saint-Petri forment un ensemble pittoresque.

In Radebeul bei Dresden steht das 1728/29 gebaute Barockschloss Wackerbarths Ruh'. Umgeben von Weinbergen liegt das reizvolle Belvedere, das über eine große Freitreppe zu erreichen ist.

Wackerbarths Ruh is a Baroque palace built in Radebeul, near Dresden, in 1728/29. The attractive belvedere, accessed via an outside staircase, is surrounded by vineyards.

A Radebeul, près de Dresde se trouve la château de style baroque de Wackerbarths Ruh, construit en 1728/29. Le ravissant belvédère, entouré de vignobles, est accessible par un grand escalier extérieur.

Das Leipziger Alte Rathaus entstand 1555/56 im Zeitraum von weniger als einem Jahr. Der Renaissancebau begrenzt eine Längsseite des Marktes. Hieronymus Lotter, der das Rathaus erbaut hat, war zu jener Zeit auch Bürgermeister der Stadt.

Leipzig's Altes Rathaus was built in 1555/6 in less than a year. The Renaissance building forms one side of the market square. Hieronymus Lotter, who built it, was mayor at the time.

L'Ancien Hôtel de Ville de Leipzig fut érigé de 1555 à 1556, en l'espace de moins d'un an. Ce bâtiment de style Renaissance borde un des grands côtés de la place du marché. Hieronimus Lotter, qui fit construire l'hôtel de ville, était alors bourgmestre de Leipzig.

Die Leipziger Nikolaikirche mit der Nikolaisäule. Ihr romanischer Ursprung ist bis heute sichtbar, auf ihrer Orgel spielte Johann Sebastian Bach – und sie war zentraler Ausgangspunkt der friedlichen Revolution in der DDR.

The Nikolaikirche and Nikolaisäule in Leipzig. Their Romanesque origins are evident to this day. Johann Sebastian Bach played the church's organ. The church was also a rallying point of the peaceful revolution in East Germany.

Nikolaikirche et Nikolaisäule. Les origines romanes de cette église sont encore visibles aujourd'hui. Jean-Sébastien Bach y joua de l'orgue et elle fut le point de départ central de la révolution pacifique en RDA.

Leipzig, die über 800-jährige Hansestadt, knüpft an seine große Tradition als einer der ältesten Messestandorte der Welt an: Vor den Toren der Stadt entstand das modernste Messegelände Europas.

Leipzig, a Hanseatic city for over 800 years, has kept up with its great tradition as one of the world's oldest trade fair centres. Just outside the city the most modern trade fair and exhibition centre in Europe was completed.

Leipzig, ville hanséatique vieille de plus de huit siècles, est l'un des lieux de foires les plus anciens au monde et renoue avec sa grande tradition: un parc d'exposition, le plus moderne en Europe, a été créé aux portes de la ville.

Die Mädlerpassage in Leipzig: Einkaufsparadies und Adresse der Weltliteratur. In Auerbachs Keller spielt eine Szene aus Goethes „Faust", in der Mephisto die Leipziger Studenten narrt.

The Mädlerpassage in Leipzig is an arcade that is both a shoppers' paradise and the scene of an episode in world literature. A scene from Goethe's "Faust" in which Mephisto makes a fool of Leipzig students is set here in Auerbachs Keller.

La galerie marchande «Mädlerpassage» à Leipzig: paradis commercial, mais aussi endroit bien connu de la littérature universelle. C'est en effet dans la taverne d'Auerbach que se situe une scène du «Faust» de Goethe, scène au cours de laquelle Mephisto ridiculise les étudiants de Leipzig.

Die große Orgel im Freiberger Dom ist ein Werk von Gottfried Silbermann, einem der bedeutendsten Orgelbaumeister Deutschlands. Silbermann hatte sich 1710 mit seiner Werkstatt in Freiberg niedergelassen.

The large organ in Freiberg Cathedral was built by Gottfried Silbermann, one of Germany's leading organ-builders. Silbermann set up his workshop in Freiberg in 1710.

Les grandes orgues de la cathédrale de Freiberg sont l'œuvre de Gottfried Silbermann, l'un des plus importants facteurs d'orgues d'Allemagne. C'est en 1710 que Silbermann vint s'installer à Freiberg et y aménagea son atelier.

Die Bergbaustadt Zwickau erlangte vom 14. Jahrhundert an auch durch die Tuchproduktion wirtschaftliche Bedeutung. Daran erinnert noch das ehemalige Gewandhaus mit dem schwungvoll gestalteten Staffelgiebel, das in den zwanziger Jahren des 16. Jahrhunderts entstand. Rechts daneben das Rathaus.

From the fourteenth century on, the mining town of Zwickau gained importance as a manufacturer of cloth. This era is recalled by the former Gewandhaus, or drapers' hall, with the sweeping lines of its stepped gable, built in the 1520s, and the Rathaus (right).

A partir du XIVe siècle, la draperie contribua également à la prospérité de Zwickau, ville minière. L'ancienne Gewandhaus (Maison des drapiers) dotée d'un pignon étagé d'une belle unité rythmique et construite au cours des vingt premières années du XVIe siècle, vient rappeler cette époque. A droite, l'hôtel de ville.

Das im Tal der Mulde, einem Nebenfluss der Elbe, gelegene Grimma wurde 1170 durch Markgraf Otto den Reichen angelegt. In seiner historischen Altstadt ist besonders das imposante Renaissance-Rathaus sehenswert.

Grimma in the valley of the Mulde, a tributary of the Elbe, was founded in 1170 by Margrave Otto the Rich. In its historic Altstadt the impressive Renaissance Rathaus is especially worth seeing.

Grimma, situé dans la vallée de la Mulde, un affluent de l'Elbe, fut aménagé en 1170 par le margrave Otton le Riche. L'imposant hôtel de ville Renaissance, dans la vieille ville historique, est tout particulièrement digne d'intérêt.

Nach Leipzig und Dresden ist Chemnitz die drittgrößte Stadt im Freistaat Sachsen. Das Alte Rathaus mit dem Hohen Turm und dem 1911 eingeweihten Neuen Rathaus (rechts) bilden den Mittelpunkt des Marktplatzes dieser seit alters her wichtigen Industriestadt.

Chemnitz is the third-largest city in Saxony (Leipzig and Dresden come first and second). The Old Town Hall with its high tower and the New Town Hall opened in 1911 (right) form the focal point of the market square in what has long been an important industrial city.

Chemnitz vient au troisième rang des villes de l'Etat libre de Saxe, après Leipzig et Dresde. Le Vieil Hôtel de Ville surmonté de sa Haute Tour ainsi que le Nouvel Hôtel de Ville inauguré en 1911 marquent le centre de la Place du Marché (Marktplatz) de cette ville industrielle dont l'importance remonte loin dans le passé.

Heidelberg gilt als eine der schönsten Städte Deutschlands und ist Sitz der bereits 1386 gegründeten Ruprecht-Karls-Universität. Zahlreiche Schriftsteller rühmten den Blick auf Neckarbrücke und Schlossruine.

Heidelberg is reputed to be one of the most beautiful cities in Germany. Its university, the Ruprecht-Karls-Universität, was founded in 1386. Many writers have lauded the view of the Neckar bridge and the castle ruins.

Heidelberg passe pour être l'une des plus belles villes d'Allemagne et est siège de la Ruprecht-Karls-Universität fondée dès 1386. Nombre d'écrivains ont exalté la vue qui se dégage sur le Pont du Neckar et les ruines du château.

Die prächtige astronomische Uhr am Renaissance-Rathaus von Heilbronn kündet vom einstigen Reichtum der Handelsstadt.

The magnificent astronomical clock in the Renaissance Town Hall of Heilbronn testifies to the city's past prosperity as a commercial centre.

La splendide horloge astronomique ornant l'hôtel de ville Renaissance de Heilbronn témoigne de l'ancienne prospérité de cette ville marchande.

Der „Blaue Turm" ist das Wahrzeichen Bad Wimpfens. In der idyllischen Fachwerkstadt am Neckar finden sich Reste einer Kaiserpfalz der Staufer.

The Blauer Turm, or Blue Tower, is the hallmark of Bad Wimpfen. The idyllic half-timbered town on the Neckar boasts the ruins of a Staufen imperial palace.

La «Tour bleue» est l'emblême de Bad Wimpfen. Cette ville idyllique aux nombreuses maisons à colombages et située en bordure du Neckar, abrite les vestiges d'un palais impérial de la maison de Hohenstaufen.

Die Brunnenkapelle des ehemaligen, im 12. Jahrhundert gegründeten Zisterzienserklosters Maulbronn. Der Legende nach tränkten Mönche hier einst ihre Maultiere – und blieben für immer.

The Brunnenkapelle (Fountain Chapel) of the former Cistercian monastery of Maulbronn, founded in the twelfth century. Legend has it that monks once stopped here to let their mules drink the water – and stayed for good.

Chapelle de la Fontaine de l'ancienne abbayye cistercienne de Maulbronn, fondée au XIIe siècle. Si l'on en croit la légende, des moines venaient faire boire leurs mulets à cet endroit – et s'y installèrent pour toujours.

Seine Saline brachte Schwäbisch Hall einst den Wohlstand. Viele Bauten des Städtchens am Kocher stammen noch aus dem 16. Jahrhundert.

Schwäbisch Hall once owed its prosperity to its saltworks. Many buildings in the small town on the River Kocher date back to the sixteenth century.

Les salines sont à la base de la prospérité dont a joui autrefois Schwäbisch Hall. De nombreux bâtiments de cette petite ville sur la Kocher datent encore du XVIe siècle.

Schwäbisch Gmünd ist seit dem Mittelalter bekannt für sein Schmuckgewerbe. Am Marktplatz mit der Mondsichelmadonna auf dem Marienbrunnen zeigt sich bürgerliches Selbstbewusstsein.

Schwäbisch Gmünd has enjoyed a reputation for its jewellery since the Middle Ages. Civic pride is plain to see on the Marktplatz with the Mondsichelmadonna, or Crescent Moon Madonna, on the Marienbrunnen fountain.

Depuis le Moyen Age, Schwäbisch Gmünd est connu pour son industrie de la joaillerie. La Place du Marché (Marktplatz) qu'orne la Fontaine Marienbrunnen surmontée de la Vierge au Croissant de Lune, reflète la fierté de ses habitants.

Tilman Riemenschneider (um 1460-1531) schuf mit dem Altar von Creglingen ein Meisterwerk der Schnitzkunst. Seine Figuren gelangen derart ausdrucksstark, dass er auf Farbe verzichten konnte.

The Creglingen Altar by Tilman Riemenschneider, about 1460–1531, is a masterpiece of the woodcarver's art, with figures so impressive that he could afford to dispense with colour.

A travers le retable de l'autel de Creglingen, Tillman Riemenschneider (vers 1460-1531) créa un chef-d'œuvre de la sculpture sur bois. Une telle force d'expression émanait de ses personnages qu'il put se permettre de renoncer à la couleur.

Mit Schloss Ludwigsburg, nicht weit entfernt von Stuttgart, erfüllte sich Herzog Eberhard Ludwig 1733 den Traum eines eigenen Versailles. Besonders imposant ist die Fassade dieses größten deutschen Barockbaus sowie die Gartenanlage, die unter dem Namen „Blühender Barock" ein beliebtes Ausflugsziel ist.

At Schloss Ludwigsburg, not far from Stuttgart, Duke Eberhard Ludwig in 1733 fulfilled his dream of building his own Versailles. The façade of this largest Baroque building in Germany is especially impressive, as are the gardens, known as the Baroque in Bloom, which are a popular excursion destination.

En bâtissant le château de Ludwigsburg, situé non loin de Stuttgart, le duc Eberhard Ludwig réalisa son rêve de posséder un palais à l'image de Versailles. La façade de cet ensemble baroque, le plus vaste en Allemagne ainsi que les jardins connus sous le nom de «Blühender Barock» (Baroque en fleurs), but d'excursion très prisé, est tout particulièrement imposante.

Die alte Universitätsstadt Tübingen war von jeher ein geistiges Zentrum. Die Neckarfront mit dem Hölderlinturm (links), in dem der Dichter seine letzten Lebensjahre verbrachte, ist die schönste Ansicht der Stadt.

The old university town of Tübingen has always been an intellectual centre. The finest view of the town combines the Neckar promenade with the Hölderlin Tower (left), where the poet spent his declining years.

La vieille ville universitaire de Tübingen fut, de tout temps, un centre spirituel. Les maisons en bordure du Neckar avec la Tour Hölderlin (à gauche) où le poète passa les dernières années de sa vie – c'est là le plus bel aspect de la ville.

Im Jahre 1212 erhielt Esslingen am Neckar Stadtrechte. Nur wenige Jahre später entstand die Kirche St. Dionysius, deren beiden Türme die Altstadt überragen.

Esslingen on the Neckar was granted its civic charter in 1212, and only a few years later the church of St Dionysius was built, with its twin towers towering above the Altstadt.

Esslingen am Neckar se vit accorder une charte urbaine en 1212. C'est seulement quelques années plus tard que fut construite la St-Dionysiuskirche (église St-Denis), dont les deux tours dominent la vieille ville.

Architektur von Weltgeltung erwartet Kunstfreunde in der Hauptstadt Baden-Württembergs. Der Brite James Stirling gestaltete die Neue Staatsgalerie in Stuttgart 1984 im postmodernen Stil.

Architecture of world renown awaits art-lovers in the state capital of Baden-Württemberg. The British architect James Stirling designed Stuttgart's Neue Staatsgalerie in 1984 in the postmodern style.

Une architecture de réputation internationale attend le fervent de l'art dans la capitale du Bade-Wurtemberg. La Neue Staatsgalerie de Stuttgart est l'œuvre de James Stirling, architecte britannique, qui, en 1984, l'exécuta dans le style postmoderne.

Dreistöckige Arkadengänge umgeben den Innenhof des Alten Schlosses in Stuttgart. Die einstige Residenz der Württemberger Herzöge gilt als Paradebeispiel deutscher Renaissance.

Three-storeyed arcades line the inner courtyard of the Altes Schloss in Stuttgart. The former palace of the Dukes of Württemberg is a fine example of German Renaissance architecture.

Des galeries à arcades, courant sur trois étages, s'ordonnent autour de la Cour intérieure du «Vieux Château» (Altes Schloss) de Stuttgart. L'ancienne résidence de la duchesse de Wurtemberg est considérée comme étant un exemple magistral de la Renaissance allemande.

Der zwischen 1746 und 1807
errichtete Barockbau des Neuen
Schlosses in Stuttgart wurde im
Zweiten Weltkrieg stark beschä-
digt. Nach dem Wiederaufbau
erstrahlt er in neuem Glanz.

Stuttgart's Baroque Neues
Schloss, built between 1746 and
1807, was badly damaged in
World War II. Following
reconstruction it now gleams in
fresh splendour.

Erigés entre 1746 et 1807,
les bâtiments de style baroque
du «Château Neuf» (Neues
Schloss), à Stuttgart, furent très
endommagés pendant la
Seconde Guerre mondiale.
Sa restauration étant terminée,
il resplendit de tout son nouvel
éclat.

Stuttgart ist die Stadt der Automobile. Im Mercedes-Benz-
Museum in Untertürkheim findet
der Automobilfreund Exemplare
aus allen Epochen.

Stuttgart is the home of the auto-
mobiles. Car-lovers can admire
models from all eras at the
Mercedes-Benz-Museum in
Untertürkheim.

Stuttgart est la ville de l'automobile. Au Musée Mercedes-
Benz de Untertürkheim, les
fervents de l'automobile en
trouveront des spécimens datant
de toutes les époques.

Burg Lichtenstein wurde 1840 auf der Schwäbischen Alb nach einem literarischen Vorbild, dem 1826 erschienenen Roman „Lichtenstein" von Wilhelm Hauff, erbaut.

Lichtenstein Castle was built in the Schwäbische Alb in 1840, based on a literary model, the novel "Lichtenstein" by Wilhelm Hauff, published in 1826.

Le château fort de Lichtenstein fut édifié en 1840, sur les hauteurs du Jura souabe; sa construction est inspirée du roman de Wilhelm Hauff, «Lichtenstein», paru en 1826.

Ulm liegt im Osten Baden-Württembergs an der Donau. Das Münster ist nicht nur der größte deutsche Kirchenbau, sondern besitzt auch den weltweit höchsten Kirchturm (161 Meter).

Ulm is on the Danube, in the east of Baden-Württemberg. Its minster is not only the largest church in Germany but also boasts the tallest church tower, 161 metres, in the world.

Ulm est situé dans la partie Est du Bade-Wurtemberg, en bordure du Danube. Sa cathédrale est non seulement le plus grand édifice religieux d'Allemagne, mais elle possède également le plus haut clocher (161 m) existant au monde.

Von der Burg Hohenzollern am
Rande der Schwäbischen Alb
bietet sich eine schöne Aussicht
auf die weite Landschaft. Sie gilt
als das Stammhaus des Herr-
schergeschlechts Hohenzollern.
Die heutige Anlage stammt aus
dem 19. Jahrhundert.

From Hohenzollern Castle on the
perimeter of the Schwäbische
Alb there is a fine view of the
wide expanses of countryside.
The home of the Hohenzollern
dynasty, the castle was built in its
present form in the nineteenth
century.

Du château de Hohenzollern, en
bordure du Jura souabe, une
splendide vue se dégage sur les
vastes étendues alentour. Il passe
pour être le berceau de la ligne
des Hohenzollern. Tel qu'il se
présente aujourd'hui, le château
date du XIXe siècle.

Unvergleichlich ist die Farbenpracht auf Mainau. Die Blumeninsel mit dem mediterranen Klima liegt nicht weit entfernt von Konstanz im Bodensee.

There is nothing to compare with the blaze of colour on Mainau. The island of flowers with its Mediterranean climate is only a short distance from the town of Konstanz on Lake Constance.

Mainau resplendit de l'éclat incomparable de ses innombrables parterres fleuris. L'«Ile aux fleurs», baignée par le lac de Constance, jouit d'un climat méditerranéen. Elle n'est qu'à quelques kilomètres de la ville de Constance.

An die mittelalterliche Blütezeit der Bodensee-Stadt Konstanz erinnert das 1388 erbaute Konzilgebäude. Der Speicher erhielt seinen Namen nach dem Konzil 1414 bis 1418, als hier die einzige Papstwahl nördlich der Alpen stattfand.

The Council building, built in 1388, recalls the mediaeval heyday of Konstanz. It was a warehouse named after the Council held in the town from 1414 to 1418 to choose a new pope, the only papal election ever held north of the Alps.

Le«Bâtiment du Concile», construit en 1388, rappelle que cette ville des bords du lac de Constance connut une période de grande prospérité au Moyen Age. Cet ancien entrepôt tire son nom du concile qu'il accueillit de 1414 à 1418, au cours duquel eut lieu la seule élection d'un pape au nord des Alpes.

Die Burg Meersburg, am nördlichen Ufer des Bodensees und oberhalb der Unterstadt von Meersburg gelegen, gilt durch ihre Erbauung im 7. Jahrhundert als älteste bewohnte Anlage dieser Art in Deutschland. Bis heute ist die Burg in Privatbesitz. Im für Besucher zugänglichen Museum sind mehr als 30 Räume zu besichtigen.

Meersburg Castle stands on the north bank of Lake Constance above the lower town of Meersburg. Built in the seventh century, it is thought to be the oldest inhabited structure of its kind in Germany. The castle is still privately owned. The museum, which has more than 30 rooms, is open to visitors.

Le château de Meersburg sur la rive nord du lac de Constance surplombe la «Unterstadt», la «ville d'en bas» de Meersburg. Bâti au VIIe siècle, il est considéré comme le plus ancien château fort habité de ce genre en Allemagne et est demeuré propriété privée jusqu'à nos jours. Trente pièces du château converties en Musée ouvert au public peuvent être visitées.

Als die Dichterin Annette von Droste-Hülshoff 1841 erstmals als Gast ihres Schwagers, des Freiherrn von Laßberg, im alten Schloss Meersburg weilte, bewohnte sie dieses Zimmer im sogenannten Kapellenturm. Zwei Jahre später zog sie ins „Fürstenhäusle" um, wo sie bis zu ihrem Tod 1848 lebte.

When the poet Annette von Droste-Hülshoff first stayed at the Altes Schloss in Meersburg in 1841 as a guest of her brother-in-law, Baron von Lassberg, she stayed in this room in the so-called Kapellenturm, or chapel tower. Two years later she moved to the "Fürstenhäusle," or "prince's cottage," where she stayed until her death in 1848.

A l'époque où la poétesse Annette von Droste-Hülshoff, hôte de son beau-frère, Freiherr von Laßberg, séjourna pour la première fois dans le «Vieux Château» de Merseburg, en 1841, elle habita cette chambre de la tour dite de la Chapelle. Deux années plus tard, elle emménageait dans la «petite maison princière» où elle vécut jusqu'à sa mort, en 1848.

Sommer- und Sonnenstimmung am Schluchsee im südlichen Schwarzwald. Herrliche Rad- und Wanderwege locken Urlauber in die Mittelgebirgs- landschaft im Südwesten Deutschlands.

A summer and sun mood on Schluchsee in the southern Black Forest. Marvellous cycle tracks and hiking routes attract holidaymakers to this highland region in south-west Germany.

Atmosphère estivale ensoleillée sur le lac de Schluchsee dans le sud de la Forêt Noire. De magni- fiques chemins de randonnée pédestre et cycliste attirent les vacanciers dans cette région de montagnes de moyenne altitude du sud-ouest de l'Allemagne.

Das Freilichtmuseum „Vogtsbauernhof" in Gutach bei
Hausach präsentiert die ver-
schiedenen Bauformen der
Schwarzwaldhöfe. Besonders
reizvoll sind die blumenge-
schmückten Schauseiten der
Bauernhäuser.

Vogtsbauernhof open-air museum in Gutach, near Hausach,
is an exhibition of the various
Black Forest farmhouse architecture. The flower-bedecked fronts
of the farmhouses are particularly
eye-catching and attractive.

Le Musée de plein air «Vogtsbauernhof», à Gutach, près de
Hausach, présente les differentes
formes que revêtait autrefois la
ferme de la Forêt Noire. Les
façades de parade de ces
maisons de ferme aux balcons
fleuris sont particulièrement
belles à voir.

Der in Gutach beheimatete
„Bollenhut" ist das berühmteste
Schmuckstück der Schwarz-
wälder Tracht. Besonders eindrucksvoll sind aber auch die
von Ort zu Ort verschieden
geschmückten „Schäppel", die
Brautkronen.

Bollenhut hats, originating in
Gutach, are the crowning glory
of Black Forest costume. The
Schäppel, or bridal crowns, are
also most impressive, differing
from place to place.

Le «Bollenhut», coiffe à pom-
pons dont Gutach est la patrie
d'origine, est la plus célèbre
parure du costume régional de
la Forêt Noire. Mais les différentes couronnes de fiançailles,
différant selon la localité et
appelées «Schäppel» sont également très impressionnantes.

Der Friedrichsplatz in Mannheim wurde zur 300-Jahr-Feier der Stadt 1906 angelegt. Sein Wasserturm im römischen Stil erreicht eine Höhe von 60 Metern.

Friedrichsplatz in Mannheim was laid out to mark the city's 300th anniversary in 1906. Its Roman-style water tower is 60 metres tall.

La Friedrichsplatz à Mannheim fut aménagée, en 1906, à l'occasion du tricentenaire de la ville. Son château d'eau, le Wasserturm, inspiré des édifices romains, atteint 60 mètres de haut.

Bis 1918 residierten die Herzöge von Baden im Karlsruher Schloss. Es ist das Zentrum einer im 18. Jahrhundert planmäßig geschaffenen Stadtanlage.

The dukes of Baden lived at Karlsruhe Palace until 1918. The palace is the centre of a townscape laid out systematically in the eighteenth century.

Les ducs de Bade résidèrent jusqu'en 1918 au château de Karlsruhe. Ce dernier constitue le centre d'un complexe urbain aménagé, au XVIIIe siècle, selon un plan rigoureux.

Schon vor 2000 Jahren nutzten die Römer die heilenden Kräfte der Quellen in Baden-Baden. Im 19. Jahrhundert trafen sich vor der Neuen Trinkhalle Prominenz und Adel aus ganz Europa.

The Ancient Romans used the healing properties of Baden-Baden's spring water 2,000 years ago. In the nineteenth century public figures and nobility from all over Europe met outside the Neue Trinkhalle, or pump room.

Il y a 2000 ans de cela, les Romains avaient déjà recours aux vertus curatives des eaux thermales de Baden-Baden. Au XIXe siècle, la Neue Trinkhalle (buvette) était le lieu de rendez-vous de la noblesse et du beau monde venu de toute l'Europe.

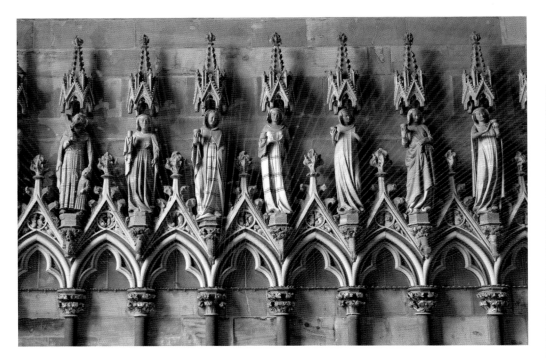

Das Wahrzeichen Freiburgs ist das gotische Münster. Im Hauptportal empfangen die „Klugen Jungfrauen", vollendete Skulpturen aus Buntsandstein, die Kirchenbesucher.

The Gothic minster is Freiburg's hallmark. In the main entrance the Wise Virgins, a perfect work of sculpture in red sandstone, welcome visitors to the church.

L'emblême de Fribourg est sa cathédrale gothique. Sur le porche principal, les «vierges sages», chefs-d'œuvre sculptés dans le grès bigarré, accueillent le visiteur.

Vor dem Freiburger Münster und dem Kornhaus (links) ist die ganze Woche über Markt. Das sonnige Klima und die Nähe zu Frankreich wissen nicht nur die Studenten in der Universitätsstadt im Breisgau zu schätzen.

A market is held all week on the square outside Freiburg minster and the Kornhaus or granary (left). Students are not alone in appreciating the sunny climate and the university town's proximity to France.

Devant la cathédrale de Fribourg et la Kornhaus (Maison à Blé, à gauche), le marché se tient tout au long de la semaine. Les étudiants de cette ville universitaire du Brisgau ne sont pas les seuls à apprécier le climat ensoleillé et la proximité de la France.

Im Münstertal zeigt sich der Schwarzwald von seiner schönsten Seite. Von Staufen bis zum 1414 Meter hohen Belchen schmiegen sich die Bauernhöfe an die bewaldeten Hänge. Blick über den Ort Münstertal mit seinem imposanten Rathaus.

In Münstertal the Black Forest is at its most beautiful. From Staufen up to the 1,414-metre summit of the Belchen, mountain farmhouses nestle on the wooded slopes. View of Münstertal with its impressive Rathaus.

C'est dans la vallée de la Münster que la Forêt Noire se présente sous son jour le plus beau. De Staufen jusqu'au Belchen, à 1414 mètres d'altitude, les maisons de ferme se blotissent au flanc des collines boisées. Vue sur la localité Münstertal avec son imposant hôtel de ville.

Das Markgräflerland im Dreieck südlicher Schwarzwald, Schweiz und Elsass bietet eine bezaubernde Landschaft und eine exzellente Küche. Geradezu lieblich präsentiert es sich zur Zeit der Kirschblüte, wie hier in Obereggenen.

The Markgräflerland area in the southern Black Forest, bordering on Switzerland and Alsace, boasts charming countryside and superb cuisine. In the cherry blossom season it looks quite delightful, as here in Obereggenen.

Le Markgräflerland, situé dans le triangle délimité par le sud de la Forêt Noire, la Suisse et l'Alsace, offre un paysage des plus ravissants et une excellente cuisine. Il est d'un aspect littéralement enchanteur à l'époque de la floraison des cerisiers, comme on le voit ici à Oberregenen.

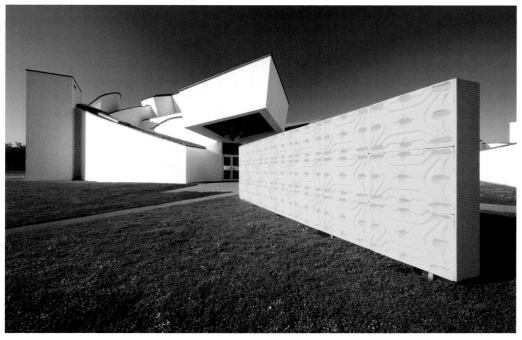

Das Vitra Design Museum in Weil
am Rhein wurde vom berühmten
amerikanischen Architekten
Frank Gehry erbaut. In seinem
Inneren werden Klassiker des
modernen Designs präsentiert.

The Vitra Design Museum in Weil
am Rhein, built by the famous US
architect Frank Gehry, houses
classics of modern design.

Au Vitra Design Museum à Weil
am Rhein. Il a été conçu par le
célèbre architecte américain
Frank Gehry, sont exposés des
classiques du design moderne.

Wie Perlen an einer Schnur
reihen sich am Hochrhein malerische Städtchen. In Laufenburg
verbindet eine alte Brücke den
deutschen mit dem schweize-
rischen Teil des Ortes.

Picturesque small towns line the
upper reaches of the Rhine like
a string of pearls. In Laufenburg
an old bridge links the German
and Swiss parts of the town.

Telles les perles d'un collier,
de petites villes pittoresques
s'alignent le long du Rhin supérieur. A Laufenburg, un vieux
pont relie la partie allemande et
suisse de cette localité.

Ein Wasserschloss wie aus dem Märchen: Mitten im tiefen Wald des Spessart liegt seit dem 15. Jahrhundert Mespelbrunn.

A moated castle straight out of a fairy-tale: Mespelbrunn has nestled deep in the Spessart forest ever since the fifteenth century.

Un château entouré d'eau que l'on croirait issu d'un conte de fées: Mespelbrunn qui, depuis le XVe siècle, se blottit au cœur d'une forêt profonde du Spessart.

Hoch über dem Main ließen sich die Würzburger Fürstbischöfe die Festung Marienberg erbauen. Unten wacht auf der Alten Mainbrücke der Frankenapostel Kilian über die Stadt, deren Schutzpatron er ist.

The prince-bishops of Würzburg had the fortress of Marienberg built for themselves in this vantage point high above the Main. Down below on the old bridge across the river St Kilian, apostle of the Franks, keeps watch over the town of which he is the patron saint.

Sur les hauteurs surplombant le Main, les princes-évêques de Wurtzbourg se firent construire la citadelle de Marienberg. En bas, sur le Vieux Pont du Main, l'apôtre des Francs, Saint-Kilian, veille sur la ville dont il est le patron.

Die 1744 vollendete Würzburger Residenz wurde als „außergewöhnlichstes" Barockschloss bereits 1981 in den Rang eines Weltkulurerbes erhoben. Im Vordergrund der 1894 feierlich enthüllte Frankoniabrunnen.

The Würzburg Residenz, completed in 1744, was named a UNESCO world heritage site in 1981 as the "most unusual" Baroque palace. In the foreground is the Franconia Fountain, unveiled in 1894.

Considérée comme château baroque d'ordre exceptionnel, la Résidence de Wurzbourg, achevée en 1744, fait partie de l'héritage culturel de l'humanité depuis 1981. Au premier plan, la Fontaine Franconia solennellement dévoilée en 1884.

Verführerisch liegt der Geruch von Lebkuchen, Bratäpfeln und gerösteten Mandeln auf dem Nürnberger Christkindlesmarkt in der Luft. Die Wurzeln des berühmtesten Weihnachtsmarktes der Welt reichen bis zum Anfang des 17. Jahrhunderts zurück.

The seductive aroma of gingerbread, baked apples and roasted almonds hangs in the air at the Nuremberg Christkindlesmarkt. The roots of world's most famous Christmas fair go back to the beginning of the seventeenth century.

Montant du Christkindlesmarkt de Nuremberg, d'alléchantes odeurs de pain d'épice, de pommes cuites au four et d'amandes grillées embaument l'atmosphère. L'origine du plus célèbre des marchés de Noël du monde entier remonte au début du XVIIe siècle.

Die fränkische Metropole Nürnberg ist eine Stadt mit reicher Kaufmannstradition. Das an der Pegnitz gelegene Weinstadel und der Wasserturm am Henkersteg gehören zu den wichtigsten Baudenkmälern der Altstadt.

Nuremberg, the capital of Franconia, is a city steeped in mercantile tradition. The Weinstadel by the River Pegnitz and the Wasserturm on Henkersteg are among the most important monuments in the city's Altstadt.

Nuremberg, métropole de la Franconie, s'enorgueillit d'un passé fécond en tant que ville commerçante. Le Weinstadel situé sur la Prnitz et le château d'eau sur le Henkersteg font partie des principaux monuments historiques de la vieille ville.

Das Alte Rathaus von Bamberg prägt die historische Innenstadt. Auf einer Regnitzinsel gelegen, symbolisiert es die Herrschaftsgrenze zwischen dem bischöflichen Bamberg und der bürgerlichen Innenstadt.

Bamberg's Altes Rathaus is the hallmark of its historic city centre. Located on an island in the River Regnitz, it symbolises the border between the territory of the Bishops of Bamberg and the bourgeois city centre.

L'Ancien Hôtel de Ville de Bamberg donne son empreinte au noyau historique de la ville. Situé sur un îlot de la Regnitz, il symbolise la limite des sphères de domination du Bamberg épiscopal et du centre-ville bourgeois.

Eigens für seine Werke ließ Richard Wagner ein Festspielhaus auf dem Grünen Hügel von Bayreuth errichten. Seit 1876 erklingen die Opern des Musikgenies jährlich in dem tempelähnlichen Rundbau.

The musical genius Richard Wagner had a festival theatre built on the Grüner Hügel (Green Hill) in Bayreuth specially for performances of his own works. Since 1876 the round, temple-like building has provided an annual backdrop for his operas during the Bayreuth Festival season.

C'est sur la Colline Verte (Grüner Hügel) que Richard Wagner fit ériger un Palais des Festivals afin d'y jouer ses propres œuvres. Depuis 1876 les opéras de ce compositeur de génie résonnent chaque année dans ce bâtiment de forme circulaire aux allures de temple.

An den starken Mauern der Feste Coburg scheiterte im Dreißig-jährigen Krieg selbst der mächti-ge Feldherr Wallenstein.

During the Thirty Years' War the sturdy walls of Coburg castle thwarted even the mighty com-mander Wallenstein.

Même Wallenstein, puissant chef d'armée, dut s'avouer vaincu face aux énormes murs de la forteresse de Cobourg qu'il tenta de prendre pendant la guerre de Trente Ans.

Einem Felsennest gleicht der Ort Tüchersfeld in der Fränkischen Schweiz. Bizarre Gesteinstürme und Tropfsteinhöhlen prägen diesen Landstrich zwischen Nürnberg, Bayreuth und Bam-berg.

Tüchersfeld in Franconian Swit-zerland resembles a mountain lair. This stretch of land between Nuremberg, Bayreuth and Bam-berg features bizarre rocky out-crops and dripstone caves.

La localité de Tüchersfeld, en Suisse franconienne, ressemble à un nid accroché à la paroi rocheuse. Amoncellements de rochers aux formes insolites et grottes de stalactites ou stalag-mites caractérisent cette région située entre Nuremberg, Bay-reuth et Bamberg.

Bereits 5000 v. Chr. war das Staffelbergplateau besiedelt. Vom 539 Meter hohen Gipfel hat man eine prächtige Aussicht auf die Fränkische Alb.

The Staffelberg plateau was already inhabited 5,000 years ago. From its 539-metre summit there is a magnificent view of the Fränkische Alb.

Le plateau de Staffelberg était déjà colonisé en l'an 5000 avant J-C. Du sommet culminant à 539 mètres on jouit d'une magnifique vue sur l'Alb franconien.

Im Herzen der Fränkischen Schweiz liegt Gößweinstein, seit dem 16. Jahrhundert ein bedeutender Wallfahrtsort. Der Barockbaumeister Balthasar Neumann errichtete die Basilika zur Heiligen Dreifaltigkeit von 1730 bis 1739 (rechts). Im Hintergrund Burg Gößweinstein, auch Schloss genannt.

Gössweinstein, an important place of pilgrimage since the sixteenth century, lies in the heart of Franconian Switzerland. The Holy Trinity Basilica (right) was designed and built between 1730 and 1739 by the Baroque architect Balthasar Neumann. In the background is Gössweinstein Castle.

Gößweinstein, situé au cœur de la Suisse franconienne, fut, dès le XVIe siècle, un important lieu de pélerinage. De 1730 à 1739, Balthasar Neumann, architecte de l'époque baroque, érigea la basilique Zur Heiligen Dreifaltigkeit (Eglise de la Sainte-Trinité, à droite). A l'arrière-plan, le Burg Gößweinstein, également appelé «Schloss» (Château).

Die Perle des Taubertals: Aufragende Türme, trutzige Mauern und enge Gassen verleihen Rothenburg ob der Tauber seine einzigartige Stadtsilhouette. Die im Zweiten Weltkrieg zerstörte Stadtmauer wurde mit internationaler Hilfe wiederaufgebaut. Teil davon ist der Siebersturm und das Kobolzeller Tor (rechts) am Plönlein.

The gem of the Tauber valley: soaring towers, sturdy walls and narrow streets give Rothenburg ob der Tauber its unique townscape. The city wall, destroyed in the World War II, was rebuilt with international assistance. The Siebersturm and the Kobolzeller Tor (right) at Plönlein are part of it.

La perle de la vallée de la Tauber: tours élancées, puissants remparts et ruelles étroites confèrent à Rothenburg ob der Tauber sa silhouette incomparable. Les murs d'enceinte, détruits au cours de la Seconde Guerre mondiale, purent être reconstitués grâce à l'aide internationale. En font partie, la Tour Sieber (Sieberturm) et la Porte Kobolzeller Tor (à droite) sur le Plönlein.

Dinkelsbühl ist eine der schönsten Städte an der Romantischen Straße. Bereits König Ludwig I. von Bayern stellte die Stadt in der ersten Hälfte des 19. Jahrhunderts unter Denkmalschutz. Blick auf den Altrathausplatz mit Löwenbrunnen und Wörnitztor.

Dinkelsbühl is one of the prettiest towns on the Romantic Road. King Ludwig I of Bavaria gave it listed monument status back in the first half of the nineteenth century. This is a view of the Altrathausplatz with the Löwenbrunnen and the Wörnitztor.

Dinkelsbühl est l'une des plus belles villes bordant la Route Romantique. Dans la première moitié du XIXe siècle, le roi Louis Ier de Bavière avait déjà déclaré la ville site protégé. Vue sur le Altrathausplatz avec la Fontaine aux Lions (Löwenbrunnen) et la Porte Wörnitz.

Durch Handelsgeschäfte und als Bankiers von Kaisern und Päpsten erwarb die Augsburger Kaufmannsfamilie Fugger ein riesiges Vermögen. 1516 bis 1526 ließen die Brüder Fugger für bedürftige Bürger die „Fuggerei" erbauen.

The Fuggers, a family of Augsburg merchants, amassed an enormous fortune from trade and as bankers to emperors and popes. Between 1516 and 1526 the Fugger brothers financed the Fuggerei, to provide shelter to needy people of the town.

Famille de gros négociants et banquiers des empereurs et des papes, les Fugger amassèrent une fabuleuse fortune. De 1516 à 1526, les frères Fugger firent construire la «Fuggerei», destinés à accueillir les personnes dans le besoin.

Der Bayerische Wald ist eines der beliebtesten Urlaubsziele der Deutschen. Herrliche Wanderwege, unverfälschte Natur und echte Urwälder findet man vor allem im Nationalpark.

The Bavarian Forest is a favourite holiday destination with the Germans. Superb long-distance hiking trails, unspoiled nature and genuine primeval forests are to be found above all within the boundaries of the national park.

La Forêt bavaroise est l'une des destinations touristiques les plus prisées des Allemands. C'est avant tout dans le Parc national que l'on découvrira de magnifiques chemins de randonnée, une nature authentique, et des forêts à l'état vierge.

Die Regensburger können sich der ältesten Brücke über die Donau rühmen: Mit ihren 16 Bögen ist die von 1135 bis 1146 erbaute Steinerne Brücke ein beeindruckendes Zeugnis mittelalterlicher Baukunst.

The people of Regensburg can boast the oldest bridge across the Danube. With 16 arches spanning the river, the Stone Bridge, built between 1135 and 1146, is an impressive example of mediaeval architecture.

Les habitants de Regensburg peuvent s'enorgueillir de posséder le plus vieux pont sur le Danube: fort de ses 16 arches enjambant le fleuve, le Pont de Pierre, construit de 1135 à 1146, constitue un témoignage important de l'architecture médiévale.

„Bayrisches Venedig" nennt man das malerische Passau mit seinem Dom St. Stephan (links) und der Kirche St. Paul. Drei Flüsse vereinigen sich in der niederbayrischen Bischofsstadt: Donau (Foto), Inn und Ilz.

Picturesque Passau with its St Stephen's Cathedral (left) and St Paul's church, has been nicknamed "the Venice of Bavaria." The diocesan town in Lower Bavaria is situated at the confluence of three rivers: the Danube (photo), the Inn and the Ilz.

«Venise bavaroise», ainsi a-t-on baptisé Passau, ville pittoresque avec la cathédrale St-Stéphane (à gauche) et l'église St-Paul. Trois rivières viennent confluer au cœur de cet évêché de la Basse-Bavière: le Danube (photo), l'Inn et l'Ilz.

Morgenstimmung im Englischen Garten. Im Hintergrund die Silhouette Münchens, der „Weltstadt mit Herz". Der Blick geht über die Altstadt (v.l.n.r.): Turm des Rathauses, Münchner Residenz, Heilig-Geist-Kirche, Frauenkirche und Theatinerkirche.

Morning mood in the Englischer Garten with the skyline of Munich, the "cosmopolitan city with a heart," in the background. The view of the Altstadt takes in, from left to right, the tower of the Neues Rathaus, the Residenz, the Heilig-Geist-Kirche, the Frauenkirche and the Theatinerkirche.

Impressions matinales dans le Jardin Anglais (Englischer Gaten). A l'arrière-plan, la silhouette de Munich, «ville au grand cœur». La vue s'étend jusqu'à la vieille ville (de gauche à droite): Tour d l'hôtel de ville, Münchner Residenz, églises Heilig-Geist-Kirche, Frauenkirche et Theatinerkirche.

In der futuristischen, von den
Schweizer Architekten Herzog &
de Meuron geschaffenen Arena
spielt der mehrfache Deutsche
Fußballmeister und Champions
League-Gewinner FC Bayern
München. Links die Frött-
maninger Kirche.

The futuristic arena designed by
Swiss architects Herzog & de
Meuron is the home ground of
multiple German soccer champion and Champions League
winner Bayern Munich. On
the left is the church in
Fröttmaningen.

Le FC Bayern München, champion de football à plusieurs
reprises et vainqueur de la Ligue
des Champions joue dans l'arène
d'aspect futuriste conçue par les
architectes suisses Herzog & de
Meuron. À gauche: église de
Fröttmaning.

Der Marienplatz mit dem Alten
und dem Neuen Rathaus bildet
von jeher das Zentrum Münchens. Vom Turm des 1867 bis
1908 errichteten Neuen Rathauses hat man einen schönen
Rundblick über die Stadt.

Marienplatz square with the old
and new town halls has always
been the centre of Munich. From
the tower of the new town hall,
built between 1867 and 1908,
one enjoys a fine panoramic
view of the city.

La Marienplatz, bordée par
l'Ancien et le Nouvel Hôtel de
Ville constitue depuis toujours le
centre de Munich. La tour du
Nouvel Hôtel de ville, construit
de 1867 à 1908, offre une
splendide vue panoramique sur
la ville.

Höhepunkt der Bierseligkeit in München: das Oktoberfest auf der Theresienwiese. An klaren Tagen scheinen beim Blick von der St.-Paulus-Kirche über das Festgelände die Alpen zum Greifen nah.

The peak of beerdrinking bliss in Munich: the Oktoberfest on the Theresienwiese. Looking from St Paul's Church across the festival ground, on clear days the Alps look close enough to touch.

Comble de la félicité pour les amateurs de bière: la Fête d'Octobre qui se tient sur la Theresienwiese. Par temps clair, les Alpes que l'on voit ici de l'église St-Paul par-delà le terrain de la Fête, semblent être à portée de la main.

Hier schlägt das Herz der Stadt
München. Am Viktualienmarkt
gibt es nicht nur ein reiches
Angebot an Obst, Gemüse und
Schmankerln, sondern er ist
auch ein beliebter Treffpunkt der
Münchener.

The heart of the city of Munich
beats here. As well as boasting a
wide variety of fruit, vegetables
and all manner of delicacies, the
food market is a popular meeting place for Munich residents.

C'est là que bat le cœur de la
ville de Munich. Le Viktualienmarkt (Marché aux Victuailles)
ne fait pas que regorger de
fruits, de légumes et de frian-
dises en tout genre, il est également un des rendez-vous favoris
des Munichois.

Spätestens seit 1810, als das
erste Oktoberfest stattfand,
gehören München und Bier
zusammen. Das Servieren der
einen Liter fassenden Maßkrüge
ist Schwerstarbeit.

At least since 1810, when the
first Oktoberfest was held,
Munich and beer have belonged
together. Serving measures in
mugs that hold one litre is very
hard work.

Munich et la bière sont indissociables depuis qu'en 1810, si ce
n'est encore bien avant, eut lieu
la première Fête d'Octobre.
Servir les chopes d'un litre est
un exercice de force.

Der Englische Garten, heute ein 367 Hektar großer Landschaftspark inmitten von München, wurde Ende des 18. Jahrhunderts von dem Briten Sir Benjamin Thompson, später Count Rumford, und dem Gartenarchitekten Ludwig von Sckell geplant und angelegt. Beliebter Treffpunkt: der Biergarten am Chinesischen Turm.

The English Garden, now a 367-hectare landscaped park in the middle of Munich, was designed and laid out at the end of the eighteenth century by Sir Benjamin Thompson, Count Rumford, and landscape architect Ludwig von Sckell. The beer garden by the Chinese Tower is a popular rendezvous.

Le Jardin anglais, parc paysagé de 367 hectares de superficie, s'étend au cœur même de la ville. Il fut conçu et aménagé à la fin du XVIIIe siècle par le Britannique Sir Benjamin Thompson, Count Rumford, ainsi que par l'architecte-paysagiste Ludwig von Sckell. Un lieu de rendez-vous très prisé: le Biergarten près de la Tour chinoise.

Ein beliebter Treffpunkt im Englischen Garten ist der von Leo von Klenze gestaltete Monopteros. König Ludwig I. ließ den Rundtempel 1833 bis 1838 zu Ehren seiner Vorgänger, Kurfürst Karl Theodor und König Maximilian I., errichten.

A favourite meeting place in the English Garden: the Monopteros, designed by Leo von Klenze. King Ludwig I had the round temple built between 1833 and 1838 in honour of his predecessors, Elector Karl Theodor and King Maximilian I.

Le Monopteros, dans le Jardin anglais, est un lieu de rendez-vous fort prisé des Munichois. Il est l'œuvre de Leo von Klenze. Louis Ier, roi de Bavière, fit construire ce temple de forme circulaire de 1833 à 1838 pour honorer la mémoire de ses prédécesseurs, le prince-électeur Karl Theodor et le roi Maximilian Ier.

Der bayrische Kurfürst Ferdinand Maria ließ 1664 bis 1674 Schloss Nymphenburg und den umgebenden Park im Westen Münchens errichten und schenkte das Ensemble seiner Frau Henriette von Savoyen nach der Geburt des Thronfolgers Max Emanuel. Bis Mitte des 18. Jahrhunderts folgten zahlreiche Erweiterungsbauten.

Elector Ferdinand Maria of Bavaria had Nymphenburg palace and the surrounding park constructed between 1664 and 1674. He made a gift of the palace and grounds to his wife Henriette of Savoy on the birth of Max Emanuel, heir to the throne. Numerous extensions were added up until the mid-eighteenth century.

Ferdinand Maria, prince-électeur de Bavière, fit ériger le château de Nymphenburg entre 1664 et 1674 et aménager le parc qui l'entoure. Il fit don de l'ensemble à sa femme, Henriette de Savoie, après la naissance du prince héritier, Max Emanuel. Le château fut l'objet de nombreux agrandissements jusqu'au milieu du XVIIIe siècle.

Das italienisch anmutende Lenbachhaus, eine ockerfarbene Villa im Stil der Neorenaissance, beherbergt eine hervorragende Sammlung von Werken des 19. und 20. Jahrhunderts, vor allem Gemälde von Künstlern des „Blauen Reiters".

The Lenbachhaus, an ochre-coloured villa in the neo-Renaissance style, has a touch of the Italian about it. It houses an excellent collection of nineteenth and twentieth century art, above all works by artists of the "Blauer Reiters" Expressionist movement.

La Lenbachhaus, villa de couleur ocre d'inspiration italienne, érigée dans le style néo-Renaissance, abrite une remarquable collection d'œuvres du XIXe et XXe siècles, dont, notamment, des tableaux d'artistes ayant fait partie du mouvement «Blauer Reiter» (Cavalier bleu).

Ein Idyll im Berchtesgadener Land: 1800 Meter hoch ragt die Watzmann-Ostwand hinter St. Bartholomä, dem kleinen Wallfahrtskirchlein am Königssee, steil in den Himmel.

An idyll in the Berchtesgadener Land: the sheer east wall of the Watzmann towers 1,800 metres into the sky behind St Bartholomä, the diminutive pilgrimage church by the Königssee.

Tableau idyllique dans le Berchtesgadener Land: la paroi Est du Watzmann domine de ses 1800 mètres la minuscule chapelle de St-Bartholomä, en bordure du Königssee.

Im Chiemgau, nur wenige Kilometer nördlich des Chiemsees, liegt das Kloster Seeon. Das Benediktinerkloster, 944 gegründet, bildet mit seiner Pfarrkirche und dem Ortsteil Bräuhausen (rechts) ein reizvolles Ensemble.

In the Chiemgau, just a few miles north of Chiemsee lake, Seeon Monastery nestles in a delightful rural setting. The Benedictine monastery, founded in 944, with its parish church and the village of Bräuhausen (right) make up a charming ensemble.

A Chiemgau, à quelques kilomètres seulement au nord du lac de Chiem se trouve le monastère de Secon, au milieu d'un paysage plein de charme. Ce monastère de Bénédictins, fondé en 944, constitue, avec son église paroissiale et le village de Bräuhausen (à droite) un ensemble des plus ravissants.

Auf einer Insel im Chiemsee steht das Neue Schloss Herrenchiemsee. Der baufreudige Bayernkönig Ludwig II. ließ den Prunkbau 1878 bis 1885 nach dem Vorbild von Versailles errichten. Im Hintergrund links die Fraueninsel.

The New Herrenchiemsee Palace stands on an island in Chiemsee. King Ludwig II of Bavaria, a man with a passion for building, had this magnificent residence built between 1878 and 1885 on the model of Versailles. Behind it, on the left, is the Fraueninsel.

Le Nouveau Château de Herrenchiemsee trône sur une île du lac de Chiemsee. Louis II de Bavière, bâtisseur zélé, fit ériger ce fastueux bâtiment à l'image de Versailles, entre 1878 et 1885. A l'arrière-plan, à gauche, la Fraueninsel, l'Ile des Femmes.

Gleich hinter dem malerisch schönen Tegernsee mit seinen satten Wiesen erheben sich die Gipfel der Alpen.

Alpine peaks rise up right behind beautiful, picturesque Tegernsee lake and its lush meadows.

Juste derrière le pittoresque et magnifique lac de Tegernsee entouré d'opulentes prairies, se dressent les sommets des Alpes.

Im 19. Jahrhundert kurten der Adel, aber auch bedürftige Untertanen im Wildbad Kreuth. Heute wird das 1820 bis 1825 erbaute Kurgebäude mit Wandelhalle unter anderem für politische Tagungen genutzt.

In the nineteenth century both the nobility and their needy subjects took the waters in Wildbad Kreuth. Nowadays the spa rooms and the pump room, built between 1820 and 1825, are used among other things for political conferences.

Les nobles, mais aussi leurs sujets venaient en cure à Wildbad Kreuth. Cet établissement thermal, doté d'un déambulatoire, fut construit de 1820 à 1825. Aujourd'hui il est utilisé, entre autres, à des fins de congrès et assises politiques.

Seit 2007 hat das Markus Wasmeier Freilichtmuseum in Schliersee geöffnet. Hier können Besucher eine Reise in die Vergangenheit erleben. Auf dem Foto der Blick in eine Bauernstube aus dem 19. Jahrhundert.

The Markus Wasmeier Open-Air Museum in Schliersee was opened in 2007. Visitors can take a journey into the past. Here is a view of a nineteenth-century farmer's parlour.

Depuis 2007, le musée à ciel ouvert «Markus Wasmeier», à Schliersee, est ouvert au public. Les visiteurs peuvent y entreprendre un voyage à travers le passé. Sur la photo: vue de l'intérieur rustique d'une salle de séjour paysanne au XIXe siècle.

Im welligen Hügelland des Pfaf-
fenwinkels liegt die Wieskirche.
Die Architekten, die Brüder
Johann Baptist und Dominikus
Zimmermann, erbauten dieses
Meisterwerk des bayrischen
Rokoko 1745 bis 1754.

The Wieskirche stands in the
open hilly countryside of the
Pfaffenwinkel. This masterpiece
of Bavarian Rococo was built
between 1745 and 1754 by the
architects Johann Baptist and
Dominikus Zimmermann.

La Wieskirche, une petite église,
se blottit au creux du paysage
vallonné du Paffenwinkel. Les
architectes Johann Baptist et
Dominikus Zimmermann érigè-
rent ce chef-d'œuvre du rococo
bavarois entre 1745 et 1754.

Die beiden Zwiebeltürme des im 8. Jahrhundert gegründeten Klosters Benediktbeuern haben schon Johann Wolfgang von Goethe im Vorbeifahren entzückt. Im Hintergrund ragt die 1800 Meter hohe Benediktenwand auf.

Travelling by, Johann Wolfgang Goethe was captivated by the twin onion towers of the monastery of Benediktbeuern, founded in the eighth century. The 1,800-metre Benediktenwand rises in the background.

Les deux clochers à bulbes de l'abbaye de Benediktbeuern, fondée au VIIIe siècle, soulevèrent, à l'époque, l'enthousiasme de Johann Wolfgang von Goethe, lorsque celui-ci passa devant. A l'arrière-plan, la paroi du Benediktwand dresse ses 1800 mètres vers le ciel.

Die Passionsspiele in Oberammergau finden seit 1634 alle zehn Jahre statt. Der ganze Ort beteiligt sich, in heutiger Zeit immer in „runden Jahren", an der Darstellung der Leidensgeschichte Jesu.

The Oberammergau passion plays have been performed decennially since 1634, nowadays in "round-figure years." The whole village participates in the portrayal of Christ's passion.

Depuis 1634, les Mystères de la Passion représentés à Oberammergau ont lieu tous les dix ans. Tout le bourg participe à la représentation du calvaire du Christ qui a lieu, à notre époque, dans les années se terminant par un chiffre rond.

Auf einer Gebirgswanderung entdeckte der spätere König Maximilian II. 1829 die Burgruine Hohenschwangau. Die malerische Lage begeisterte ihn so sehr, dass er wenige Jahre später dort ein klassizistisches Schloss errichten ließ.

The man later to become King Maximilian II discovered the ruined castle of Hohenschwangau in 1829 while hiking in the mountains. The picturesque location so enraptured him that a few years later he had a palace in the Classicist style erected there.

Pendant une randonnée en montagne en 1829, le futur roi Maximilien II découvrit les ruines du château fort de Hohenschwangau. Le site romantique l'enthousiasma à tel point que, quelques années plus tard,il y fit construire un château dans le style du classicisme.

Unter seinen vielen Schlössern war dieses Ludwig II. am liebsten: Schloss Neuschwanstein entstand Ende des 19. Jahrhunderts in unvergleichlicher Lage nach Entwürfen des Königs über Alp- und Schwansee im Allgäu.

Of all his many castles, this was Ludwig II's favourite. Schloss Neuschwanstein was built at the end of the nineteenth century, based on the King's own sketches, in this incomparable location overlooking Alpsee and Schwansee in the Allgäu.

De ses nombreux châteaux, c'était celui que préférait Louis II de Bavière: Neuschwanstein, édifié à la fin du XIXe siècle, dans un site incomparable, d'après les plans de ce souverain qui régna en maître sur les lacs d'Alpsee et de Schwansee, dans l'Allgäu.

Ein Kleinod unter weißblauem Himmel. In Schloss Linderhof träumte sich König Ludwig II. in seinem Schlafzimmer, das dem des französischen Sonnenkönigs nachempfunden war, in die Blütezeit des französischen Königtums zurück.

A gem beneath a blue and white sky: in his Linderhof Palace King Ludwig II dreamt in his bedroom, modelled on that of France's roi soleil, that he, Ludwig, was back in the heyday of the French monarchy.

Joyau resplendissant sous un ciel aux couleurs blanc et bleu de la Bavière: en son château de Linderhof. Dans sa chambre à coucher, inspirée de celle du Roi soleil, Louis II de Bavière s'adonnait à ses rêves nostalgiques qui le transportaient à l'époque où la monarchie française fêtait son apogée.

Ein bayrischer Löwe überwacht die Hafeneinfahrt von Lindau am Bodensee. Seit 1805 gehört die schöne Inselstadt zum Freistaat Bayern.

A Bavarian lion guards the harbour entrance at Lindau on Lake Constance. The lovely island town has been part of the free state of Bavaria since 1805.

Un lion bavarois surveille l'entrée du port de Lindau sur le lac de Constance. Cette belle ville fait partie de la République de Bavière depuis 1805.

Die Zugspitze am Westrand des Wettersteingebirges ist mit 2962 Metern der höchste Berg Deutschlands. Wer die Mühen einer Bergwanderung zum Gipfel scheut, kann die Bergspitze mit dem herrlichen Weitblick über die Alpen auch über drei Seilbahnen erreichen.

At 2,962 metres, the Zugspitze at the western edge of the Wetterstein mountains is Germany's highest peak. Those who balk at the ardours of a day-long trek to the top can travel up by three cable cars to enjoy the magnificent panoramic view of the Alps.

Les 2962 mètres de la Zugspitze, en bordure ouest du massif de Wetterstein en font la plus haute montagne d'Allemagne. Quiconque recule devant une ascension d'une journée pour atteindre le sommet, peut y parvenir en empruntant trois télécabines pour jouir du magnifique panorama qui se déploie, d'en-haut, sur les Alpes.

Eine bayrische Bilderbuchansicht: Vor dem herrlichen Panorama der Allgäuer Alpen steht die Wallfahrtskirche St. Coloman, ein Bau des 17. Jahrhunderts.

A Bavarian picture book view: Against the glorious panorama of the Allgäu Alps stands the pilgrimage church of St Coloman, built in the seventeenth century.

Un paysage de carte postale au cœur de la Bavière: l'église de pèlerinage de St-Coloman, datant du XVIIe siècle, se dresse devant le splendide panorama des Alpes de l'Allgäu.

Beeindruckend! Die Partnachklamm ist ein 702 Meter langer und teilweise über 80 Meter tiefer Einschnitt im Reintal bei Garmisch-Partenkirchen. Sie wurde bereits 1912 zum Naturdenkmal erklärt.

Impressive! Partnachklamm is a ravine 702 metres long and in places over 80 metres deep in the Reintal valley near Garmisch-Partenkirchen. It was listed as a natural monument back in 1912.

Impressionnant! La Partnachklamm est une entaille de 702 mètres de long et, à certains endroits, de plus de 80 mètres de large dans la vallée du Rhin près de Garmisch-Partenkirchen. Dès 1912 elle fut déclarée site naturel protégé.

Baden-Württemberg | Baden-Württemberg | Le Bade-Wurtemberg

Fläche: 35 751 km²
Einwohner: 10,7 Millionen
Hauptstadt: Stuttgart (600 000 Einwohner)
Größere Städte: Karlsruhe (299 000 Einwohner),
Mannheim (297 000), Freiburg im Breisgau
(220 000), Heidelberg (152 000)

Geografisches: Baden-Württemberg ist Frankreich und der Schweiz benachbart, wobei größtenteils der Rhein die Grenze bildet. An die Oberrheinische Tiefebene schließt sich der Schwarzwald an, ein beliebtes Mittelgebirgs-Erholungsgebiet. Im Süden reicht das Land bis zum Bodensee, auch „Schwäbisches Meer" genannt. Die Hauptstadt Stuttgart liegt inmitten des Neckarbeckens.

Geschichte: Wie der Stauferlöwe im Wappen belegt, versteht sich Baden-Württemberg als Nachfolger des einstigen Herzogtums Schwaben, das unter dem Kaisergeschlecht der Staufer im Mittelalter eine territoriale Einheit war. In der Folgezeit kam es in diesem Gebiet zu einer Zersplitterung in über 600 Herrschaftsgebilde, von denen zu Beginn der Neuzeit allein die Kurpfalz, die österreichischen Vorlande, die hohenlohischen Fürstentümer, das Fürstbistum Würzburg, die Hohenzollern-Lande, das Herzogtum Württemberg und die badischen Markgrafschaften größere Bedeutung hatten. Mit der Flurbereinigung 1803 bis 1806 verloren alle diese Territorien mit Ausnahme Badens, Württembergs und Hohenzollerns ihre Eigenständigkeit. Die beiden Mittelstaaten, das Königreich Württemberg und das Großherzogtum Baden, standen im 19. Jahrhundert vor der schwierigen Aufgabe, die von unterschiedlichen Traditionen, Konfessionen und ökonomischen Voraussetzungen geprägten Regionen zu einheitlichen Gebilden mit einer modernen, rechtsstaatlichen Verfassung zusammenzufügen. Mit dem Ende der deutschen Monarchie 1918 wurden beide zu Republiken, die nach einer kurzen Zeit der demokratischen Entwicklung 1933 im diktatorischen nationalsozialistischen Einheitsstaat aufgingen. Das heutige Baden-Württemberg ist das einzige Land, das seine Existenz einer Volksabstimmung verdankt. Die Besatzungsmächte Frankreich und USA hatten 1945 nach Kriegsende in der Region zunächst drei Länder gebildet: Württemberg-Hohenzollern, Württemberg-Baden und (Süd-)Baden. Während sich die Landesregierungen der beiden erstgenannten Länder für die Vereinigung aussprachen, stemmte sich die (süd-)badische Regierung in Freiburg zunächst dagegen, akzeptierte aber dann das Ergebnis der Volksabstimmung vom Dezember 1951, in der die Gesamtbevölkerung der drei Länder mit großer Mehrheit für einen einheitlichen Südweststaat – eben Baden-Württemberg – votierte; in (Süd-)Baden allerdings sprach sich die Mehrheit damals für die Beibehaltung der alten Länder aus.

Erst 1970 wurden die Südbadener in einer Volksabstimmung erneut wegen dieser Frage an die Urnen gebeten. Sie entschieden sich mit 81,9 Prozent für den Fortbestand Baden-Württembergs, das zu diesem Zeitpunkt schon auf eine knapp zwanzigjährige Geschichte zurückblicken konnte.

Area: 35,751 square kilometres
Population: 10.7 million
Capital: Stuttgart (population 600,000)
Principal cities: Karlsruhe (population 299,000),
Mannheim (297,000), Freiburg/Breisgau (220,000),
Heidelberg (152,000)

Geography: Baden-Württemberg borders on France and Switzerland, with the Rhine as the greatest part of the border. The lowlands of the upper Rhine region are adjacent to the Black Forest, which is a popular excursion area. Down in the south this state reaches as far as Lake Constance, which is also called the "Swabian Sea." The capital Stuttgart is situated in the middle of the Neckar basin.

History: The Hohenstaufen Lion in the coat-of-arms of Baden-Württemberg is proof of the fact that this state sees itself as a successor to the bygone duchy of Swabia, which, in the Middle Ages, was a territorial unit at the time of the Staufen emperors. In the following period this region split into over 600 territories, including the Kurpfalz, an Austrian region, the principalities of Hohenlohe, the grand duchy of Würzburg, the Hohenzollern region, the duchy of Württemberg, and the Baden duchies, to mention those of any importance. Due to the consolidation of 1803–1806 all territories with the exception of Baden, Württemberg, and Hohenzollern lost their sovereignty. The two medium-sized states, the kingdom of Württemberg and the grand duchy of Baden, were confronted with the complicated task of merging regions of different traditions, denominations and economic status into units with a modern constitution in the nineteenth century. With the fall of the German monarchy in 1918 both became republics, which, after a short period of democratic development, were merged with the unitary National Socialist dictatorship in 1933.

Today's Baden-Württemberg is the only state of Germany that owes its existence to a popular vote. In 1945, after the end of the war, the allies France and the USA at first made three states of the region: Württemberg-Hohenzollern, Württemberg-Baden, and (South) Baden. While the governments of the first two mentioned above had no objections to a merger, the (South) Baden government in Freiburg put up resistance, but, in December 1951, accepted the results of the popular vote, in which the total populace of the three states voted for a united south-western state by a great majority – thus Baden-Württemberg came into being; yet, at that time, the majority of (South) Baden would have preferred to retain the old three states' borders.

Then, in 1970, the people of South Baden were once again asked to vote upon the matter. This time 81.9 per cent decided for the continuing existence of Baden-Württemberg, which, by then, could look back upon almost two decades of history as a unit.

Superficie: 35 751 km²
Nombre d'habitants: 10,7 millions
Capitale: Stuttgart (600 000 habitants)
Villes principales: Karlsruhe (299 000 habitants),
Mannheim (297 000), Fribourg-en-Brisgau (220 000),
Heidelberg (152 000)

Géographie: Le Bade-Wurtemberg se trouve aux frontières de la France et de la Suisse marquées en grande partie par le Rhin. À l'est de la plaine du Haut-Rhin se situe la Forêt-Noire dont les montagnes offrent des lieux de villégiature prisés. Au sud, le Land s'étend jusqu'au Lac de Constance (dit Mer Souabe). La capitale, Stuttgart, est sise dans le bassin du Neckar.

Histoire: Ainsi que le prouve le lion des Staufen sur son écusson, le Bade-Wurtemberg se considère comme étant le successeur de l'ancien duché de Souabe. Celui-ci formait au Moyen-Age une unité territoriale sous les empereurs de la lignée des Staufen. Par la suite, le territoire est morcelé en six cents petits Etats environ. Au début, seuls le Palatinat électoral, l'avant-pays autrichien, les principautés de Hohenlohe, l'archevêché de Wurzbourg, les domaines des Hohenzollern, le Duché de Wurtemberg, et les comtés de Bade conservent une certaine importance. Le remembrement qui a lieu entre 1803 et 1806 veut que tous ces Etats perdent leur autonomie, exception faite de la Bade, du Wurtemberg et du Hohenzollern. Au 19e siècle, les deux Etats de l'Allemagne moyenne, c'est-à-dire le Royaume de Wurtemberg et le Grand Duché de Bade se voient obligés de réunir toutes ces régions marquées par des traditions, des confessions et conditions économiques différentes. Le but de cette tâche est de leur donner une constitution moderne. En 1918, avec la fin de la monarchie allemande, le Royaume de Wurtemberg et le Grand Duché de Bade deviennent des républiques qui, après une courte période de démocratie, s'intègrent au régime nationalsocialiste en 1933.

Le Bade-Wurtemberg est aujourd'hui le seul Land devant son existence à un plébiscite. En 1945, la France et les Etats-Unis en font trois Länder: le Wurtemberg-Hohenzollern, le Wurtemberg-Bade et le Bade-Sud. Alors que les gouvernements des deux premiers votent pour une union, le Bade-Sud et son gouvernement à Fribourg le refuse tout d'abord. Elle accepte pourtant la décision du plébiscite de décembre 1951 par lequel la grande majorité de la population des trois Länder votent pour un seul Etat au sud-ouest de l'Allemagne: le Bade-Wurtemberg. La majorité du Bade-Sud manifeste cependant son désir de garder son indépendance.

Ce n'est qu'en 1970 que l'on demande à nouveau aux habitants de Bade-Sud de donner leur avis. Cette fois-ci, un pourcentage de 81,9 vote en faveur du Land de Bade-Wurtemberg qui, à cette époque, existe déjà depuis vingt ans.

Fläche: 70 550 km²
Einwohner: 12,6 Millionen
Hauptstadt: München (1,4 Millionen Einwohner)
Größere Städte: Nürnberg (499 000 Einwohner),
Augsburg (277 000), Regensburg (140 000),
Würzburg (125 000)

Geografisches: Bayern ist flächenmäßig das größte deutsche Land. Dank seiner landschaftlichen Schönheiten – der Alpen mit Garmisch-Partenkirchen und der Zugspitze, des hügeligen Alpenvorlandes mit seinen Seen, der durch das Donautal davon getrennten Fränkischen Alb sowie des Bayerischen Walds – ist Bayern zu einem beliebten Ferienziel geworden.

Geschichte: Bayern kann stolz auf eine fast eineinhalb-tausendjährige Geschichte verweisen, war doch bereits im 6. Jahrhundert die Landnahme durch die Bajuwaren zwischen Lech, Donau und Alpen vollzogen. Mit der Verleihung des Herzogtums Bayern an die Wittelsbacher 1180 begann eine Periode der dynastischen Kontinuität, die erst 1918 mit der Abdankung des letzten Bayernkönigs Ludwig III. endete. In dieser Zeit erlebte Bayern eine Reihe einschneidender, auch geografischer Veränderungen. Erst mit der – im Bündnis mit Napoleon durchgesetzten – Erhebung zum Königreich 1806 kamen (bis 1813) zu Altbayern die fränkischen und schwäbischen Gebiete hinzu, die noch heute zu Bayern gehören; diese Regionen waren zuvor in eine Reihe weltlicher und geistlicher Territorien zerfallen.

Das nun geeinte Land wurde von den Wittelsbacher Königen nach zentralistischen und absolutistischen Prinzipien straff verwaltet. Der im Revolutionsjahr 1848 an die Macht gekommene König Maximilian II. begünstigte liberale und soziale Reformen. Sein Sohn ist der „Märchenkönig" Ludwig II., der Schloss Neuschwanstein bauen ließ und seinem Leben in geistiger Umnachtung durch Ertränken im Starnberger See selbst ein Ende setzte.

Mit der Gründung des Deutschen Kaiserreichs 1871 verlor Bayern wichtige Kompetenzen an die Zentralregierung in Berlin. Finanzen, Verkehr, Kultur, Justiz, Soziales und Verwaltung blieben jedoch Landessache. Als mit dem deutschen Kaiser in Berlin auch der Bayernkönig in München nach dem Ersten Weltkrieg abdanken musste, entstand der „Freistaat Bayern" mit dem Volk als Souverän. Nach einem kurzen Zwischenspiel zweier sozialistischer Räterepubliken im Frühjahr 1919 setzte sich mit Unterstützung der Reichsregierung der gewählte Landtag als Volksvertretung durch. In die Zeit galoppierender Inflation fiel Hitlers Putsch-Versuch von 1923. Während der nationalsozialistischen Diktatur verlor Bayern alle eigenstaatlichen Befugnisse.

Nach 1945 wurde das Land Bayern – allerdings ohne die Pfalz – von der amerikanischen Besatzungsmacht wiederhergestellt. Als einziges Landesparlament versagte der bayerische Landtag 1949 dem Grundgesetz der neugeschaffenen Bundesrepublik Deutschland die Zustimmung, da es seiner Ansicht nach die Rechte der Länder zu stark einschränkte; die Verbindlichkeit der Verfassung wurde jedoch bejaht. Bayern versteht sich aufgrund seiner fast eineinhalbtausendjährigen Geschichte als Verfechter des Föderalismus in Deutschland und Europa. In dem europäischen Einigungsprozess tritt der Freistaat für ein Europa der Regionen ein, in dem Föderalismus und Subsidiarität das Maß für Struktur und Handlung liefern.

Area: 70,550 square kilometres
Population: 12.6 million
Capital: Munich (population 1.4 million)
Principal cities: Nuremberg (population 499,000),
Augsburg (277,000), Regensburg (140,000),
Würzburg (125,000),

Geography: In area Bavaria is the largest German state. Thanks to its beautiful countryside, the Alps with Garmisch-Partenkirchen and the Zugspitze, the Alpine foothills with their lakes, the Franconian Alps, separated from the other regions by the Danube valley, as well as the Bavarian Forest, Bavaria has developed into a popular holiday region.

History: Bavaria can proudly look back upon a history of almost one and a half thousand years. The Bavarians settled in the area bordered by the Lech, the Danube and the Alps in the sixth century AD. Ever since the duchy of Bavaria was enfeoffed to the Wittelsbachs in 1180, a period of dynastic continuity was ensured, ending in 1918, when the last of the Bavarian kings, Ludwig III, abdicated. In the course of this time, Bavaria was put through a series of incisive, partly geographical changes. Only by being elevated to the status of a kingdom in 1806 – by means of an alliance with Napoleon – did the original Bavaria gain (by 1813) the regions of Franconia and Swabia which still belong to Bavaria; before, these regions had degenerated into a multitude of secular and ecclesiastically administered territories.

The now united land was strictly ruled by the Wittelsbach kings according to centralist and absolutist principles. Maximilian II, who was crowned in the year of the revolution, 1848, was a king who furthered liberal and social reforms. His son was the "fairy-tale king" Ludwig II, who built Neuschwanstein Castle and put an end to his life during a period of insanity by drowning himself in Lake Starnberg.

With the foundation of the German Empire in 1871, Bavaria lost important fields of competence to the central government in Berlin. However, finance, transport, culture, justice, social matters, and administration remained domains of the Bavarian state. After the monarch of Bavaria was forced to abdicate along with the German Kaiser in Berlin after the First World War, Bavaria became a republic, with its people as sovereign. After a short intermezzo of two socialist soviet-style republics ("Räterepubliken") in the spring of 1919, an elected state parliament as representative of the people was able to establish itself successfully – with help of the Reich government. Hitler's 1923 attempted putsch took place at a time of galloping inflation. Under the Nazis Bavaria forfeited its authority as a sovereign state.

The American occupation authorities re-established Bavaria, but without the Palatinate, after 1945. The only state parliament of the newly created Federal Republic of Germany to deny acceptance of the constitution in 1949 was the Bavarian state assembly, since it was of the opinion that it did not ensure enough sovereignty for the member states of the federation; the obligations of the constitution were however accepted. As a result of its almost one and a half thousand years of history, it goes without saying that Bavaria is a champion of federalism in Germany and Europe. In the process of European unification it stands for a Europe of the regions in which federalism and subsidiarity provide the yardsticks for both structure and action.

Superficie: 70 550 km²
Nombre d'habitants: 12,6 millions
Capitale: Munich (1,4 million d'habitants)
Villes principales: Nuremberg (499 000 habitants),
Augsbourg (277 000), Regensbourg (140 000),
Wurzbourg (125 000),

Géographie: La Bavière est le Land ayant la plus grande superficie en Allemagne. La beauté de ses paysages en fait un but de vacances privilégié composé par les Alpes avec Garmisch-Partenkirchen, la Zugspitze, les Préalpes vallonnées avec leurs lacs, le Jura franconien qui en est séparé par la vallée du Danube ainsi que la Forêt de Bavière.

Histoire: On peut remonter le cours de l'histoire de la Bavière sur 1500 ans. Au 6e siècle déjà, les Bajuvares ont terminé leurs conquêtes territoriales entre le Lech, le Danube et les Alpes. L'attribution du Duché de Bavière aux Wittelsbach en 1180 marque le début d'une dynastie constante qui ne s'éteint qu'en 1918 avec l'abdication du roi Louis III. Durant ces siècles, la Bavière connut un nombre de changements remarquables surtout sur le plan géographique. Ce n'est qu'en 1806, lors de l'instauration du royaume – possible grâce à la coalition avec Napoléon – que la Franconie et la Souabe deviennent jusqu'en 1813 également bavaroises et le sont encore aujourd'hui. Jusqu'à cette époque, elles étaient divisées en petits Etats soit séculiers, soit ecclésiastiques. Dès lors, le pays est organisé en vertu des principes du centralisme et de l'absolutisme. Le Roi Maximilien II (qui prend le pouvoir dans l'année de la Révolution en 1848) favorise les réformes libérales et sociales. Son fils est le fameux «Märchenkönig», Louis II de Bavière, qui fit construire le château de Neuschwanstein et qui, devenu fou, mit fin à ses jours en se noyant dans le lac de Starnberg.

Avec la fondation de l'Empire allemand en 1871, la Bavière doit céder la plupart de ses compétences au pouvoir central à Berlin. Pourtant, les questions de finances, de transports, de la culture, de la justice, des affaires sociales et de l'administration sont tranchées par le gouvernement du Land. Lorsque le roi de Bavière se voit obligé de démissionner après la Première Guerre mondiale, en même temps que l'empereur allemand, la Bavière devient un Etat libre dont le peuple est le souverain. Après un court intermède de deux républiques des conseils socialistes au printemps de l'année 1919, le parlement du Land s'impose en tant que représentation du peuple avec l'appui du gouvernement de l'Empire. La tentative de putsch faite par Hitler en 1923 coïncide avec la période d'inflation galoppante sévissant alors en Allemagne. Sous le régime de dictature national-socialiste, la Bavière se vit privée de tous les pouvoirs dont elle disposait en tant qu'Etat souverain.

Après 1945, la Bavière est rétablie par les forces d'occupation américaines sans le Palatinat toutefois. En 1949, le parlement bavarois est le seul des parlements des Länder à refuser de donner son accord à la nouvelle constitution de la République fédérale d'Allemagne, trouvant que celle-ci limite trop les droits des Länder. Le caractère impératif de la constitution est par contre reconnu. Forte de son histoire remontant à bientôt 1500 ans, la Bavière s'est faite la championne du fédéralisme tant en Allemagne qu'en Europe. Pour ce qui est de l'unification européenne, l'Etat libre de Bavière préconise une Europe des régions, au sein de laquelle le fédéralisme et le principe de subsidiarité constituent les critères sur lesquels reposent les structures et l'action.

Berlin | Berlin | Berlin

Fläche: 892 km²
Einwohner: 3,4 Millionen

Geografisches: In einem eiszeitlichen Urstromtal gelegen, wird Berlin von der Havel und der Spree durchflossen und verfügt daher im Stadtgebiet über zahlreiche natürliche Erholungsgebiete. Infolge der Zerstörung im Zweiten Weltkrieg, der anschließenden Abrisspolitik und vor allem des Mauerbaus lagen lange Zeit im Herzen der Stadt weite Flächen brach, die nun wieder bebaut werden. Es gibt zwei Zentren: um den Kurfürstendamm im Westen und um die Prachtstraße Unter den Linden im Osten.

Geschichte: Berlin ist relativ jung; offizielles Gründungsjahr der Doppelstadt Berlin-Cölln ist 1237. Im 14. Jahrhundert entwickelte sich die Stadt aufgrund ihrer natürlichen Lage an der Spreemündung zu einem bedeutenden Handelsplatz und spielte politisch wie ökonomisch eine herausragende Rolle in der Mark Brandenburg. Zwar verlor Berlin im 15. Jahrhundert diese wirtschaftliche Stellung, es wurde aber Residenz der in Brandenburg – später Preußen – regierenden Hohenzollern. Unter König Friedrich II. (Regierungszeit: 1740–1786) erlebte Berlin als Hauptstadt Preußens eine erneute Blütezeit; die Einwohnerzahl wuchs auf 150 000.

Mit der Ernennung zur Reichshauptstadt 1871 begann eine neue Epoche. Berlin wuchs während der Kaiserzeit zum politischen und kulturellen Zentrum des Reichs heran, auch wenn es insofern eine besondere Entwicklung nahm, als hier die Arbeiterbewegung stark war. Mit der Abdankung des Kaisers zum Ende des Ersten Weltkriegs kulminierten in Berlin die sozialen Auseinandersetzungen, unter anderem im kommunistischen Spartakusaufstand, der im Januar 1919 niedergeschlagen wurde. 1920 wurde die Stadtgemeinde Berlin durch Angliederung von mehreren Kleinstädten und Landgemeinden geschaffen. Mit vier Millionen Einwohnern und einer Fläche von 878 Quadratkilometern war dieses Groß-Berlin die größte Industriestadt des Kontinents und hatte während der „Goldenen Zwanziger" echtes Weltstadtflair.

In der Zeit des Nationalsozialismus war Berlin Sitz der Hitler-Regierung. Trotzdem bildeten sich in der Stadt Widerstandsgruppen.

Nach Kriegsende wurde Berlin in vier Besatzungszonen aufgeteilt und von den Siegermächten zunächst gemeinsam regiert. Die Sowjetunion zog sich im Juni 1948 aus der Stadtregierung zurück und reagierte auf die Währungsreform in den Westsektoren mit einer Blockade; die Versorgung konnte nur mit einer Luftbrücke aufrechterhalten werden. Der Ostteil wurde mit Gründung der DDR 1949 Hauptstadt des neu entstandenen Staates.

Ein sowjetisches Ultimatum beschwor 1958 eine neuerliche Krise herauf. In der Folgezeit setzte ein Flüchtlingsstrom aus der DDR ein, dem die SED-Regierung am 13. August 1961 mit dem Bau der Mauer mitten durch die Stadt ein gewaltsames Ende setzte. Nach Massenprotesten und einer Ausreisewelle wurde die Mauer am 9. November 1989 von der DDR-Regierung geöffnet. Mit der deutschen Einheit endete 1990 auch die Teilung Berlins, das wieder deutsche Hauptstadt wurde. 1991 entschied der Bundestag, dass Regierung und Parlament ihren Sitz in Berlin haben sollen.

Area: 892 square kilometres
Population: 3.4 million

Geography: Situated in an Ice Age valley, Berlin has the Havel and the Spree flowing through it. Therefore the city itself boasts many natural resources for outings. Due to Second World War destruction, the ensuing policy of demolition and especially due to the construction of the Wall, many areas in the heart of the city were long time left unused. Now, they are filling with life again. It has two centres: Around the Kurfürstendamm in the west part and around Unter den Linden in the east.

History: Berlin is relatively young; the official foundation date of the twin-city Berlin-Cölln is 1237. In the fourteenth century the city, thanks to its natural position in the Spree delta, developed into a major centre of trade and was to become extremely significant for the March of Brandenburg politically as well as economically. Berlin's economic importance lessened in the fifteenth century, but later it was chosen to be the residence of the Hohenzollern dynasty as rulers of what was first Brandenburg, then later Prussia. At the time of the reign of King Friedrich II (1740–1786), Berlin, capital city of Prussia, rose to new heights; its population increased to 150,000.

A new epoch began in 1871, when Berlin became the capital of the Reich. During the reign of the emperors, Berlin evolved into the political and cultural centre of the Reich, even though the workers' movement, which was particularly strong in the city, conferred a special character on its development. At the end of the First World War, when the Kaiser abdicated, social upheavals culminated in Berlin: among others, the communist Spartacus revolt, which was put down in January, 1919.

In 1920, the urban municipality of Berlin was created by incorporating several smaller towns as well as rural communities. With its four million inhabitants and a region encompassing 878 square kilometres, Greater Berlin was the largest industrial city of the continent and had the flair of a cosmopolitan capital during the "roaring twenties".

In the era of National Socialism, Berlin was the capital of Hitler's government. Yet resistance groups were still set up in the city.

After the end of the war Berlin was divided into four occupation sectors and, to begin with, jointly administered by the four Allies. In June 1948, the Soviet Union withdrew from the urban government and reacted to the currency reform in the western sectors by imposing a blockade; supplies could thus only be transported by aircraft. With the foundation of the German Democratic Republic in 1949, the eastern part of the city became capital of the new state.

In 1958, a Soviet ultimatum caused yet another crisis. In the time thereafter, a stream of refugees left the GDR. The SED (Socialist Unity Party) government put a forceful end to this on 13 August 1961 by building the Wall right through the heart of the city. In the wake of massive protests and waves of refugees, the Wall was opened by the government of the GDR on 9 November 1989. The division of Berlin ended in 1990, the year in which German unity was achieved. Once again it was to become the capital of Germany. In 1991, the Bundestag decided that government and parliament were to return to Berlin.

Superficie: 892 km²
Nombre d'habitants: 3,4 millions

Géographie: Berlin est situé dans un bassin fluvial datant de l'époque glaciaire. Deux rivières traversent la ville, la Havel et la Spree, et l'on y trouve un grand nombre de parcs et zones de repos. Les conséquences des bombardements de la Seconde Guerre mondiale, de la politique de démolition et de la construction du Mur veulent que de vastes parties de la ville restèrent longtemps inutilisées, parties qui font aujourd'hui l'objet de mesures d'urbanisation. Berlin a aujourd'hui deux centres: l'un entourant le Kurfürstendamm à l'ouest et l'autre entourant le boulevard Unter den Linden à l'est.

Histoire: Berlin est une ville relativement jeune, fondée en 1237. La ville de Berlin-Cölln se développe au 14e siècle grâce à sa situation favorable à l'embouchure de la Spree. Elle devient une place commerciale importante et joue un rôle dominant dans la Marche de Brandebourg tant du point de vue politique qu'économique. Bien que Berlin eût perdu son importance économique au 15e siècle, elle devint résidence des Hohenzollern qui gouvernèrent le Brandebourg, la future Prusse. En tant que capitale de la Prusse, la ville connaît son apogée sous le Roi Frédéric II qui règne de 1740 à 1786. Le nombre des habitants atteint alors 150 000.

Sa désignation de capitale du Reich en 1871 marque le début d'une nouvelle époque. Berlin devient le centre politique et culturel de l'Empire allemand, même si le mouvement ouvrier qui y est particulièrement vigoureux confère à son développement un caractère particulier. La crise sociale culmine avec l'abdication de l'empereur à la fin de la Première Guerre mondiale. Citons en exemple le soulèvement communiste de la ligue Spartakus, réprimé en janvier 1919. En 1920, la commune de Berlin s'agrandit avec l'annexion de diverses petites villes et communes de la banlieue. Avec 4 millions d'habitants et une superficie de 878 kilomètres carrés, Berlin devient la plus grande ville industrielle du continent et a la réputation d'une véritable métropole dans les années 20.

Durant le régime national-socialiste, Berlin est le siège du gouvernement. Et pourtant, c'est là que se constituent certaines cellules de la résistance.

Après la fin de la Seconde Guerre mondiale, Berlin est divisé en quatre zones d'occupation et gouverné conjointement par les Alliés. L'Union soviétique se retire en juin 1948 de ce gouvernement. À la suite de la réforme monétaire dans la partie ouest de la ville, elle réagit par un blocus. Les Etats-Unis, la France et la Grande-Bretagne répondent en formant un pont aérien pour assurer l'approvisionnement. Berlin-Est devient capitale de la République démocratique d'Allemagne après la fondation de cette dernière en 1949.

Un ultimatum soviétique, en 1958, plonge la ville dans une nouvelle crise. Pour mettre fin à l'exode de réfugiés passant de l'est à l'ouest, le gouvernement de la RDA fait construire un mur partageant la ville le 13 août 1961. Après des manifestations qui mobilisèrent des centaines de milliers de personnes et un exode massif de la population, le gouvernement de la RDA ouvre le mur le 9 novembre 1989. En 1990, la réunification de l'Allemagne met également fin à la division de Berlin, qui redevient capitale du pays. En 1991, le Parlement adopte une résolution selon laquelle Berlin redevient le siège du gouvernement et du parlement.

Brandenburg | Brandenburg | Brandebourg

Fläche: 29 486 km²
Einwohner: 2,5 Millionen
Hauptstadt: Potsdam (161 000 Einwohner)
Größere Städte: Cottbus (100 000 Einwohner),
Brandenburg (71 000), Frankfurt/Oder (58 000),
Eisenhüttenstadt (27 000)

Geografisches: Brandenburg grenzt im Osten an Polen und umschließt Berlin. Ein steter Wechsel zwischen trockenen, sandig-lehmigen Erhebungen und feuchten, tiefgelegenen, zum Teil vermoorten Talebenen mit zahlreichen Seen und Trockenlegungen charakterisiert Brandenburg mit den Landschaften Prignitz, Uckermark, Ruppin, Havelland, Mittelmark, Neumark, Fläming und Niederlausitz.
Geschichte: Nach mehreren vergeblichen Versuchen, das seit dem 7. Jahrhundert von heidnischen Slawen besiedelte Land dem christlichen Fränkischen Reich einzugliedern, gelang es dem Askanier Albrecht dem Bären im 12. Jahrhundert, das Gebiet für die deutsche Ostsiedlung zu erschließen. Nach dem Aussterben der Askanier 1320 stand Brandenburg unter der Herrschaft der Wittelsbacher und später der Luxemburger, die das Gebiet vernachlässigten.
Mit der Belehnung der Mark Brandenburg an die Hohenzollern 1419 begann ein neuer Abschnitt: Die folgenden 500 Jahre hatte dieses Geschlecht – als Kurfürsten von Brandenburg, Könige von Preußen und deutsche Kaiser – die Herrschaft inne. Zielstrebig baute Brandenburg zunächst sein Territorium aus und gewann durch Erbschaft Anfang des 17. Jahrhunderts unter anderem das Herzogtum Preußen hinzu.
Im Dreißigjährigen Krieg (1618–1648) wurde es schwer verwüstet, der Westfälische Frieden brachte jedoch erneuten territorialen Zugewinn. Der damals regierende Friedrich Wilhelm I., der Große Kurfürst, erließ das Potsdamer Edikt. Danach wurde den aus Frankreich geflüchteten Hugenotten eine Reihe von „Rechten, Privilegien und anderen Wohltaten" garantiert. Dazu gehörten die vollen Bürgerrechte und eine kostenfreie Aufnahme in die Zünfte. Die Niederlassung und Religionsfreiheit wurden durch Privilegien gesichert. Über 300 000 Menschen, darunter 20 000 Hugenotten, 20 000 Salzburger, 7000 Pfälzer, 7000 Schweizer und 5000 Böhmen, kamen in der Folgezeit nach Brandenburg und trugen mit ihren vielfältigen Kenntnissen und Fähigkeiten entscheidend zum Aufbau des Landes bei.
Inbegriff des Preußentums ist Friedrich II., der Große, König von 1740 bis 1786. Er schuf einen straff organisierten Beamtenstaat, förderte Handel und Gewerbe, aber auch Kunst und Wissenschaften. Zugleich beendete er eine längere Friedenszeit, indem er den Anspruch auf das zu Österreich gehörende Schlesien kriegerisch durchzusetzen versuchte. Fremde Truppen besetzten vorübergehend Berlin, Preußen jedoch wurde als Großmacht anerkannt. Nach der Niederlage Preußens gegen die napoleonische Armee 1806 blieb Brandenburg Kernland des verkleinerten Preußens, 1815 erhielt es den Status einer preußischen Provinz.
Auf die Gleichschaltung durch die Nationalsozialisten und die deutsche Niederlage im Zweiten Weltkrieg folgte 1947 die Auflösung des Staates Preußen durch die Siegermächte. Die Provinz hieß vorübergehend „Land Mark Brandenburg", wurde aber 1952 bei der Gebietsreform von der DDR-Regierung in Bezirke aufgegliedert. 1990 wurde das Land Brandenburg – in veränderten Grenzen – wiederhergestellt.

Area: 29,486 square kilometres
Population: 2.5 million
Capital: Potsdam (population 161,000)
Principal cities: Cottbus (population 100,000),
Brandenburg (71,000), Frankfurt/Oder (58,000),
Eisenhüttenstadt (27 000)

Geography: Brandenburg borders on Poland to the east and surrounds Berlin. A continual contrast between dry, sand- and loam-covered hillocks and damp, low-lying valley plains with numerous lakes and drained areas is characteristic of Brandenburg and its districts of Prignitz, Uckermark, Ruppin, Havelland, Mittelmark, Neumark, Fläming and Niederlausitz.
History: After several futile attempts to incorporate the area, which had been settled by heathen Slavs since the seventh century, into the Christian Franconian realm, it was the achievement of the Ascanian Albrecht the Bear to open it up to German settlement. After the decline of the Ascanians in 1320, Brandenburg was administered by the Wittelsbachs, and later by the house of Luxembourg, who tended to neglect the region.
Commencing with the feudal tenure of the March of Brandenburg by the dynasty of Hohenzollern in 1419, a new era was initiated. This dynasty was to rule for the ensuing five centuries – as electors of Brandenburg, kings of Prussia, and emperors of Germany. Brandenburg systematically enlarged its territory and, by way of inheritance in the early seventeenth century, acquired, among others, the region of the Duchy of Prussia.
In the Thirty Years' War, 1618–1648, Brandenburg was heavily pillaged, but the Treaty of Westphalia once again helped to enlarge its territory. The ruler of the time, Friedrich Wilhelm I, the Great Elector, issued the Edict of Potsdam, guaranteeing the Huguenots who had fled from France a series of "rights, privileges and other benefits." In the years that followed over 300,000 people, among them 20,000 Huguenots, 20,000 Salzburgers, 7,000 inhabitants of the Palatinate, 7,000 Swiss and 5,000 Bohemians came to Brandenburg and employed their wide range of knowledge and skills in making a decisive contribution to the state's development. The incarnation of Prussian character is Friedrich II the Great, king from 1740 to 1786. He created the strictly organized civil service state and furthered trade and commerce as well as the arts and sciences. At the same time he put an end to a longer period of peace by attempting to forcefully take Silesia, which at the time belonged to Austria. Berlin was temporarily occupied by foreign troops. Prussia, however, was accepted as a politically great power. After Prussia had lost to Napoleon's army in 1806, Brandenburg was still the heartland of a diminished Prussia, and in 1815 gained the status of a Prussian province.
After having been brought in line by the National Socialists and following the defeat of the Germans in the Second World War, the state of Prussia was disbanded by the Allies. The province was temporarily named the March of Brandenburg, but in 1952 it was split up into several regions in the course of an administrative reform by the GDR government. In 1990, Brandenburg was re-established, with slightly altered borders.

Superficie: 29 486 km²
Nombre d'habitants: 2,5 millions
Capitale: Potsdam (161 000 habitants)
Villes principales: Cottbus (100 000 habitants)
Brandebourg (71 000), Francfort-sur-l'Oder (58 000),
Eisenhüttenstadt (27 000)

Géographie: Le Brandebourg est limité, à l'est, par la Pologne et entoure Berlin. Une alternance ininterrompue de petites collines à la terre sèche, sableuse ou argileuse et de plaines en partie marécageuses s'étendant dans le creux de vallées agrémentées de nombreux lacs, caractérise le Brandebourg et les régions de Prignitz, d'Uckermark, de Ruppin, de Havelland, de Mittelmark, de Neumark, Fläming et de Niederlausitz.
Histoire: Au 7e siècle, toute la région est habitée par des Slaves païens. Après plusieurs tentatives en vue d'annexer le pays à l'empire chrétien des Francs, l'Ascanien Albrecht l'Ours réussit à coloniser les territoires de l'Est. Après la disparition de la dynastie ascanienne en 1320, le Brandebourg passe aux Wittelsbach et plus tard à la maison de Luxembourg, qui négligèrent cette région.
Après l'attribution du margraviat de Brandebourg aux Hohenzollern en 1419 une nouvelle ère commence qui durera 500 ans. La famille de Hohenzollern élue le berceau des électeurs de Brandebourg, des rois de Prusse et des empereurs allemands. Le Brandebourg agrandit son territoire. Il se voit attribuer, à titre d'héritage, le Duché de Prusse au début du 17e siècle.
Durant la guerre de Trente ans, de 1618 à 1648, le pays est terriblement ravagé. Pourtant, le Traité de Westphalie lui rend des territoires. Frédéric Guillaume Ier, le Grand Electeur régnant à l'époque, promulgua l'Edit de Potsdam. Celui-ci garantissait aux huguenots ayant fui hors de France, une série de «droits, privilèges et autres bienfaits». Parmi ces derniers, tous les droits du citoyen ainsi que l'admission gratuite au sein des corporations. Plus de 300 000 personnes, dont 20 000 huguenots, 20 000 Salzbourgeois, 7000 Palatins, 7000 Suisses et 5000 ressortissants de Bohême vinrent s'installer dans le Brandebourg au cours des années qui suivirent et, grâce à leurs connaissances et leurs capacités en tous genres, contribuèrent, dans une large mesure, à l'essor du pays.
Les qualités prussiennes sont incarnées par Frédéric II le Grand, roi de 1740 à 1786. Il crée un état de fonctionnaires bien organisé et favorise le commerce ainsi que l'art et les sciences. Il met en même temps fin à une longue période de paix en cherchant à annexer la Silésie, alors province autrichienne. Bien que Berlin soit occupé par des troupes étrangères pendant une courte période, la Prusse est reconnue partout comme une grande puissance. Après sa défaite infligée par l'armée de Napoléon en 1806, le Brandebourg reste le noyau d'une Prusse amenuisée. En 1815, il reçoit le statut de province prussienne.
À la suite de l'uniformisation par le pouvoir national-socialiste et de la défaite allemande de la Seconde Guerre mondiale, l'Etat de Prusse disparaît en 1947. La province dite «Mark-Brandenburg» est divisée en différents districts lors de la restructuration de la RDA en 1952. En 1990, le Brandebourg est recréé avec de nouvelles frontières.

Bremen | Bremen | Brême

Fläche: 419 km²
Einwohner: 658 000
Hauptstadt: Bremen (549 000 Einwohner)
Weitere Stadt: Bremerhaven (109 000 Einwohner)

Geografisches: Die Freie Hansestadt Bremen, das kleinste Land der Bundesrepublik, besteht aus den beiden an der Wesermündung gelegenen Städten Bremen und Bremerhaven, die durch 60 Kilometer niedersächsisches Gebiet voneinander getrennt sind. Bremerhaven hat sich zu einem bedeutenden Fischereihafen entwickelt.

Geschichte: Das 787 als Bischofsstadt gegründete Bremen hat sich durch alle Wechselfälle der deutschen Geschichte weitgehend seine Unabhängigkeit bewahren können. Die Entwicklung der Stadt ist durch Hafen und Schifffahrt entscheidend geprägt. 965 bildete sich eine Kaufmannsgilde, und schon vor dem Beitritt Bremens zur Hanse 1358 trieb man von der Weser aus regen Handel zwischen Norwegen und dem Mittelmeer. Innerhalb des hansischen Städtebundes, der vom 14. bis zum 16. Jahrhundert den Handelsverkehr im Nord- und Ostseeraum beherrschte, hatte Bremen neben Hamburg und Lübeck eine bedeutende Position inne. Im 18. Jahrhundert begann die Blütezeit des Ostasien- und Amerikahandels, und im 19. Jahrhundert war Bremen ein wichtiger Auswandererhafen.

Nach der Auflösung des Heiligen Römischen Reiches Deutscher Nation (1806) gelang es dem damals regierenden Bürgermeister Johann Smidt, die Unabhängigkeit der Freien Stadt Bremen im Deutschen Bund zu sichern. Smidt war es auch, der 1827 von Hannover einen Weseruferstreifen erwarb, aus dem das spätere Bremerhaven hervorging. Nach der Gründung des Deutschen Reichs 1871 wurde Bremen Bundesstaat mit der verfassungsrechtlich festgelegten Bezeichnung Freie Hansestadt Bremen. Anders als Hamburg und Lübeck konnte Bremen diesen Titel auch während der nationalsozialistischen Herrschaft bewahren, es wurde aber 1933 mit Oldenburg zur Reichsstatthalterschaft vereinigt. Bremerhaven wurde 1939 dem preußischen Wesermünde zugeschlagen, das Hafengelände jedoch blieb bremisches Gebiet.

Die amerikanischen Besatzer, die zum Jahreswechsel 1946/47 die Briten ablösten, proklamierten noch 1947 das Land Bremen, das auch mit Gründung der Bundesrepublik Deutschland als Freie Hansestadt Bestand hatte. Seine Rolle als Hafenumschlagplatz hat das Land Bremen bis in die Gegenwart bewahrt. Ein durchgreifender Strukturwandel sorgte zugleich für die Ansiedlung von Großunternehmen anderer Branchen sowie für die Entstehung kleiner und mittlerer Betriebe mit innovativem Programm. Heute sieht Bremen seine Zukunft in der Kombination von Außenhandel, Dienstleistungen und Hightechindustrien.

Area: 419 square kilometres
Population: 658,000
Capital city: Bremen (population 549,000)
Further city: Bremerhaven (population 109,000)

Geography: The Free Hanseatic City of Bremen, the smallest state of the Federal Republic of Germany, consists of the two cities Bremen and Bremerhaven, both of which are situated in the delta of the Weser, and separated by 60 kilometres of territory belonging to Lower Saxony. Bremerhaven has developed into an important fishing port.

History: Bremen, which was founded in 787 as an episcopal see, was largely able to ensure its independence throughout the ups and downs of German history. The development of the city was mainly influenced by its port and ships. In 965, a commercial guild was constituted, and long before Bremen became a member of the Hanseatic League in 1358, trading was brisk, ranging from Weser to Norway and the Mediterranean. Within the union of the Hanseatic cities, which was predominant in the commercial trade in the North Sea and Baltic regions in the fourteenth to the sixteenth century, Bremen was, besides Hamburg and Lübeck, in a position of importance. The eighteenth century was one of prosperity due to commerce with America and the Far East, and, in the nineteenth century, Bremen was an important emigration port. After the liquidation of the Holy Roman Empire of the German Nation (1806), the burgomaster in office at the time, Johann Smidt, successfully ensured the independence of the Free City of Bremen in the German Alliance. It was also Smidt's merit to have acquired a strip of the banks of the Weser from Hanover. This strip was later to develop into the city of Bremerhaven. After the foundation of the German Reich in 1871, Bremen became a federal state with the constitutionally laid down title Free Hanseatic City of Bremen. Unlike Hamburg and Lübeck, Bremen was able to retain this title even during the National Socialist era, but nonetheless, in 1933, it was associated with Oldenburg as an administrative region. In 1939, Bremerhaven was absorbed by the Prussian Wesermünde, but the port itself remained part of Bremen. In 1947, the US occupying forces, who succeeded the British at the end of 1946, proclaimed the state of Bremen, and this state continued to exist in the Federal Republic of Germany as a Free Hanseatic City. Even today, Bremen is a port of transshipment. At the same time comprehensive structural changes have encouraged relocation of big companies from other branches of industry as well as the emergence of small and medium-sized firms with innovatory ideas. Nowadays Bremen sees its future in a combination of foreign trade and of service and high-tech industries.

Superficie: 419 km²
Nombre d'habitants: 658 000
Capitale: Brême (549 000 habitants)
Autre ville: Bremerhaven (109 000 habitants)

Géographie: La Ville libre et hanséatique de Brême est en même temps le plus petit Land de la République fédérale d'Allemagne. Brême et Bremerhaven sont situées à l'embouchure de la Weser et séparées l'une de l'autre par une bande de terre appartenant à la Basse-Saxe. Il y a 60 kilomètres de Brême à Bremerhaven. Bremerhaven est aujourd'hui l'un des ports de pêche les plus importants.

Histoire: La Ville de Brême est fondée en 787 en tant que ville épiscopale. Malgré tous les changements intervenus dans l'histoire allemande, elle a su garder son autonomie jusqu'à ce jour. Son histoire est surtout marquée par la mer. Une association de commerçants voit le jour en 965 et s'avère très active bien avant l'adhésion à la Hanse en 1358. Ces activités s'étendent de la Norvège à la Méditerranée. Dans la Hanse du 14e au 16e siècle, Brême joue un rôle très important à côté de Hambourg et Lubeck. Son commerce avec l'Asie orientale et l'Amérique commence à s'epanouir au 18e siècle. Le siècle suivant fait de Brême le point de départ le plus important des émigrants quittant l'Europe.

Après la dissolution du Saint-Empire romain germanique en 1806, le bourgmestre Johann Smidt garantit à Brême son autonomie au sein de la confédération germanique. C'est également lui qui, en 1827 acquit un morceau de territoire de la Basse-Saxe qui deviendra plus tard la ville de Bremerhaven. Après la fondation de l'Empire allemand en 1871, Brême devient un Etat portant le nom officiel de Ville libre et hanséatique. Elle garde ce titre même durant la période du national-socialisme, ce qui n'est pas possible aux villes de Hambourg et de Lubeck. Elle est par contre réunie à Oldenbourg en 1933 et devient district assujetti au Reich. En 1939, Bremerhaven devient prussienne avec Wesermünde, exception faite de l'aire portuaire qui reste brêmoise.

Après la Seconde Guerre mondiale, les occupants américains qui remplacent les Anglais à la fin de l'année 1946/début 1947 donnent à Brême le titre de Land tout en lui conservant celui de Ville libre et hanséatique. Tout comme autrefois, la ville est un des centres portuaires de l'Allemagne. Une reconversion structurelle radicale permit l'implantation de grandes entreprises issues d'autres branches et la création de petites et moyennes entreprises ayant inscrit l'innovation à leur programme. L'avenir de Brême repose aujourd'hui sur cette combinaison de commerce extérieur, de prestations de services et de technologie de pointe.

Fläche: 755 km²
Einwohner: 1,8 Millionen

Geografisches: Die Freie und Hansestadt Hamburg liegt an der Elbe (120 Kilometer oberhalb der Mündung in die Nordsee) und kann auch von großen Seeschiffen angelaufen werden. Der Fluss mit dem malerisch am Hang gelegenen Blankenese, den beeindruckenden modernen Hafenanlagen und der neugotischen Speicherstadt prägt bis heute das Gesicht der Metropole, die durch die im Herzen gelegene Außen- und Binnenalster zusätzlich begünstigt ist.

Geschichte: Das spätestens nach 810 gegründete Kastell Hammaburg hat der Stadt ihren Namen gegeben. Die Altstadt geht bis ins 9. Jahrhundert zurück, als 834 das Bistum Hamburg entstand. Im 12. Jahrhundert kam auf Initiative der Schauenburger Grafen, der Landesherren in Holstein, die Neustadt hinzu. 1189 erhielt diese – nach späterer unsicherer Überlieferung – von Kaiser Friedrich Barbarossa Handels-, Zoll- und Schifffahrtsprivilegien auf der Niederelbe – die Geburtsstunde des Hamburger Hafens.

In der Städtegemeinschaft der Hanse erlangte Hamburg, das den Schauenburger Grafen landesherrliche Privilegien „abgekauft" hatte, im 14. Jahrhundert eine entscheidende Bedeutung im Nord- und Ostseehandel. Seit 1415 wurde es vom Kaiser, seit 1510 auch vom Reichstag als Reichsstadt beansprucht, erlangte die volle Anerkennung der Reichsunmittelbarkeit aber erst 1768.

Im Innern wurde Hamburg seit Ausgang des 12. Jahrhunderts vom Rat regiert, dem vor allem Mitglieder von Kaufmannsfamilien angehörten. Der Hauptrezess von 1712 bestätigte nach jahrhundertelangen Kämpfen das gemeinschaftliche Stadtregiment von Rat und Erbgesessener Bürgerschaft. 1860 schließlich erhielt Hamburg eine moderne Verfassung, in der die Wahl eines Parlaments (der Bürgerschaft) verankert war. Nach dem Zwischenspiel der französischen Besatzung (1806–1814) trat die Stadt 1815 der Staatenkonföderation des Deutschen Bundes bei. 1867 wurde sie Mitglied des von Preußen beherrschten Norddeutschen Bundes und 1871 Glied des neu gegründeten Deutschen Reiches. Diese Beitritte erfolgten kaum freiwillig. Hamburg war vielmehr gezwungen, sich mit dem übermächtigen Preußen, das seit 1866 das zuvor dänische Altona sowie die Nachbarstadt Harburg mit ihren Konkurrenzhäfen kontrollierte, zu arrangieren. 1888 wurde der hamburgische Staat, der nach der Reichsgründung Zollausland geblieben war, deutsches Wirtschaftsgebiet, der Hafen blieb als „Freihafen" aber weiterhin Zollausland.

Nach der Novemberrevolution 1918 erhielt Hamburg eine demokratischere Verfassung. Die Stadt, die schon während der Kaiserzeit eine „rote Hochburg" war, wurde während der Weimarer Republik und nach dem Zweiten Weltkrieg fast durchgängig von Sozialdemokraten regiert. Während der nationalsozialistischen Herrschaft erreichte Hamburg die seit Jahrzehnten angestrebte Vereinigung mit den konkurrierenden Nachbargemeinden. 1937 wurden die preußischen Städte Altona, Harburg-Wilhelmsburg und Wandsbek sowie Randgemeinden dem Hamburger Stadtgebiet zugeschlagen, das damit seine heutige Gestalt erhielt.

Area: 755 square kilometres
Population: 1.8 million

Geography: The Free and Hanseatic City of Hamburg is on the Elbe. It is 120 kilometres upstream from the North Sea and can be reached even by large seagoing vessels. To this day the river, with picturesque Blankenese clinging to its hillside, impressive modern port facilities and the neo-Gothic Warehouse City free port area, is a hallmark of Hamburg; it also boasts a delightful city-centre lake, the Alster.

History: The city's name goes back to a fortress, Hammaburg, which was built in about 810. The Altstadt dates back to the ninth century, when in 834 Hamburg was set up as an episcopal see. In the twelfth century it was joined by the Neustadt, which was built on the initiative of the counts of Schauenburg, the lords of Holstein. In 1189, the Neustadt is said to have been granted trading, customs and shipping privileges on the Lower Elbe by Emperor Frederick Barbarossa. True or false, that marked the beginnings of the Port of Hamburg.

In the fourteenth century Hamburg, having bought privileges of self-government from the counts of Schauenburg, became a key member of the Hanseatic League, with a leading role in North Sea and Baltic trade. From 1415 it was claimed by the Emperor, and from 1510 by the Reichstag as a Reichsstadt, but its status as a self-governing city within the empire was not fully acknowledged until 1768.

From the late twelfth century Hamburg was ruled by a council consisting mainly of members of merchant families. In 1712, after centuries of struggle, an agreement was signed confirming that the city would be governed jointly by a council and a House of Burgesses on which local property owners sat. Finally, in 1860 Hamburg adopted a modern constitution which made provision for an elected parliament, still known as the House of Burgesses.

After the intermezzo of French occupation from 1806 to 1814, Hamburg joined the German Confederation in 1815. In 1867 it joined the Prussian-led North German Confederation and in 1871 became a member of the newly-founded German Empire. It can hardly be said to have done so voluntarily. Hamburg had no choice but to come to terms with all-powerful Prussia, which controlled neighbouring Altona, taken over from Denmark in 1866, and Harburg – and their respective, competing ports. In 1888 Hamburg joined the German economic area, having stayed separate from the Reich for customs purposes since 1871, but the free port retained customs-free status.

After the November 1918 uprising the city was given a more democratic constitution. It had been considered a Red stronghold in the Kaiser's days. During the Weimar Republic and after the Second World War it was ruled almost without exception by Social Democrats. During the Third Reich it was merged with its neighbours and rivals. In 1937, the Prussian cities of Altona, Harburg-Wilhelmsburg and Wandsbek were transferred to Hamburg, as were other adjacent communities, giving the city its present size and shape.

Superficie: 755 km²
Nombre d'habitants: 1,8 million

Géographie: La Ville libre et hanséatique de Hambourg est située au bord de l'Elbe, à 120 kilomètres de la Mer du Nord. Son port est accessible aux navires venus du monde entier. L'aspect de la ville est caractérisé par les collines de Blankenese surplombant l'Elbe, son port imposant et son quartier d'entrepôts néo-gothiques. Le cœur de la ville est constitué par un lac artificiel, l'Alster.

Histoire: La forteresse de Hammaburg, érigée après 810 au plus tard, donna son nom à la ville. L'évêché de Hambourg est fondé en 834. Au 12e siècle, les comtes de Schauenburg, gouverneurs du Holstein font construire la Ville neuve. Selon des sources historiques non authentifiées officiellement, celle-ci obtint, en 1189, de l'empereur Frédéric Ier Barberousse, certains privilèges en matière de commerce et de douane, lui permettant de s'adonner à la navigation maritime sur le cours inférieur de l'Elbe. Cela marque la naissance du port de Hambourg.

Au 14e siècle, son association avec les autres villes de la Hanse conféra à Hambourg – qui avait «acheté» aux comtes de Schauenburg, certains droits régaliens – une importance notoire pour ce qui est du commerce pratiqué avec les pays du Nord et de la Baltique. Dès 1415, elle fut déclarée ville impériale par l'empereur et, à partir de 1510, sollicitée en tant que telle par la Diète, mais elle n'obtint l'immédiateté impériale qu'en 1768.

Dès la fin du 12e siècle, Hambourg est gouverné par le Conseil, organe constitué en majeure partie de membres de familles de gros négociants de la ville. L'accord dit «Hauptrezess», signé en 1712, après des siècles de conflit, venait sceller la communauté de pouvoir désormais exercé par le Conseil et une Assemblée de citoyens de la ville, propriétaires de biens-fonds transmissibles par succession. En 1860, Hambourg fut finalement dotée d'une constitution moderne, dans laquelle l'élection d'un parlement, la Bürgerschaft, était fermement ancrée.

Après une courte occupation par les troupes françaises (1806–1814), la ville adhère à la Confédération germanique. En 1867, Hambourg devint membre de la Confédération de l'Allemagne du Nord, ligue dominée par la Prusse et, en 1871, partie intégrante de l'empire allemand, qui vient d'être créé. Ces rattachements sont acceptés de mauvaise grâce. Hambourg est en fait obligée de se plier à la volonté de la Prusse surpuissante qui, depuis 1866, contrôle Altona, auparavant province danoise ainsi que la ville voisine de Harburg, tous les deux ports concurrents. En 1888, l'Etat de Hambourg qui, après la fondation du Reich, avait conservé son statut d'exclave douanière, devint une région économique de l'Allemagne. Toutefois, le port demeura «territoire réputé étranger du point de vue douanier», en sa qualité de port franc.

Après la révolution de 1918, Hambourg se donne une constitution plus démocratique. La ville qui, durant l'Empire déjà, est une «forteresse rouge», est gouvernée presque en permanence par les sociaux-démocrates. Durant la période nationale-socialiste, Hambourg parvient à se lier avec les communes voisines. En 1937, les communes d'Altona, Wilhelmsburg, Harbourg et Wandsbek ainsi que quelques communes de la périphérie se rattachent à la ville de Hambourg, lui donnant sa physionomie actuelle.

Hessen | Hesse | Hesse

Fläche: 21 115 km²
Einwohner: 6,0 Millionen
Hauptstadt: Wiesbaden (273 000 Einwohner)
Größere Städte: Frankfurt am Main (693 000 Einwohner), Kassel (233 000), Darmstadt (148 000), Offenbach (118 000)

Geografisches: Das heutige Hessen, im September 1945 aus Kurhessen und Nassau, Hessen-Starkenburg, Oberhessen und aus den östlich des Rheins gelegenen Teilen von Rheinhessen geformt, liegt in der Mitte der Bundesrepublik. Im Osten grenzt Hessen an das Land Thüringen, zu dem vielfältige, historisch begründete Beziehungen bestehen.
Obwohl Hessen mit 5,9 Prozent der Gesamtfläche relativ klein ist, gehört es zu den wirtschaftsstärksten Ländern der Bundesrepublik. Gleichzeitig ist es das Land mit der größten Waldfläche. Wirtschaftlicher Schwerpunkt ist das Rhein-Main-Gebiet mit der Stadt Frankfurt, die sich zum maßgeblichen Bankenzentrum Kontinentaleuropas entwickelt hat, und dem Rhein-Main-Flughafen.
Im Kontrast hierzu stehen die reizvollen Mittelgebirgslandschaften von Odenwald und Westerwald, das Nordhessische Bergland sowie Taunus und Rhön. Nur eine halbe Autostunde vom Ballungsgebiet Rhein-Main entfernt beginnt das Land der Wälder und Schlösser, der Burgen und Fachwerkhäuser, lockt mit dem Rheingau eines der berühmtesten Weinbaugebiete der Welt.
Geschichte: Die Ursprünge reichen bis ins 13. Jahrhundert zurück, doch erst unter dem Landgrafen Philipp dem Großmütigen (1504–1567) wurde das hessische Gebiet so weit ausgedehnt, dass es erstmals weitere Teile des heutigen Landes umfasste. Lediglich in dieser Zeit spielte Hessen innerhalb des Reichsgebiets eine größere Rolle, etwa in der Durchsetzung der Reformation. Nach dem Tode Philipps zerfiel die Landgrafschaft in die Teile Hessen-Kassel, Hessen-Marburg, Hessen-Rheinfels und Hessen-Darmstadt.
Nach der napoleonischen Zeit bildeten sich zu Anfang des 19. Jahrhunderts im Wesentlichen drei Schwerpunkte in Hessen heraus: das Kurfürstentum Hessen-Kassel, das Großherzogtum Hessen-Darmstadt und das Herzogtum Nassau. Die in der Frankfurter Paulskirche 1848 tagende Nationalversammlung, die eine liberale gesamtdeutsche Verfassung entwerfen und einen deutschen Nationalstaat schaffen wollte, war weitgehend erfolglos und von der hessischen Umgebung ohnehin losgelöst. Die Konstituierung des Deutschen Reiches 1871 unter preußischer Dominanz beeinflusste dagegen auch die Aufteilung der hessischen Gebiete: Nach dem Preußisch-Österreichischen Krieg 1866, in dem sich die hessischen Großterritorien aufseiten der Donaumonarchie engagiert hatten, fielen weite Gebiete Hessens an das siegreiche Preußen. Kurhessen, Nassau und Frankfurt wurden zur preußischen Provinz Hessen-Nassau zusammengefasst, wohingegen das Großherzogtum Hessen-Darmstadt zwar Gebietsverluste hinnehmen musste, aber seine Eigenständigkeit behielt. Auch während der Weimarer Republik blieb Hessen-Nassau Teil des Landes Preußen, während Hessen-Darmstadt 1919 in den Volksstaat Hessen mit parlamentarisch-demokratischer Verfassung überging.
Das Land Hessen in seiner heutigen Gestalt ist durch die Proklamation der amerikanischen Militärregierung vom 19. September 1945 gebildet worden. Seine demokratische Legitimation beruht auf der Verfassung vom 1. Dezember 1946.

Area: 21,115 square kilometres
Population: 6.0 million
Capital: Wiesbaden (population 273,000)
Principal cities: Frankfurt am Main (population 693,000), Kassel (233,000), Darmstadt (148,000), Offenbach (118,000)

Geography: Present-day Hesse, formed in September 1945 out of Kurhessen and Nassau, Hessen-Starkenburg, Upper Hesse and those parts of Rheinhessen to the east of the Rhine, lies in the centre of the Federal Republic. To the east Hesse borders on the state of Thuringia, with which it has many historic connections.
Although Hesse is one of the smallest states, covering only 5.9 per cent of the country's total area, it is economically one of the strongest in the Federal Republic. It is also the state with the largest area of forest and woodland. Its economic centre is the Rhine-Main area with the city of Frankfurt, which has developed into the leading banking centre in continental Europe, and its Rhine-Main airport.
In contrast to this are the lovely highland scenery of the Odenwald and Westerwald, the North Hesse uplands, the Taunus and the Rhön. Only half an hour's drive from the Rhine-Main conurbation there are woods and castles, fortresses and half-timbered houses, not to mention the tempting Rheingau, one of the most famous wine-growing regions in the world.
History: Its origins date back into the thirteenth century, but the first time the Hesse region expanded far enough to cover further parts of the state of today was in the reign of Duke Philip the Generous (1504–1567). This was the only time Hesse played a role of greater importance in the Reich, in connection with the success of the reformation. After the death of Philip, the duchy split up into the regions of Hessen-Kassel, Hessen-Marburg, Hessen-Rheinfels and Hessen-Darmstadt.
After the Napoleonic age three regions of greater import developed in Hesse in the early nineteenth century: the electorate of Hessen-Kassel, the grand duchy of Hessen-Darmstadt, and the duchy of Nassau. The national assembly, which constituted itself in 1848 in the Paulskirche in Frankfurt with the aim of making a rough draft of a liberal constitution for a German nation state, was generally unsuccessful and had little to do with surrounding Hesse. The coming of the German Reich under Prussian predominance, which constituted itself instead in 1871, influenced the further divisions of Hesse. During the Austro-Prussian War of 1866, the greater territories of Hesse had supported the Danube monarchy. After the war Hesse thus lost large regions to the victorious Prussians. Whereas the electorate of Kurhessen, Nassau and Frankfurt were collectively reduced to the status of a Prussian province, Hessen-Nassau, the grand duchy of Hessen-Darmstadt was allowed to retain its independence in spite of some minor territorial losses. During the Weimar Republic, Hessen-Nassau remained part of Prussia while Hessen-Darmstadt joined the "Volksstaat" Hesse, a state with a parliamentary democracy, in 1919.
The state of Hesse in its present-day form was established by proclamation of the American military government on 19 September 1945. It was democratically legitimised by the constitution of 1 December 1946.

Superficie: 21 115 km²
Nombre d'habitants: 6,0 millions
Capitale: Wiesbaden (273 000 habitants)
Villes principales: Francfort-sur-le-Main (693 000 habitants), Kassel (233 000), Darmstadt (148 000), Offenbach (118 000)

Géographie: La Hesse d'aujourd'hui, née, en septembre 1945, de l'association de Kurhessen, de Nassau, de Hessen-Starkenburg, d'Oberhessen et des territoires de Rheinhessen situés à l'est du Rhin, s'étend au cœur de la République fédérale. A l'est, elle est délimitée par la Thuringe avec laquelle elle entretient de multiples relations ayant leur racine dans une histoire commune.
Bien que la Hesse soit relativement petite – elle n'occupe que 5,9% du territoire allemand –, elle fait partie des Länder économiquement les plus puissants. C'est également la province possédant la plus vaste surface boisée. Le pôle économique prédominant est constitué par la région du Rhin et du Main, où se trouvent Francfort, devenu la plus importante place financière sur le continent européen, et l'aéroport Rhin/Main. En opposition à cet aspect de sa physionomie: le charme de l'Odenwald et du Westerwald, des régions du nord de la Hesse appartenant à la chaine montagneuse du Mittelgebirge, ainsi que du Taunus et du Rhön. C'est à une heure seulement, en voiture, de l'agglomeration urbaine du Rhin et du Main que commence le pays des forêts et des châteaux, des forteresses médiévales, des maisons à colombages et que le Rheingau, l'une des régions viticoles les plus célèbres au monde, attend le visiteur.
Histoire: Les origines de la Hesse remontent au 13e siècle. Mais ce n'est que sous la domination du landgrave Philippe le Hardi (1504–1567) que la Hesse se développe de sorte qu'elle réunit pour la première fois des régions appartenant au Land d'aujourd'hui. À cette époque seulement, la Hesse joue un rôle important au sein de l'Empire en y imposant la réforme. Après la mort de Philippe, le landgraviat est divisé en plusieurs Etats: Hessen-Kassel, Hessen-Marbourg, Hessen-Rheinfels et Hessen-Darmstadt.
Au début du 19e siècle, après l'époque napoléonienne, la Hesse compte trois centres importants, à savoir l'Electorat Hessen-Kassel, le Grand-Duché de Hessen-Darmstadt et le Duché de Nassau. L'Assemblée nationale, qui tient en 1848 ses assises dans l'Eglise St-Paul à Francfort afin de créer une constitution libérale pour l'ensemble de l'Allemagne et un Etat national allemand, n'obtient aucun succès et reste détachée de la Hesse. La constitution de l'Empire allemand, en 1871 sous domination prussienne, influence par contre la répartition des régions de la Hesse. À la suite de la guerre austro-prussienne en 1866, durant laquelle les princes hessois s'étaient engagés en faveur de la monarchie danubienne de grands territoires de la Hesse reviennent à la Prusse victorieuse. Kurhessen, Nassau et Francfort sont réunis en une province prussienne, le Hessen-Nassau, alors que le Grand-Duché de Hessen-Darmstadt perd des terres mais conserve cependant son indépendance. Durant l'époque de la République de Weimar, la partie Hessen-Nassau reste aussi une partie de la Prusse alors que Hessen-Darmstadt passe en 1919 à l'Etat populaire de Hesse avec une constitution démocratique parlementaire.
La proclamation du gouvernement militaire américain, faite le 19 septembre 1945, donna naissance à la Hesse. Sa légitimation démocratique repose sur la constitution du 1er décembre 1946.

Fläche: 23 210 km²
Einwohner: 1,6 Millionen
Hauptstadt: Schwerin (92 000 Einwohner)
Größere Städte: Rostock (203 000 Einwohner),
Neubrandenburg (65 000), Greifswald (59 000),
Stralsund (57 000)

Geografisches: Mit 72 Einwohnern pro Quadratkilometer ist Mecklenburg-Vorpommern das am dünnsten besiedelte Land. Es besitzt mit der zergliederten Ostseeküste und der Seenplatte reizvolle Erholungslandschaften. Die Städte haben durch die vielen noch erhaltenen Backsteingotik-Bauten ihr reizvolles Gepräge.

Geschichte: Mecklenburg hat seinen Namen vermutlich von der Mikilinborg, der „großen Burg", erhalten, in der der Slawenfürst Niklot im 12. Jahrhundert residierte. Sein Sohn Pribislaw war es, der sich 1167 mit dem Sachsenherzog Heinrich dem Löwen versöhnte und zum Stammvater des mecklenburgischen Herrscherhauses wurde, das bis 1918 – allerdings durch Erbteilung zersplittert – das Land regierte.

Bei Heinrichs Einzug hatte die deutsche Ostkolonisation in dem seit dem 7. Jahrhundert von slawischen Stämmen besiedelten Gebiet schon begonnen, allerdings auch im Jahr 983 durch den Slawenaufstand einen schweren Rückschlag erlitten. Im 13. Jahrhundert kam es zu vielen Stadtgründungen, und im 14. Jahrhundert erlebten die Ostseestädte, die dem „wendischen Quartier" der Hanse angehörten, eine Blütezeit. Für die mecklenburgische Geschichte stellt das Ende des Dreißigjährigen Krieges 1648 einen Einschnitt dar: Schweden annektierte für Jahrzehnte fast die gesamte Küstenregion.

Ab 1701 gab es nur noch zwei mecklenburgische Fürstentümer: Mecklenburg-Schwerin und Mecklenburg-Strelitz. Die Region war zu diesem Zeitpunkt aber schon in ihrer Entwicklung zurückgeblieben, nicht zuletzt deshalb, weil die Herzöge sich, von Erbauseinandersetzungen geschwächt, gegen die Landstände nicht durchsetzen konnten. Ab dem 16. Jahrhundert hatte sich die Ritterschaft das Recht herausgenommen, von Bauern zur Pacht überlassenes Land zurückzufordern, und länger als anderswo – bis 1820 – bestand hier die Leibeigenschaft. Eine Verfassung erhielt Mecklenburg erst nach dem Ende der Fürstenherrschaft 1918. Zuvor hatten etwa 1000 Mecklenburger – nicht gewählte Vertreter der Ritterschaft, die Bürgermeister der Städte und die Herzöge, die fast die Hälfte des Gebiets als Domanium direkt verwalteten – über die Geschicke des Landes bestimmt.

Nach dem Zwischenspiel einer parlamentarischen Demokratie erhielten die Nationalsozialisten bei den Landtagswahlen 1932 knapp die absolute Mehrheit und bildeten noch vor der Machtübernahme Hitlers im Reich die Landesregierung. Nach 1945 gehörte Mecklenburg zur sowjetischen Besatzungszone, später zur DDR, in der das Land jedoch nur bis zur Gebietsreform 1952 Bestand hatte. 1990 wurde Mecklenburg im Verbund mit Vorpommern als Land wiederhergestellt.

Vorpommern, der westlich der Oder gelegene kleinere Teil Pommerns, spiegelt weitgehend die historische Entwicklung ganz Pommerns wider. Im 18. Jahrhundert kam der südliche Teil Vorpommerns mit ganz Hinterpommern zu Preußen, erst nach dem Ende der Napoleonischen Kriege 1815 erhielt Preußen den nördlichen Teil einschließlich Rügens dazu.

Area: 23,210 square kilometres
Population: 1.6 million
Capital: Schwerin (population 92,000)
Principal cities: Rostock (population 203,000),
Neubrandenburg (65,000), Greifswald (59,000),
Stralsund (57,000),

Geography: With 72 inhabitants per square kilometre, Mecklenburg-West Pomerania is the state with the lowest population density. With its indented Baltic coast and the plateau of lakes, it offers lovely recreational areas. The cities are characterized by their Gothic redbrick buildings.

History: Mecklenburg probably derives its name from the Mikilinborg, the great castle, in which Niklot, prince of Slavs, resided in the twelfth century. It was his son Pribislav who made peace with the Saxon duke Henry the Lion in 1167 and who was to become the progenitor of the dynasty of rulers of Mecklenburg, which – though divided through inheritance – ruled the state until 1918.

When Henry arrived on the scene German colonisation of the East, where Slavonic tribes had settled since the seventh century, was well under way despite the setback of a Slav uprising in 983. Many cities were founded in the thirteenth century, and in the fourteenth century, the cities of the Baltic coast region which belonged to the "Wendish quarter" of the Hanseatic League experienced a period of prosperity. The end of the Thirty Years' War in 1648 represents an incision in the history of Mecklenburg: for decades the coastal region was almost completely annexed by the Swedes.

In 1701, only two duchies had survived in Mecklenburg: Mecklenburg-Schwerin and Mecklenburg-Strelitz. But at this point, the region was already behind the general standard of development, one cause of which was that the dukes, weakened by hereditary struggles, were unable to enforce their position against the landed gentry. Commencing with the sixteenth century, the knights took the liberty of reclaiming land which had been leased to the peasants, and here serfdom existed longer than elsewhere in the area – until 1820. At last, in 1918, Mecklenburg was endowed with a constitution after the sovereignty of the dukes had come to an end. Before, about a thousand citizens of Mecklenburg, consisting of non-elected knights, burgomasters of the cities, and the dukes, who administered almost half of the region as their dominions, had the say in their state.

Following a short period of parliamentary democracy, the National Socialists were elected with an almost absolute majority in 1932 and thus constituted the state government even before Hitler's seizure of power in the Reich. After 1945, it belonged to the Soviet occupied zone, later to the GDR, but as a state it existed only until 1952. In 1990, Mecklenburg in conjunction with West Pomerania was re-established as a state.

West Pomerania, which is the smaller part of Pomerania to the west of the Oder, largely reflects the history of Pomerania as a whole. In the eighteenth century, the southern part of West Pomerania and the whole of East Pomerania were ceded to Prussia, and only after the end of the Napoleonic wars in 1815 did Prussia acquire the northern part including Rügen.

Superficie: 23 210 km²
Nombre d'habitants: 1,6 million
Capitale: Schwerin (92 000 habitants)
Villes principales: Rostock (203 000 habitants),
Neubrandebourg (65 000), Greifswald (59 000),
Stralsund (57 000),

Géographie: Son chiffre de 72 habitants par kilomètre carré fait du Land de Mecklembourg-Poméranie occidentale le moins peuplé de tous les Etats allemands. Avec ses plages longeant la Baltique et ses régions de lacs, il possède des lieux de villégiature charmants. Les villes sont caractérisées par leurs édifices gothiques en briques.

Histoire: On suppose que le nom de Mecklenbourg a pour origine «Mikilinborg», la «grande forteresse» dans laquelle résidait le prince slave Niklot au 12e siècle. Son fils Pribislaw se réconcilia en 1167 avec le Duc de Saxe, «Henri le Lion» et devint père de la lignée qui – divisée à la suite de partages d'héritages – régna sur le Mecklembourg jusqu'en 1918.

La colonisation allemande des pays de l'Est, habités par des tribus slaves depuis le 7e siècle, avait déjà commencé quand «Henri le Lion» fit son entrée, mais elle essuya pourtant de cruels revers en 983 lors du soulèvement des Slaves. Le 13e siècle est marqué par la fondation d'un grand nombre de villes et au 14e siècle, les villes des Wendes sur les bords de la Baltique, qui font également partie de la Hanse, sont très florissantes. En 1648, la fin de la Guerre de Trente Ans représente une coupure dans l'histoire du Mecklembourg puisque la Suède annexe presque toute la région côtière pendant plusieurs décennies.

En 1701, il n'existe plus que deux duchés dans le Mecklembourg, à savoir Mecklembourg-Schwerin et Mecklembourg-Strelitz. À cette époque, l'évolution du pays a déjà souffert d'un certain retard dû en partie au fait que les ducs, affaiblis par leurs querelles d'héritage, ne réussissent pas à s'affirmer face aux autorités du Land. Dès le 16e siècle, les chevaliers s'arrogent le droit de reprendre les terres affermées aux paysans et bien plus longtemps qu'ailleurs, c'est-à-dire jusqu'en 1820, le droit de servage subsiste toujours. Mecklembourg n'a droit à une constitution qu'en 1918, soit à la fin de la domination des princes. Auparavant, le destin du pays était aux mains d'environ 1000 citoyens du Mecklembourg, représentants non élus de la Chevalerie, des bourgmestres des villes et des ducs, qui administrent directement presque la moitié du pays en tant que domaine.

Après l'intermède d'une démocratie parlementaire, les nationaux-socialistes obtiennent de justesse lors des élections à l'Assemblée en 1932 une majorité absolue et constituent le gouvernement peu avant la prise du pouvoir par Hitler au sein du Reich. Après 1945, le Mecklembourg fait partie de la zone d'occupation soviétique d'Allemagne. Il n'existe cependant en tant que Land que jusqu'en 1952, date de la réforme territoriale. Réuni à la Poméranie occidentale, le Mecklembourg redevient un Land en 1990.

La Poméranie occidentale, petite partie de la Poméranie située à l'Ouest de l'Oder, reflète largement l'évolution de l'ensemble de la Poméranie. Au 18ème siècle, le sud de la Poméranie occidentale revient avec tout l'arrière-pays de la Poméranie à la Prusse. Ce n'est qu'à la fin de l'ère napoléonienne, en 1815, que le nord de cette région comprenant également Rügen, revient aussi à la Prusse.

Niedersachsen | Lower Saxony | Basse-Saxe

Fläche: 47 614 km²
Einwohner: 7,8 Millionen
Hauptstadt: Hannover (518 000 Einwohner)
Größere Städte: Braunschweig (247 000 Einwohner),
Osnabrück (156 000), Oldenburg (160 000),
Göttingen (117 000)

Geografisches: Sonnenstrände und Skigebiete, Hochseeklima und Märchenflüsse, das alles zugleich bietet Niedersachsen. Es reicht von der Nordsee über die Lüneburger Heide und das Weserbergland bis zum Harz und liegt dort, wo die großen Nord-Süd- und West-Ost-Verkehrsachsen sich kreuzen: in der Mitte des neuen Europa. Das dünn besiedelte Land lässt der Natur viel Raum: 20 Prozent seiner Fläche sind als Naturparks geschützt.

Geschichte: Die niedersächsische Freiheit sei der Ausgangspunkt aller modernen Freiheitsbestrebungen in Europa, schrieb der Osnabrücker Publizist Justus Möser vor 200 Jahren. Schon im ersten Jahrtausend schufen die Sachsen hier den „Allthing", die erste Form von Demokratie auf deutschem Boden. Ihr Rechtssystem – aufgezeichnet im „Sachsenspiegel" – wurde bis nach Russland und Polen übernommen und blieb in Teilen Deutschlands bis ins Jahr 1900 gültig.

Das Sachsenreich, das von Westfalen und den Niederlanden bis an die Ostsee reichte, war kurzlebiger: Von Heinrich dem Löwen in blutigen Kreuzzügen weit nach Süden und Osten ausgedehnt, wurde es im Jahre 1180 von den deutschen Fürsten zerschlagen. Allein das heutige Niedersachsen wurde an 40 verschiedene Herrscher verteilt; der Name Sachsen wanderte danach ostwärts ins heutige Sachsen.

Erst 500 Jahre später machte die Region wieder europäische Geschichte, als Hannovers Kurfürsten seit dem Jahre 1714 Könige von England wurden. Als die „Personalunion" 123 Jahre später endete, bestanden auf niedersächsischem Gebiet nur noch vier Staaten: Braunschweig, Hannover, Oldenburg und Schaumburg-Lippe. Sie wurden später Länder des Deutschen Reiches und bildeten 1946 zusammen das Land Niedersachsen, das damit zum ersten Mal als territoriale Einheit existierte: Das zweitgrößte Land, in dem man heute das größte Automobilwerk Europas und die größten Industriemessen der Welt findet. Und 13 Universitäten, deren ehrwürdigste in Göttingen in den 1920er Jahren mit einem Dutzend Nobelpreisträgern als „Nabel der mathematischen Welt" galt. Ihre Freiheit ließen sich die Niedersachsen nie nehmen: Die deutsche Nationalhymne schrieb August Heinrich Hoffmann von Fallersleben, Helene Lange aus Oldenburg war um 1900 die Wortführerin der deutschen Frauenbewegung, Wilhelmshavener Matrosen läuteten 1918 mit ihrer Meuterei die Novemberrevolution ein. Gegen den Krieg schrieb Erich Maria Remarque aus Osnabrück den Roman „Im Westen nichts Neues", der das meistverkaufte Buch der ersten Jahrhunderthälfte wurde, während der Dadaist Kurt Schwitters Hannover zum Zentrum der Kunst der Weimarer Republik machte.

Quer denken und geradeaus handeln – diese Tradition zieht sich durch Niedersachsens Geschichte von Till Eulenspiegel über Gottfried Wilhelm Leibniz bis zu Hermann Löns, dem Urvater des Umweltschutzes, und ist mit Hannovers Rockgruppe „Scorpions" noch nicht zu Ende.

Area: 47,614 square kilometres
Population: 7.8 million
Capital: Hanover (population 518,000)
Principal cities: Brunswick (population 247,000),
Osnabrück (156,000), Oldenburg (160,000),
Göttingen (117,000)

Geography: Lower Saxony is a combination of sunny beaches and skiing resorts, maritime climate and fairy-tale rivers. It stretches from the North Sea across the Lüneburg Heath and the Weserbergland to the Harz Mountains and is situated where the great north-south and east-west traffic routes cross: in other words, at the very centre of the new Europe. The sparsely populated state leaves plenty of room to nature: 20 per cent of its area consists of protected nature reserves.

History: 200 years ago the Osnabrück writer Justus Möser wrote that the freedom of Lower Saxony was the starting point for all modern freedom struggles in Europe. Here in the first millennium AD the Saxons had already set up their "Allthing," the first form of democracy on German soil. Their system of justice, laid down in the "Sachsenspiegel," was adopted as far afield as Russia and Poland and was still in force in some parts of Germany as late as 1900.

However, the Saxon Reich, stretching from Westphalia and the Netherlands as far as the Baltic, was short-lived. Henry the Lion, in a series of bloody crusades, extended its territories far to the south and east, but in 1180 it was crushed by the German princes. Present-day Lower Saxony alone was divided up between forty different rulers, after which the name "Saxony" itself shifted eastwards to present-day Saxony.

It was not until 500 years later that the region once again made European history when in 1714 the Elector of Hanover became King of England. When this situation came to an end 123 years later, there were only four states left in Lower Saxony: Brunswick, Hanover, Oldenburg and Schaumburg-Lippe. Later they became states within the German Reich and in 1946 they joined together to form the state of Lower Saxony. It was the first time it had existed as a territorial entity. It is the second-largest German state and has the biggest automobile works in Europe and the world's largest trade fairs, not to mention thirteen universities. In the 1920s the most distinguished of these, Göttingen, was home to no less than a dozen Nobel laureates and became known as the "navel of the mathematical world."

The Lower Saxons never let themselves be robbed of their freedom: the German national anthem was written by August Heinrich Hoffmann von Fallersleben, while around 1900 Helene Lange from Oldenburg was the leader of the German women's movement and in 1918 the Wilhelmshaven sailors' mutiny heralded the November revolution. Erich Maria Remarque from Osnabrück wrote the anti-war novel "All Quiet on the Western Front", later to become the greatest bestseller of the first half of the century, and Dadaist Kurt Schwitters made Hanover the artistic centre of the Weimar Republic.

The tradition of rebellious thinking and straightforward action runs through the whole of Lower Saxon history, from Till Eulenspiegel to Gottfried Wilhelm Leibniz and Hermann Löns, the forefather of environmentalism. The Hanover rock group The Scorpions are making sure it continues.

Superficie: 47 614 km²
Nombre d'habitants: 7,8 millions
Capitale: Hanovre (518 000 habitants)
Villes principales: Brunswick (247 000 habitants),
Osnabruck (156 000), Oldenbourg (160 000),
Göttingen (117 000)

Géographie: Plages ensoleillées et stations de ski, climat maritime et fleuves légendaires: la Basse-Saxe offre tout à la fois. Elle va de la Mer du Nord jusqu'aux montagnes du Harz, englobe les Landes de Lunebourg et le Weserbergland et se trouve à l'intersection des grands axes de circulation nord-sud et est-ouest: au cœur même de la nouvelle Europe. Ce pays à faible densité de population laisse à la nature une place de choix: 20 pour cent de sa superficie ont été déclarés sites naturels protégés.

Histoire: La liberté qu'obtint la Basse-Saxe fut le point de départ de toutes les aspirations libératrices des temps modernes en Europe, écrivait il y a 200 ans Justus Möser, publiciste originaire d'Osnabruck. Dès le 1er millénaire de notre ère, les Saxons y etablirent le «Allthing», qui est la première forme de démocratie étant apparue sur le sol allemand. Leur système juridique, codifié dans le «Sachsenspiegel», fut repris même en Russie et en Pologne et fit autorité dans certaines parties de l'Allemagne jusqu'en 1900. Le royaume de Saxe, qui s'étendait de la Westphalie et des Pays-Bas jusqu'à la mer Baltique fut de courte durée: arrondi par Henri Le Lion, dans la foulée de sanglantes croisades, et s'étendant loin vers le sud et l'est, il fut demantelé en 1180 par les princes allemands. La Basse-Saxe dans sa configuration actuelle fut divisée et attribuée à plus de 40 souverains différents. Le nom de Saxe émigra vers l'est, là où se trouve la Saxe aujourd'hui.

Ce n'est que 500 ans plus tard que cette région fit de nouveau son entrée dans l'histoire européenne lorsque le prince de Hanovre devint roi d'Angleterre, en 1714. Et, quand l'«Union personnelle» prit fin 123 ans plus tard, il n'existait plus que quatre Etats sur le territoire de la Basse-Saxe: Brunswick, Hanovre, Oldenbourg et Schaumburg-Lippe. Ceux-ci furent par la suite, intégrés à l'empire allemand et leur réunion, en 1946, en fit le Land de Basse-Saxe, qui, pour la première fois dans son histoire constituait une entité territoriale: le deuxième Land de la République fédérale pour ce qui est des dimensions, celui où se trouve la plus grande usine de construction automobile d'Europe et où ont lieu les plus grandes foires industrielles du monde, sans oublier ses treize universités, dont la doyenne, Göttingen, a vu sortir, dans les années vingt, plus d'une douzaine de prix Nobel. Les habitants de la Basse-Saxe ont toujours eu à cœur de défendre leurs libertés: August Heinrich Hoffmann von Fallersleben écrivit l'hymne national allemand. Hélène Lange, originaire d'Oldenbourg, se fit le porte-parole du mouvement féministe allemand à la fin du 19e siècle, les soldats de l'infanterie de marine du port de Wilhelmshaven déclenchèrent, par leur mutinerie, la Révolution de Novembre, en 1918, Erich Maria Remarque, d'Osnabruck lui aussi, écrivit «A l'Ouest rien de nouveau», roman dans lequel il fustigeait la guerre, tandis que, sous la République de Weimar, le dadaïste Kurt Schwitters faisait de Hanovre le centre de l'art.

«Penser de travers mais agir droitement», cette tradition se retrouve à toutes les époques de l'histoire de la Basse-Saxe, chez Till Eulenspiegel, mais aussi chez Gottfried Wilhelm Leibniz, ainsi que chez Hermann Löns, l'ancêtre de la protection de l'environnement, et chez les «Scorpions», un groupe de musique rock de Hanovre.

Fläche: 34 110 km²
Einwohner: 18 Millionen
Hauptstadt: Düsseldorf (599 000 Einwohner)
Größere Städte: Köln (1 Million Einwohner),
Dortmund (576 000), Essen (570 000),
Duisburg (487 000), Münster (300 000)

Geografisches: Nordrhein-Westfalen, im Westen der Bundesrepublik gelegen und an die Niederlande sowie Belgien grenzend, ist das bevölkerungsreichste Land. Kernzone der rheinisch-westfälischen Industrielandschaft ist das Ruhrgebiet, der größte industrielle Ballungsraum Europas. Nordöstlich erstreckt sich bis zum Teutoburger Wald die Münsterländer Bucht, in der, wie in den angrenzenden Landschaften, Agrarproduktion das Bild bestimmt.

Geschichte: Mit der „operation marriage" (Operation Hochzeit) fügten die britischen Besatzungsbehörden 1946 die ehemaligen preußischen Provinzen Westfalen und Rheinland (in seinen nördlichen Teilen), die bis dahin unterschiedliche Entwicklungen genommen hatten, zum Land Nordrhein-Westfalen zusammen. 1947 kam Lippe hinzu. Westfalen war im Mittelalter und der Frühen Neuzeit in Kleinstaaten zersplittert. Unter französischer Herrschaft gab es in den Jahren 1807 bis 1813 ein Königreich Westfalen mit Napoleons Bruder Jérôme als Monarchen. Nach 1815 fiel das gegenwärtige Westfalen dann an Preußen.

Als Rheinlande werden die deutschen Gebiete zu beiden Seiten des Mittel- und Niederrheins bezeichnet, deren südlicher Teil nach dem Zweiten Weltkrieg an Rheinland-Pfalz fiel. In der heute zu Nordrhein-Westfalen gehörenden Region entstanden im Mittelalter mehrere kleinere Territorien sowie das Kurfürstentum Köln. Ab 1614 fielen Teile des Rheinlandes an Brandenburg bzw. Preußen, das 1815 die Rheinprovinz erhielt.

Das Ruhrgebiet – teils zum Rheinland, teils zu Westfalen gehörig – nahm seinen Aufschwung ab Mitte des 19. Jahrhunderts. Heute gilt die einst fast ausschließlich vom Bergbau und der Stahlindustrie geprägte Region als Musterbeispiel des erfolgreichen Strukturwandels, der seit Ende der 1970er Jahre die wirtschaftliche Entwicklung des Landes prägt: Chemie und Maschinenbau haben die traditionellen Standortfaktoren Stahl, Kohle und Textilgewerbe in ihrer Bedeutung abgelöst. In den 1990er Jahren ist Nordrhein-Westfalen zu einer der stärksten Medien- und Kommunikationsregionen Europas geworden. Konsequenter Abbau von Umweltbelastungen, integrierte Umweltvorsorge sowie systematischer Naturschutz und Landschaftspflege gerade in den dichtbesiedelten Bereichen haben vielerorts neue Standortqualitäten geschaffen; die umgesetzte Vision vom „Blauen Himmel über der Ruhr" hat das alte Image des „Kohlenpotts" erfolgreich verdrängt. Mit einem engmaschigen Netz von 59 Hochschulen und über 100 außeruniversitären Forschungseinrichtungen zählt die Forschungslandschaft Nordrhein-Westfalens heute zu den dichtesten und vielfältigsten der Welt. Dieser Ruf gebührt auch dem „Kulturland NRW", wovon die Vereinten Nationen in einem Vergleich der internationalen bedeutenden Kulturmetropolen Zeugnis abgelegt haben.

Area: 34,110 square kilometres
Population: 18 million
Capital: Düsseldorf (population 599,000)
Principal cities: Cologne (population 1 million),
Dortmund (576,000), Essen (570,000),
Duisburg (487,000), Münster (300,000)

Geography: North Rhine-Westphalia, situated in the west of the Federal Republic of Germany and bordering the Netherlands as well as Belgium, is the most heavily populated state. The core of the Rhenish-Westphalian industrial area is the Ruhr region, featuring the greatest industrial concentration in Europe. The Münsterland basin stretches out into the northeast up to the Teutoburger Wald and is, like the neighbouring areas, of rural-agrarian character.

History: In 1946, the British occupation administration merged the former Prussian provinces of Westphalia and (the northern parts of) the Rhineland to form the state of North Rhine-Westphalia, even though both had previously undergone different historical developments. This was "Operation Marriage." In 1947, Lippe was added. In the Middle Ages and in the early modern era, Westphalia had been split up into a series of minor states. During French rule in the years 1807–1813, a kingdom of Westphalia existed, with Napoleon's brother Jérôme as monarch. After 1815 present-day Westphalia was ceded to Prussia.

The Rhineland is the German region on both sides of the Middle and Lower Rhine, the southern part of which fell to the Rhineland-Palatinate after the Second World War. In the part nowadays belonging to North Rhine-Westphalia, several smaller territories as well as the Electorate of Cologne had come into being during the Middle Ages. Commencing in 1614, parts of the Rhineland fell to Brandenburg, respectively Prussia, which was awarded the whole region in 1815.

The Ruhr, located partly in the Rhineland and partly in Westphalia, began to prosper from the middle of the nineteenth century. Once characterized almost entirely by mining and the steel industry, the region now serves as a model of successful structural change. It is this change which has shaped economic development since the end of the 1970s. Chemicals and engineering have taken over from traditional steel, coal and textiles. In the 1990s, North Rhine-Westphalia became one of the largest media and communications regions of Europe. A consistent approach to reducing environmental damage, integrated environmental provisions, systematic nature conservation and care of the countryside, especially in densely populated areas, have created a better quality of life in many places. The old image of coalfields has given way to the opposite: a vision of "blue skies over the Ruhr." Research and development have also made a vital contribution to the state's success in building an economic structure which provides security for the future. With a close-knit network of 59 universities and colleges of higher education and more than 100 non-university research institutions, North Rhine-Westphalia has one of the most concentrated and varied research scenes in the world. It has earned the same reputation in the arts and was singled out by the United Nations in a comparison of international cultural centres.

Superficie: 34 110 km²
Nombre d'habitants: 18 millions
Capitale: Düsseldorf (599 000 habitants)
Villes principales: Cologne (1 million d'habitants),
Dortmund (576 000), Essen (570 000),
Duisbourg (487 000), Munster (300 000)

Géographie: Située à l'ouest de la République fédérale et aux frontières de la Belgique et des Pays-Bas, la Rhénanie du Nord-Westphalie est le Land le plus peuplé d'Allemagne. La région de la Ruhr, son cœur industriel, est la zone présentant la plus grande densité industrielle en Europe. Au nord-est, la baie de Munsterland s'étend jusque vers la Forêt de Teutobourg et reste, comme les pays limitrophes, une région agricole.

Histoire: En 1946, les responsables de l'occupation anglaise réunissent au cours d'une «operation marriage» les anciennes provinces prussiennes de Westphalie et de Rhénanie (à savoir la partie nord) en un Land baptisé Rhénanie du Nord-Westphalie, deux régions ayant suivi jusque là des évolutions bien différentes et auxquelles Lippe est annexée en 1947. Au Moyen-Age et au début des temps modernes, la Westphalie est morcelée en petits Etats. Sous la domination française, c'est-à-dire entre 1807 et 1813, il existe même un royaume de Westphalie dont le monarque, Jérôme, est un frère de Napoléon. La Westphalie devient prussienne à partir de 1815.

On entend par pays rhénans les régions situées sur les deux côtés du fleuve, en amont de celui-ci et au centre de l'Allemagne dont la partie sud fut attribuée à la Rhénanie-Palatinat après la Seconde Guerre Mondiale. Dans cette région faisant aujourd'hui partie de la Rhénanie du Nord-Westphalie, plusieurs petits territoires ainsi que l'Electorat de Cologne virent le jour au Moyen-Age. En 1614, certaines régions rhénanes reviennent au Brandebourg, c'est-à-dire à la Prusse qui dominera toute la Rhénanie dès 1815.

Le Bassin de la Ruhr, qui fait partie tant de la Rhénanie que de la Westphalie, prit son essor au milieu du 19e siècle. Cette région, que l'industrie minière et la sidérurgie ont profondément marqué de leur empreinte, passe aujourd'hui, pour être un modèle de reconversion structurelle menée à bonne fin. La chimie et la construction mécanique sont venues remplacer les industries traditionellement localisées dans cette région, telles que celles de l'acier, du charbon et du textile et y jouent, désormais, un rôle aussi important que ces dernières, dans le passé. Dans les années 1990, la Rhénanie du Nord-Westphalie est devenue l'une des régions d'Europe les plus performantes dans le domaine des médias et de la communication. La suppression méthodique de facteurs ayant une incidence néfaste sur l'environnement, une politique de prévention intégrée dans ce domaine, ainsi que la sauvegarde systématique du milieu de vie et une protection des sites naturels orientée tout particulièrement sur les régions de grande agglomération urbaine, ont engendré de nouveaux critères pour ce qui est de la qualité du lieu d'implantation des entreprises. La réalisation de l'objectif «Ciel bleu au-dessus de la Ruhr» a fait reculer l'image négative s'attachant à ce bassin houiller. Disposant d'un réseau complexe de 59 universités et écoles supérieures ainsi que de plus de 100 instituts de recherche parauniversitaires, la Rhénanie du Nord-Westphalie est la région présentant la densité et la diversification la plus élevée en matière de recherche. Sa réputation lui vient aussi de ce qu'elle est une «terre de culture» ainsi qu'en témoigne le titre qui vient de lui être conféré par les Nations-Unies dans une comparaison internationale des métropoles culturelles les plus importantes au monde.

Rheinland-Pfalz | Rhineland-Palatinate | Rhénanie-Palatinat

Fläche: 19 854 km²
Einwohner: 3,9 Millionen
Hauptstadt: Mainz (204 000 Einwohner)
Größere Städte: Ludwigshafen (162 000 Einwohner),
Koblenz (111 000), Trier (107 000),
Kaiserslautern (97 000)

Geografisches: In Rheinland-Pfalz, das gemeinsame Grenzen mit Frankreich, Luxemburg und Belgien hat, liegt das Mittelrheintal mit seinen malerischen Burgruinen, das vielen als die deutsche Landschaft schlechthin gilt. Vor allem hier und entlang der Mosel erstrecken sich die Weinanbaugebiete, die das Land zur wichtigsten Winzerregion der Bundesrepublik machen. Viel besucht sind auch die alten Römerstädte Koblenz, Trier, Mainz und Worms sowie die vulkanische Eifel.

Geschichte: Rheinland-Pfalz wird vielfach als „Land aus der Retorte" bezeichnet. Es wurde 1946 von den Besatzungsmächten aus bayrischen, hessischen und preußischen Landesteilen gebildet, die nie zuvor zusammengehört hatten: aus der bis dahin zu Bayern gehörenden Pfalz, den preußischen Regierungsbezirken Koblenz und Trier, vier Kreisen der ehemals preußischen Provinz Hessen-Nassau und dem linksrheinischen Gebiet Hessens. Besonders weit zurückreichende politische, wirtschaftliche und kulturelle Traditionen haben die heute zu Rheinland-Pfalz gehörenden rheinländischen Gebiete, in denen bereits in der Römerzeit städtische Siedlungen entstanden. Trier war seit Beginn des 4. Jahrhunderts eine der Hauptstädte des Römischen Reiches. Während des Mittelalters lagen in dieser Region die beiden Kurfürstentümer Mainz und Trier.

Auch die Pfalz hatte seit der Goldenen Bulle (1356) eine Kurstimme. Zwar verfügten die Kurfürsten und Pfalzgrafen nicht über ein geschlossenes Territorium, sie waren aber über Jahrhunderte die in dieser Region vorherrschende Macht – daran änderte auch der vorübergehende Verlust von Land und Kur an Bayern nichts, denn im Westfälischen Frieden (1648) erhielten die Pfalzgrafen beides zurück. Erst 1714 machte Kurfürst Karl Philipp dem Gegensatz zu den bayrischen Wittelsbachern ein Ende, was jedoch zur Folge hatte, dass die Pfalz zum Nebenland Bayerns absank. Nach dem Wiener Kongress 1815 wurde aus der Pfalz der bayrische Rheinkreis gebildet (seit 1838 Rheinpfalz genannt), während das rheinhessische Gebiet um Mainz und Worms Hessen-Darmstadt zugeschlagen wurde und die Rheinlande als Rheinprovinz Preußens angegliedert wurden.

Da Rheinland-Pfalz 1946 aus Gebieten mit sehr unterschiedlichen historischen Bindungen zusammengefügt wurde, gab es anfangs verschiedene regionale Initiativen, sich anderen Ländern anzugliedern. Diese setzten sich jedoch nicht durch. Nicht nur wirtschaftlich nimmt das Land an Rhein und Mosel heute eine Spitzenposition ein. Ebenso stolz sind die Rheinland-Pfälzer auf ihr kulturelles Erbe – und deshalb spielt nach wie vor Kultur eine große Rolle im sonnenverwöhnten Weinland. Der „Kultursommer Rheinland-Pfalz" lädt die Bürger in jedem Jahr zu rund 1600 Veranstaltungen ein und verbindet damit in unvergleichlicher Weise reizvolle Landschaft mit Musik, Tanz und Schauspiel. Die Stiftung Rheinland-Pfalz für Kultur ist die zweitgrößte Kulturstiftung eines Bundeslandes.

Area: 19,854 square kilometres
Population: 3.9 million
Capital: Mainz (population 204,000)
Principal cities: Ludwigshafen (population 162,000),
Koblenz (111,000), Trier (107,000),
Kaiserslautern (97,000)

Geography: In the Rhineland-Palatinate, bordering on France, Luxembourg and Belgium, the middle Rhine valley spreads out with its picturesque ruined castles which many consider as the incarnation of German landscapes. This region and the banks of the Moselle are full of vineyards, making them the most important wine-growing areas in the Federal Republic. The old Roman cities of Koblenz, Trier, Mainz, and Worms as well as the volcanic Eifel mountains are special attractions for visitors.

History: The Rhineland-Palatinate is often called an artificial state. In 1946, the occupying powers merged parts of Bavarian, Hessian and Prussian domains which had never belonged together before: these were the Palatinate, which had before belonged to Bavaria, the Prussian administrative regions of Koblenz and Trier, four regions of the former Prussian province of Hessen-Nassau, and the part of Hesse on the left bank of the Rhine. Especially far-reaching are the political, economic and cultural traditions of the Rhenish regions nowadays belonging to the Rhineland-Palatinate, in which the first urban settlements had come into being during the times of the Romans. Since the beginning of the fourth century Trier had been a capital city of the Roman Empire. During the Middle Ages, the two electorates of Mainz and Trier were situated in this region.

The Palatinate had been an electorate since the Golden Bull of 1356. Even though the electors and the Counts Palatine had no strictly bordered territories, they had the say in this region for several centuries – even the temporary loss of region and Electorate to the Bavarians did not change much, since the Counts Palatine regained their privileges in the Treaty of Westphalia of 1648. Finally, in 1714, Elector Karl Philipp put an end to the conflicts with the Bavarian Wittelsbachs, even though the Palatinate suffered under the diminished status of being secondary Bavarian territory. After the Congress of Vienna in 1815, the Palatinate became the Bavarian Rhenish region (named Rheinpfalz in 1838), while the Rheinhessen region around Mainz and Worms was given to Hessen-Darmstadt and the Rhinelands were ceded to Prussia as its Rhine province.

Because the Rhineland-Palatinate was formed in 1946 from regions with very different historical connections there were at first a number of regional movements demanding to join other states. However, these were unsuccessful. Nowadays the state on the Rhine and Moselle has taken a leading position, and not just economically. People from the region are equally proud of their cultural heritage, which is why the arts still play a major role in this sun-blessed, winegrowing state. Each year the "Kultursommer Rheinland-Pfalz" (Rhineland-Palatinate Summer Arts Festival) stages around 1,600 events, providing an incomparable blend of delightful scenery and music, dance and theatre. The Stiftung Rheinland-Pfalz für Kultur (Rhineland-Palatinate Arts Foundation) is the second-largest arts foundation in any German federal state.

Superficie: 19 854 km²
Nombre d'habitants: 3,9 millions
Capitale: Mayence (204 000 habitants)
Villes principales: Ludwigshafen (162 000 habitants),
Coblence (111 000), Trèves (107 000),
Kaiserslautern (97 000)

Géographie: Le Land de Rhénanie-Palatinat, aux frontières communes avec la France, la Belgique et le Luxembourg, englobe la partie médiane de la Vallée du Rhin surmontée de ruines pittoresques de châteaux forts, et est considérée comme le paysage allemand par excellence. C'est surtout ici et le long de la Moselle que s'étendent les vignobles qui en font la région viticole la plus importante de l'Allemagne fédérale. Les anciennes cités romaines de Coblence, Trèves, Mayence et Worms ainsi que la contrée volcanique de l'Eifel sont des buts touristiques très prisés.

Histoire: Le Land de Rhénanie-Palatinat est souvent décrit comme une région créée «in vitro». En 1946 les autorités des puissances d'occupation réunissent les régions bavaroise, hessoise et prussienne, qui n'avaient auparavant rien de commun, pour former ce Land. Il comprend le Palatinat qui appartenait auparavant à la Bavière, les circonscriptions autrefois prussiennes de Coblence et de Trèves, quatre circonscriptions de l'ancienne province prussienne de Hessen-Nassau et la partie de la Hesse située sur la rive gauche du Rhin. Les régions rhénanes composant aujourd'hui la Rhénanie-Palatinat sont marquées par des traditions politiques, économiques et culturelles fort anciennes, datant de l'époque romaine qui y avait établi des colonies. Dès le début du 4e siècle, Trèves est une des capitales de l'Empire romain. Au Moyen-Age, les électorats de Mayence et de Trèves font partie de cette région.

Depuis le décret de la Bulle d'Or (1356), le Palatinat a également droit à une voix. Bien que les électeurs et les Palatins ne disposent pas d'un territoire limité, ce sont eux qui gouvernèrent la région pendant des siècles. L'annexion provisoire à la Bavière signifiant la perte de l'électorat et du pays n'y change pas grand-chose, puisque le Traité de Paix de Westphalie (1648) rend les deux tiers aux Palatins. L'Electeur Charles Philippe procède de manière contraire avec les Wittelsbach bavarois en 1714, ce qui a pour conséquence que le Palatinat est annexé à la Bavière. Après le congrès de Vienne, en 1815, le Palatinat devient circonscription rhénane de la Bavière (nommée Palatinat rhénan depuis 1838), alors que la région rhénane-hessoise entourant Mayence et Worms est attribuée à Hessen-Darmstadt et que les pays rhénans sont rattachés à la Prusse en tant que province rhénane.

La Rhénanie-Palatinat ayant été modelée en 1946 à partir de régions aux attaches historiques les plus différentes, diverses initiatives régionales furent entreprises visant à intégrer ce pays à d'autres Länder de la Fédération. Mais toutes échouèrent. Cette province arrosée par le Rhin et la Moselle fait aujourd'hui partie du peloton de tête de l'ensemble des régions et cela non seulement au plan économique. Les Palatins de Rhénanie sont fiers de leur héritage culturel. Aussi la culture joue-t-elle un rôle important dans cette région de viticulture ensoleillée, privilégiée par le climat. L'«Eté culturel de Rhénanie» (Kultursommer Rheinland-Pfalz) invite, chaque année, les habitants à prendre part à ses 1600 manifestations, conjuguant ainsi admirablement les charmes du paysage à la musique, à la danse et au théâtre. La «Stiftung Rheinland-Pfalz für Kultur» est, au niveau fédéral, la deuxième fondation culturelle par rang d'importance.

Saarland | Saarland | Sarre

Fläche: 2570 km²
Einwohner: 992 000
Hauptstadt: Saarbrücken (177 000 Einwohner)
Größere Städte: Neunkirchen (46 000 Einwohner),
Homburg (41 000), Völklingen (38 000),
St. Ingbert (36 000)

Geografisches: Das Saarland ist der kleinste deutsche Flächenstaat. Er grenzt an Frankreich und Luxemburg. Rund 30 Prozent des Landes sind mit Wald bedeckt, wobei sich die größten geschlossenen Waldgebiete im Mittelsaarländischen Waldland und im Schwarzwälder Hochwald, einem Teil des Hunsrücks, erstrecken. Die Wirtschaftszentren liegen im dicht besiedelten Saartal.

Geschichte: Vor der Industrialisierung im 19. Jahrhundert hatte das Saarland nur einen schwachen territorialen Kern in der Grafschaft (später Fürstentum) Saarbrücken, war aber ansonsten von benachbarten Herrschaften – Trier, Metz, Pfalz, Lothringen, später Frankreich – geprägt. Mit der Neuordnung Europas nach den Napoleonischen Kriegen fiel das Gebiet infolge des Wiener Kongresses 1815 vorwiegend an die preußische Rheinprovinz, zu geringeren Teilen an die Pfalz. Mitte des 19. Jahrhunderts, als an der Saar die Kohleförderung und Eisenerzeugung einen gewaltigen Aufschwung nahmen, bildete sich hier ein einheitlicher Wirtschaftsraum heraus, der sich nach dem Deutsch-Französischen Krieg 1870/71 mit dem vom neu gegründeten Deutschen Reich annektierten benachbarten Lothringen verflocht. Das Saargebiet entstand als politische Einheit erst 1920 mit dem Inkrafttreten des Versailler Friedensvertrages. Nachdem französische Annexionsversuche 1918/19 am Widerstand Großbritanniens und der USA gescheitert waren, wurde das Gebiet für 15 Jahre der Verwaltung des Völkerbundes unterstellt. Frankreich erhielt die Kohlegruben, konnte das Land in sein Zollgebiet und später auch in seinen Wirtschaftsraum integrieren. Die 1935 durchgeführte Volksabstimmung, in der 90,8 Prozent für einen Anschluss an das Deutsche Reich aussprachen, war wegen der geänderten politischen Verhältnisse in Deutschland auch ein Votum für die nationalsozialistische Herrschaft.

Im Sommer 1945 strebte Frankreich erneut eine Einbeziehung des Saarlandes in seinen Machtbereich an und wählte dafür, nachdem eine Eingliederung in den französischen Staatsverband wiederum auf die Ablehnung seiner Alliierten gestoßen war, die Form der Wirtschafts- und Währungsunion, die auch in der Präambel der saarländischen Verfassung vom 17. Dezember 1947 festgelegt wurde. Nachdem die Bevölkerung ein „Europäisches Saarstatut" am 23. Oktober 1955 mit 67,7 Prozent abgelehnt hatte, löste der Luxemburger Vertrag vom 27. Oktober 1956 das Saarproblem. Das Saarland wurde ab 1. Januar 1957 ein eigenes Land. Eine auf drei Jahre befristete Übergangszeit endete schon am 5. Juli 1959. Seitdem bemühen sich die Landesregierungen, den Modernisierungsrückstand in Industrie- und Verkehrseinrichtungen aufzuholen und die sich aus der Kohle- und Stahlkrise ergebenden Notwendigkeiten der Umstrukturierung zu bewältigen – in enger grenzüberschreitender Zusammenarbeit mit Lothringen und Luxemburg.

Area: 2,570 square kilometres
Population: 992,000
Capital: Saarbrücken (population 177,000)
Principal cities: Neunkirchen (population 46,000),
Homburg (41,000), Völklingen (38,000),
St. Ingbert (36,000)

Geography: The Saarland is the smallest German non-city state. It borders on France and Luxembourg. About thirty per cent is wooded with the greatest forest regions in the Saar central forest and the Schwarzwälder Hochwald, which is a part of the Hunsrück. The economic centres are to be found in the densely populated Saar valley.

History: Before industrialisation in the nineteenth century, the Saarland only had a weak territorial centre in the duchy (later principality) of Saarbrücken, and was generally influenced by the neighbouring realms – Trier, Metz, the Palatinate, Lorraine, later France. After the new order in Europe in the wake of the Napoleonic wars, the region mainly fell to the Prussian Rhine province, and smaller parts to the Palatinate as awarded by the Congress of Vienna in 1815.

In the middle of the nineteenth century, coal-mining and the production of steel were greatly intensified on the banks of the Saar, so that an economic unit was formed which soon merged with Lorraine, which had been annexed by the newly-founded German Reich after the Franco-Prussian War of 1870/71. In 1920, the Saar region first became a political unit after the peace treaty of Versailles was put into effect. After French attempts at annexation had failed in 1918/19 due to the opposition of Great Britain and the USA, the region was administered by the League of Nations for 15 years. France got the coal mines and was able to integrate the Saarland in its customs jurisdiction, later even economically. The plebiscite of 1935, in which 90.8 per cent of the population voted for affiliation with the German Reich, was also a vote for National Socialist rule in respect of the changing political scene in Germany.

In summer 1945, France again sought to incorporate the Saarland in its sphere of control, and as its allies rejected the idea of a merger with France it opted for economic and monetary union, as laid down in the preamble to the Saarland's 17 December 1947 constitution. After the "European Saar Statute" had been rejected by 67.7 per cent of voters in the 23 October 1955 referendum, the Saarland problem was resolved by the 27 October 1956 Treaty of Luxembourg. On 1 January 1957, the Saarland became a state in its own right, with a three-year transitional period that ended on 5 July 1959. State governments have since aimed at eliminating the modernisation backlog in industry and transport and at coping with the need to restructure that has resulted from the coal and steel crisis, this having been undertaken in cross-border cooperation with Lorraine and Luxembourg.

Superficie: 2570 km²
Nombre d'habitants: 992 000
Capitale: Sarrebruck (177 000 habitants)
Villes principales: Neunkirchen (46 000 habitants),
Hombourg (41 000), Völklingen (38 000),
St-Ingbert (36 000)

Géographie: La Sarre est le plus petit des Länder allemands mis à part les villes-Etats. Situé aux frontières de la France et du Luxembourg, presque 30 pour cent de son sol est recouvert de forêts dont les plus grandes s'étendent dans le centre du pays et sur les hauteurs de la Forêt-Noire, une partie du Hunsrück. Les centres économiques se trouvent dans la vallée de la Sarre à forte densité de population.

Histoire: Avant son industrialisation qui date du 19e siècle, la Sarre ne possède qu'un noyau territorial faible dans le Comté de Sarrebruck (qui deviendra par la suite un duché) et est marquée par l'influence de ses puissants voisins – Trèves, Metz, le Palatinat, la Lorraine et plus tard la France. À la suite de la réorganisation de l'Europe décidée au Congrès de Vienne en 1815 et qui suit les guerres napoléoniennes, le pays est annexé en majeure partie à la province rhénane de Prusse, et a une petite partie au Palatinat.

Au milieu du 19e siècle, l'extraction du charbon et la production de fer donne à la Sarre un puissant essor lui permettant de former un centre économique homogène qui, après le conflit franco-allemand de 1870/71 s'intègre dans la Lorraine voisine annexée alors au nouveau Reich allemand. En tant qu'unité politique, la Sarre n'existe que depuis 1920, à la suite de l'entrée en vigueur du Traité de paix de Versailles. Après les tentatives françaises d'annexion qui échouent en 1918/19 du fait de l'opposition de la Grande-Bretagne et de l'Amérique, la région est placée sous l'administration de la Société des Nations pendant 15 ans. La France administre les mines de charbon et englobe le pays dans ses frontières douanières et plus tard dans son économie. Le plébiscite de 1935 par lequel 90,8% de la population manifeste son désir d'appartenir au Reich allemand en vertu du changement des rapports politiques en Allemagne, représente également un vote pour la domination nationale-socialiste.

En été de l'année 1945, la France tenta de nouveau d'intégrer la Sarre à sa zone d'influence. Son rattachement à l'Etat français s'étant heurté au refus de ses alliés, elle opta en faveur d'une union économique et monétaire qui fut stipulée dans le préambule de la constitution sarroise le 17 décembre 1947. 67,7% de la population ayant refusé un «statut européen de la Sarre» le 23 octobre 1955, c'est le Traité de Luxembourg, signé le 27 octobre 1956, qui apporta la solution au problème sarrois. Le 1er janvier 1957, la Sarre devint un Etat de l'Allemagne. La période de transition, qui avait été fixée à trois ans, prit fin le 5 juillet 1959. Depuis lors, les différents gouvernements du Land s'efforcent de rattraper le retard qu'enregistrent l'industrie et les transports et de venir à bout des impératifs d'une restructuration exigée par la crise de la sidérurgie en coopérant étroitement avec la Lorraine et le Luxembourg, par-delà les frontières.

Sachsen | Saxony | Saxe

Fläche: 18 420 km²
Einwohner: 4 Millionen
Hauptstadt: Dresden (531 000 Einwohner)
Größere Städte: Leipzig (532 000 Einwohner),
Chemnitz (242 000), Zwickau (92 000),
Plauen (64 000)

Geografisches: Sachsen, das mit 227 Einwohnern pro Quadratkilometer dicht besiedelt ist, gilt als das Industriezentrum Mitteldeutschlands. Landschaftlich wird es im Süden vom Erzgebirge, im Südwesten vom Vogtland, im Osten von der Oberlausitz geprägt. Die schönste Region an der Elbe, die das Land von Süden nach Norden durchfließt, ist das Elbsandsteingebirge.

Geschichte: Mit der Person Heinrichs I., der als erster sächsischer Herrscher von 919 bis 936 deutscher König war, trat Sachsen in die Geschichte ein. Heinrich drang aus dem Harz in das von Slawen bewohnte Gebiet des heutigen Sachsen vor und setzte einen Markgrafen in Meißen ein. Deutsche Bauern kamen in das zuvor allein von Slawen bewohnte Land, die Missionierung begann.

1453 erhielt das Herzogtum Sachsen die Kurwürde und wurde zu einer führenden Kraft im Reich. 1485 erfolgte die Teilung des Landes unter den Herrscherbrüdern Ernst und Albrecht. Vom – heute zu Sachsen-Anhalt gehörenden – Wittenberg, der Residenz der Ernestiner, in der Martin Luther predigte, nahm 1517 die Reformation ihren Ausgang. Später wurde auch die albertinische Region lutherisch.

Nach mehreren Kriegen erreichte Sachsen unter Kurfürst August dem Starken (Regentschaft 1694–1733), der ab 1697 auch König von Polen war, einen Höhepunkt in seiner Entwicklung. Im 18. Jahrhundert galt Sachsen unbestritten als eines der kulturellen Zentren Europas, doch politisch wurde es bald vom aufstrebenden Preußen überflügelt. Im Siebenjährigen Krieg (1756–1763), in den Napoleonischen Kriegen als Verbündeter Frankreichs und im Deutsch-Österreichischen Krieg (1866) als Alliierter Österreichs war Sachsen in der militärischen Auseinandersetzung mit Preußen stets der Verlierer. Zwar wurde das Land 1806 Königreich, es musste aber 1815 fast drei Fünftel seines Gebiets an Preußen abtreten – und erhielt damit ungefähr die heutigen Umrisse. Im Zuge der in Sachsen besonders intensiven Industrialisierung bildete sich hier früh eine starke Arbeiterbewegung heraus. 1863 wurde der Allgemeine Deutsche Arbeiterverein als Vorläufer der SPD in Leipzig gegründet. Ab 1871 gehörte Sachsen zum Deutschen Reich und entwickelte sich bis 1914 zum dichtesten bevölkerten Land Europas. Zum Ende des Ersten Weltkriegs wurde der Freistaat Sachsen ausgerufen. Während der nationalsozialistischen Herrschaft wurde das Land gleichgeschaltet. Der Zweite Weltkrieg traf Dresden besonders schwer: Durch Bombenangriffe der Alliierten starben im Februar 1945 kurz vor Kriegsende rund 35 000 Menschen.

Nach Kriegsende wurde Sachsen, erweitert um das zuvor schlesische Gebiet um Görlitz, Teil der sowjetischen Besatzungszone. Wie alle anderen DDR-Länder wurde es 1952 bei der Gebietsreform in Bezirke aufgeteilt. Im Herbst 1989 waren die sächsischen Großstädte Zentren des gewaltlosen Widerstands gegen die SED-Herrschaft, der die Auflösung des Staates DDR, die Vereinigung Deutschlands und damit die Rekonstruktion des Landes Sachsen entscheidend mitbewirkte.

Area: 18,420 square kilometres
Population: 4 million
Capital: Dresden (population 531,000)
Principal cities: Leipzig (population 532,000),
Chemnitz (242,000), Zwickau (92,000),
Plauen (64,000)

Geography: Densely populated Saxony (227 people per square kilometre) is considered to be the industrial heartland of central Germany. In the south, the landscape is characterized by the Erzgebirge, in the southwest by the Vogtland, in the east by Oberlausitz. The most beautiful region on the banks of the Elbe, which flows through the state from south to north, is the Elbsandsteingebirge.

History: The history of Saxony begins with Heinrich I, who from 919 to 936 was the first Saxon ruler to reign as king of Germany. Heinrich, coming from the Harz, entered the region of today's Saxony, which until then had been settled by Slavs, and there put a margrave in power in Meissen. German peasants soon settled in the region, thus putting an end to the sole settlement by the Slavs, and missionary work soon ensued.
In 1453, the duchy of Saxony attained the title of an Electorate and became a leading power of the Reich. In 1485, the land was divided between the two sovereign brothers Ernst and Albrecht. From Wittenberg, the residence of the Ernestines and now part of Saxony-Anhalt, Martin Luther preached and the Reformation started to spread in 1517. Albertine Saxony later became Lutheran too.
After several wars, Saxony climbed to new heights in its development under the electoral prince Augustus the Strong (regency 1694–1733), who was also king of Poland as of 1697. In the eighteenth century, Saxony was undoubtedly respected as one of the cultural centres of Europe, but politically it was soon overshadowed by up-and-coming Prussia. In the Seven Years' War (1756–1763), in the Napoleonic wars as a French ally, and in the Austro-Prussian War (1866) as an Austrian ally, Saxony was always the loser in military conflicts with Prussia. Even though the state was declared a kingdom in 1806, it had to relinquish almost three-fifths of its territory to Prussia in 1815 – and thus it roughly attained the borders of today.
Due to especially intensive industrialisation in Saxony, a strong workers' movement developed at an early time. In 1863, the General German Workers' Union was founded in Leipzig, which was a precursor of the Social Democratic Party. From 1871 Saxony was a part of the German Reich and developed by 1914 into the most densely populated area in Europe. At the end of the First World War, Saxony was proclaimed a republic.
During the National Socialist era, the state was brought into line. Dresden suffered most severely in the Second World War. A short time before the end of the war, in February 1945, about 35,000 people died in Allied air raids.
After the war, Saxony, by now enlarged by the Silesian region around Görlitz, became a part of the Soviet occupied zone. Like all other states of the GDR, it was divided into regions in 1952. In autumn 1989, the larger Saxon cities were centres of non-violent resistance to the rule of the SED, thus helping to bring about the end of the GDR and to reunite Germany, and making it possible to re-establish the state of Saxony.

Superficie: 18 420 km²
Nombre d'habitants: 4 millions
Capitale: Dresde (531 000 habitants)
Villes principales: Leipzig (532 000 habitants),
Chemnitz (242 000), Zwickau (92 000),
Plauen (64 000)

Géographie: Avec un chiffre de 227 habitants au kilomètre carré, la Saxe est le Land ayant la densité de population la plus élevée parmi les nouveaux Länder et est considérée comme le centre industriel de l'Allemagne moyenne. Son paysage est limité au sud par le Erzgebirge, au sud-ouest par le Vogtland et à l'est par la Oberlausitz. La plus belle région bordant l'Elbe, qui traverse le pays du sud au nord, est formée par les rochers de grès dits Elbsandsteingebirge.

Histoire: La Saxe entre dans l'Histoire en la personne d'Henri Ier, premier souverain de Saxe devenu roi allemand et qui régna de 919 à 936. Venant de la région du Harz, Henri pénètre dans le pays occupé par les Slaves, la Saxe d'aujourd' hui, et établit un margraviat à Meissen. Des paysans allemands s'installent dans la région où ne vivaient jusqu'alors que des Slaves païens et la christianisation commence. Le Duché de Saxe est promu en 1453 au rang d'Electorat et devient alors une des forces motrices de l'Empire. En 1485, le pays est partagé entre les frères de cette dynastie, Ernst et Albrecht. C'est de Wittenberg, – qui fait aujourd'hui partie de la Saxe-Anhalt – résidence des «Ernestins» où prêche Martin Luther, que la Réforme prend son départ en 1517.
La Saxe atteint son apogée après de nombreuses guerres et sous l'Electorat d'Auguste le Fort (régence entre 1694 et 1733), également roi de Pologne dès 1697. Au 18e siècle, la Saxe est considérée comme l'un des centres culturels de l'Europe. Au plan politique, elle est cependant rapidement surpassée par la Prusse entreprenante. Dans tous les conflits militaires qui l'opposent à la Prusse, la Saxe est toujours perdante, à savoir durant la Guerre de Sept Ans (1756–1763), en tant qu'alliée de la France, durant l'ère napoléonienne et pendant la guerre entre l'Allemagne et l'Autriche (1866) où elle soutient les Autrichiens. La région devient un royaume en 1806, mais se voit cependant obligée de céder presque trois cinquièmes de ses territoires à la Prusse en 1815, obtenant ainsi presque sa configuration actuelle.
À la suite de l'industrialisation particulièrement intense de la Saxe, celle-ci voit naître bientôt un mouvement ouvrier très fort. L'Association générale des ouvriers allemands, mouvement précurseur du Parti social-démocrate allemand, est fondée en 1863 à Leipzig. Dès 1871, la Saxe se rallie à l'Empire allemand et devient jusqu'en 1914 la région la plus peuplée d'Europe. Après la Première Guerre mondiale, la Saxe fut proclamée Etat libre. La Seconde Guerre mondiale ravage terriblement Dresde. En février 1945, juste avant la fin de la guerre, les bombardements des alliés causent la mort d'environ 35 000 personnes.
Après la fin de la guerre, la Saxe se voit agrandie par l'annexion de la région autrefois silésienne entourant Görlitz, soit une partie de la zone d'occupation soviétique. Comme tous les Länder de la République démocratique d'Allemagne, la région est divisée dès 1952 en districts. Durant l'automne 1989, les centres des grandes villes de la Saxe servent de scènes aux manifestations de résistance non violente contre le joug de la SED, réclamant la dissolution de la République démocratique, la réunification de l'Allemagne et la reconstitution du Land de Saxe.

Sachsen-Anhalt | Saxony-Anhalt | Saxe-Anhalt

Fläche: 20 451 km²
Einwohner: 2,2 Millionen
Hauptstadt: Magdeburg (229 000 Einwohner)
Größere Städte: Halle (231 000 Einwohner),
Dessau-Roßlau (84 000), Wittenberg (49 000),
Stendal (40 000)

Geografisches: Das Land Sachsen-Anhalt grenzt mit der Altmark an Niedersachsen, weist in der Magdeburger Börde eine besonders fruchtbare Region auf und reicht im Süden bis zu den Industriegebieten um Halle und Bitterfeld. Die höchste Erhebung ist der 1142 Meter hohe Brocken im Harz.
Geschichte: Sachsen-Anhalt ist reich an historischen Stätten und kulturhistorisch wichtigen Zeugnissen. Diese haben große Bedeutung für die deutsche Geschichte insgesamt; sie gehören auch zur Identität des jungen Bundeslandes. Das Gebiet des heutigen Sachsen-Anhalt gilt als „Wiege des Deutschen Reiches", da Heinrich I. (876–936) als erster deutscher König und Otto der Große (912–973) als erster deutscher Kaiser diesen Raum zum politischen wie auch zum wirtschaftlichen und kulturellen Zentrum ausbauten. Auf der Burg Falkenstein verfasste der aus Reppichau bei Köthen stammende Eike von Repgow (ca. 1180–ca. 1233) den „Sachsenspiegel", das älteste und einflussreichste deutsche Rechtsbuch. Von Wittenberg aus, wo Martin Luther und Philipp Melanchthon Anfang des 16. Jahrhunderts wirkten, nahm die Reformation ihren Lauf. Vom Bauhaus Dessau (1926–1932) gingen unter seinen Direktoren Walter Gropius, Hannes Meyer und Ludwig Mies van der Rohe wegweisende Impulse für die moderne Architektur aus.
Das Land Sachsen-Anhalt wurde hauptsächlich aus der beim Wiener Kongress 1815 geschaffenen Provinz Sachsen (die vom Königreich Sachsen getrennt worden war) sowie den Herzogtümern Anhalt-Dessau, Anhalt-Bernburg und Anhalt-Köthen gebildet. Die anhaltischen Gebiete waren weniger politisch als vielmehr kulturell bedeutsam; vor allem im 17. und 18. Jahrhundert blühten dort die Baukunst und das Musikleben. Davon zeugen die unter Fürst Leopold III. Friedrich Franz von Anhalt-Dessau angelegte Dessau-Wörlitzer Kulturlandschaft sowie das Wirken der Hofkapellmeister J. S. Bach und J. F. Fasch in Köthen bzw. in Zerbst. Die preußische Provinz Sachsen war ein eher künstliches Gebilde. Sie umfasste sowohl urbrandenburgische Landesteile wie die Altmark im Norden als auch ehemals sächsische und thüringische Gebiete im Süden. Dank reicher Bodenschätze nahm die preußische Provinz im 19. Jahrhundert einen gewaltigen wirtschaftlichen Aufschwung. Die Gegend um Magdeburg galt als Kornkammer Deutschlands, um Halle, Bitterfeld und Wolfen entstand eine bedeutende chemische Industrie. Aufgrund der Mittellage entwickelte sich das Gebiet zu einem bis heute bestehenden Verkehrsknotenpunkt.
Als selbstständige föderale Einheit gab es das Land von 1945 bis 1952, mit offizieller Bezeichnung „Land" lediglich zwischen 1947 und 1952. In der DDR ging es am 25. Juli 1952 im Wesentlichen in den neu geschaffenen Bezirken Halle und Magdeburg auf. Als eines der 16 Länder der Bundesrepublik Deutschland besteht Sachsen-Anhalt seit dem 14. Oktober 1990.

Area: 20,451 square kilometres
Population: 2.2 million
Capital: Magdeburg (population 229,000)
Principal cities: Halle (population 231,000),
Dessau-Roßlau (84,000), Wittenberg (49,000),
Stendal (40,000)

Geography: The Altmark region of Saxony-Anhalt borders the state of Lower Saxony, while the Magdeburger Börde is a particularly fertile region. To the south, the state extends as far as the industrial regions around Halle and Bitterfeld. Its highest elevation is the 1,142-metre Brocken in the Harz Mountains.
History: Saxony-Anhalt boasts a wealth of historical sites and important cultural treasures. Apart from being of major significance for German history as a whole, they are part of the identity of the young federal state. The area covered by present-day Saxony-Anhalt is often called the "cradle of the German empire," for Heinrich I (876–936), the first German king, and Otto the Great (912–973), the first German emperor, built it up into a political, economic and cultural centre. In Burg Falkenstein, Eike von Repgow (c. 1180–c. 1233), who came from Reppichau near Köthen, wrote the Sachsenspiegel, the oldest and most influential German book of law. The Reformation began in Wittenberg, where Martin Luther and Philipp Melanchthon lived and worked in the early 16th century. The Dessau Bauhaus (1926–1932), directed by Walter Gropius, Hannes Meyer and Ludwig Mies van der Rohe, provided trail-blazing inspiration for modern architecture.
The federal state of Saxony-Anhalt was formed chiefly from the Prussian province of Saxony created at the 1815 Congress of Vienna by annexation from the Kingdom of Saxony, plus the duchies of Anhalt-Dessau, Anhalt-Bernburg and Anhalt-Köthen. The Anhalt regions are not so much politically as culturally significant. In the seventeenth and eighteenth century especially, they were flourishing centres of architecture and music. Testimony to this is provided by the Dessau-Wörlitz landscape shaped in the reign of Prince Leopold III Friedrich Franz of Anhalt-Dessau and the work of J. S. Bach and J. F. Fasch as court directors of music in Köthen and Zerbst. The Prussian province of Saxony was a somewhat artificial creation, comprising both areas such as the Altmark in the north, which had originally been part of Brandenburg, and former Saxon and Thuringian regions in the south. Thanks to its rich mineral resources, in the nineteenth century the Prussian province experienced a tremendous economic boom. The area around Magdeburg was regarded as the granary of Germany, and a major chemical industry grew up around Halle, Bitterfeld and Wolfen. As a result of its central location, the region became an important transport intersection, and remains so today.
The state existed as an independent federal unit from 1945 to 1952, though it only had the official title of "state" between 1947 and 1952. In the German Democratic Republic, on 25 July 1952 it was largely merged into the newly-created administrative districts of Halle and Magdeburg. Saxony-Anhalt has been one of the 16 states of the Federal Republic of Germany since 14 October 1990.

Superficie: 20 451 km²
Nombre d'habitants: 2,2 millions
Capitale: Magdebourg (229 000 habitants)
Villes principales: Halle (231 000 habitants),
Dessau-Roßlau (84 000), Wittenberg (49 000),
Stendal (40 000)

Géographie: Le Land de Saxe-Anhalt, limitrophe de la Basse-Saxe par la région de l'Altmark, possède des terres particulièrement fertiles, la Magdeburger Börde, et s'étend, au sud, jusqu'aux régions industrielles de Halle et Bitterfeld.
Histoire: La Saxe-Anhalt abonde en sites historiques et en témoins de la culture et de la civilisation de ce pays. Tous revêtent une importance notoire quant à l'histoire allemande dans son ensemble et sont en même temps indissociables de l'identité de cet Etat fédéral de date récente. Le territoire sur lequel s'étend l'actuelle province de Saxe-Anhalt passe pour être le «berceau de l'Empire allemand», Henri Ier l'Oiseleur (876–936) ayant été le premier roi allemand et Othon Ier le Grand (912–973), le premier empereur germanique. Tous les deux surent faire de cette région un foyer tant politique qu'économique et culturel. C'est au château fort de Falkenstein que Eike von Repgow, qui vécut de 1180 à 1233 environ et était originaire de Reppichau, près de Köthen, écrivit le «Sachsenspiegel» (Le Miroir des Saxons), le plus ancien livre de droit allemand, ouvrage dont la portée fut des plus notoires. La Réforme prit son départ à Wittenberg où enseignèrent Martin Luther et Philipp Melanchton au début du XVIe siècle. La Bauhaus, école d'architecture et d'art de Dessau, qui fut successivement dirigée par Walter Gropius, Hannes Meyer et Ludwig Mies van der Rohe, fit œuvre de pionnière pour ce qui est de l'architecure moderne.
La province de Saxe-Anhalt avait été en majeure partie formée de la Saxe, province prussienne (détachée du Royaume de Saxe), créée au Congrès de Vienne en 1815, ainsi que des duchés de Anhalt-Dessau, Anhalt-Bernburg et Anhalt-Köthen. Les régions dont se constituait le Anhalt revêtaient une importance moins politique que culturelle. Au 17e et 18e siècles, l'architecture et la musique y furent tout particulièrement florissantes. En témoignent les vastes espaces paysagés de Dessau-Wörlitz, aménagés sous le règne du prince Leopold III par Friedrich Franz von Anhalt-Dessau, mais aussi le fait que J. S. Bach, maître de chapelle à la cour et J. F. Fasch y œuvrèrent, à Köthen et à Zerbst. La Saxe, province prussienne, constituait une entité plutôt artificielle. Elle comprenait tant les anciennes régions du Brandebourg, comme l'Altmark, au nord, que des territoires autrefois saxons et thuringiens, au sud. Grâce aux richesses de son sol, cette province prussienne prit, au 19e siècle, un essor considérable au plan économique. La région de Magdebourg était considérée comme le grenier à blé de l'Allemagne et une industrie chimique importante vit le jour à Halle, Bitterfeld et Wolfen. Située au centre du pays, cette région devint un important nœud de communication et l'est demeurée jusqu'à nos jours.
De 1945 à 1952, la Saxe-Anhalt constitua un Etat fédéré indépendant, qui ne porta officiellement le nom de «Land» que de 1947 à 1952. En République democratique allemande, ce dernier fut, dans sa majeure partie, incorporé aux circonscriptions alors nouvellement créées de Halle et Magdebourg, le 25 juillet 1952. Depuis le 14 octobre 1990, la Saxe-Anhalt fait partie des 16 Länder de la République fédérale d'Allemagne.

Schleswig-Holstein | Schleswig-Holstein | Schleswig-Holstein

Fläche: 15 800 km²
Einwohner: 2,8 Millionen
Hauptstadt: Kiel (241 000 Einwohner)
Größere Städte: Lübeck (213 000 Einwohner),
Flensburg (84 000), Neumünster (77 000),
Norderstedt (75 000)

Geografisches: Die reizvolle Landschaft zwischen Nord- und Ostsee lockt viele Besucher auf die Nordfriesischen Inseln im Nationalpark Wattenmeer an der Westküste, in die hügelige Seenlandschaft der Holsteinischen Schweiz und in die bekannten Ostseebäder Timmendorf oder Damp. Auf halber Strecke zwischen Malta und dem Nordkap gelegen, ist Schleswig-Holstein durch die Ostsee mit Dänemark, Schweden, Finnland, Polen und den Ostseerepubliken Estland, Lettland und Litauen verbunden.
Das nördlichste Bundesland ist Motor der Ostseekooperation und Drehscheibe für die Länder rund um die Ostsee, die zu den Zukunftsregionen Europas gehören. Durch die Zusammenarbeit mit den Ostseeanrainerstaaten ist ein Netz von Partnerschaften mit Südschweden, West-Finnland, Südost-Norwegen, Estland, Danzig und Kaliningrad aufgebaut worden. Zahlreiche politische, wirtschaftliche und kulturelle Kooperationsprojekte werden durch Schleswig-Holstein-Büros in Malmö, Tallinn, Danzig und Kaliningrad vertieft und unterstützt. In den zurückliegenden Jahren hat Schleswig-Holstein einen erfolgreichen Strukturwandel vollzogen und ist eine moderne Wirtschafts- und Technologieregion geworden. Neue und besonders zukunftsträchtige Beschäftigungsfelder wie die Umweltwirtschaft, Meeres-, Elektro- und Medizintechnik, Softwareentwicklung, Biotechnologie oder der boomende Telekommunikationsmarkt prägen inzwischen das wirtschaftliche Bild des Landes.
Geschichte: Die Geschichte Schleswig-Holsteins wurde von seiner engen Nachbarschaft zu Dänemark geprägt. 1460 schlug die Geburtsstunde Schleswig-Holsteins: In diesem Jahr wurde der Dänenkönig Christian I. zum Herzog von Schleswig und Holstein gewählt. Im Ripener Privileg garantierte er, dass beide Landesteile „Up ewich ungedeelt" bleiben sollten, eine heute noch viel zitierte Formel.
Weltgeschichte schrieb das Land 1918, als kurz vor dem Ende des Ersten Weltkriegs Tausende Matrosen der Kriegsmarine in Kiel für Frieden, Freiheit und Brot demonstrierten. Sie trugen damit zum Ende des wilhelminischen Kaiserreichs bei. Als Folge des Zweiten Weltkriegs wurde der preußische Staat aufgelöst, und durch Verfügung der britischen Militärregierung entstand im August 1946 das Land Schleswig-Holstein.
Ein besonderes Kennzeichen Schleswig-Holsteins ist seine kulturelle Vielfalt. Ein Heimatmuseum ist in jedem größeren Ort zu finden, und Schloss Gottorf genießt als Landesmuseum bundesweit einen besonderen Ruf. Anziehungspunkte sind auch das Freilichtmuseum Molfsee bei Kiel, in dem das Landleben vergangener Zeiten zu sehen und zu erleben ist, und das Museum auf dem Gelände der alten Wikingerstadt Haithabu.

Area: 15,800 square kilometres
Population: 2.8 million
Capital: Kiel (population 241,000)
Principal cities: Lübeck (population 213,000),
Flensburg (84,000), Neumünster (77,000),
Norderstedt (75,000)

Geography: The delightful scenery between the North Sea and the Baltic attracts many visitors to the North Frisian islands in the Wattenmeer (mud-flats) national park on the west coast, to the hilly lake district known as Holstein Switzerland and to the well-known Baltic seaside resorts of Timmendorf and Damp. Situated half-way between Malta and the North Cape, the Baltic Sea links Schleswig-Holstein with Denmark, Sweden, Finland, Poland and the Baltic states Estonia, Latvia and Lithuania. The northernmost federal state is the motive force behind Baltic cooperation and a turntable for the Baltic littoral states, which are one of the up-and-coming regions of Europe. Cooperation with the Baltic littoral states has led to the building of a network of partnerships with southern Sweden, western Finland, south-east Norway, Estonia, Gdansk and Kaliningrad. Numerous political, economic and cultural cooperation projects are encouraged and supported by Schleswig-Holstein offices in Malmö, Tallinn, Gdansk and Kaliningrad. In recent years Schleswig-Holstein has successfully completed a structural transformation to become a modern economic and technological region. The state's economic image is now stamped by employment fields such as environmental management, marine, electrical and medical engineering, software development, biotechnology and the booming telecommunication markets, all of which hold great promise for the future.
History: The history of Schleswig-Holstein has been shaped by its close proximity to Denmark. Schleswig-Holstein came into being in 1460, when Christian I, King of Denmark, was elected Duke of Schleswig and Holstein. In the charter of Ribe he guaranteed that both parts of the country were to remain "undivided in perpetuity," words which are still often quoted. The state wrote world history in 1918, shortly before the end of the First World War, when thousands of sailors took to the streets of Kiel to demonstrate for peace, freedom and bread. By doing so, they helped to seal the fate of the Wilhelminian Reich. One of the consequences of the Second World War was the dissolution of the state of Prussia, and the state of Schleswig-Holstein came into being in August 1946 by proclamation of the British military government.
A particular feature of Schleswig-Holstein is its cultural variety. Every town of any size has a local history museum, and the Schloss Gottorf state museum in Schleswig has a country-wide reputation. Other attractions include the Molfsee open-air museum near Kiel, where visitors can see and feel what country life was like in days gone by, and the museum on the site of the old Viking settlement of Haithabu.

Superficie: 15 800 km²
Nombre d'habitants: 2,8 millions
Capitale: Kiel (241 000 habitants)
Villes principales: Lübeck (213 000 habitants),
Flensbourg (84 000), Neumunster (77 000),
Norderstedt (75 000)

Géographie: Les charmes de cette région, située entre la Mer du Nord et la Baltique, attirent nombre de visiteurs sur les îles de la Frise septentrionale, dans le «Parc national Wattenmeer», qui s'étend le long de la côte ouest, dans la «Suisse du Holstein», contrée de lacs vallonnée, de même que dans les stations balnéaires bien connues de la Mer Baltique, telles Timmendorf ou Damp. À mi-chemin entre l'île de Malte et le Cap Nord, le Schleswig-Holstein est relié par la mer Baltique au Danemark, à la Suède, à la Finlande, à la Pologne et aux Républiques baltes que sont l'Estonie, la Lettonie et la Lituanie.
Cette province, aux confins nord de l'Allemagne, constitue le moteur de la coopération qui s'est instaurée entre les pays de l'Est balte, en même temps qu'elle est une plaque tournante pour les pays riverains de la Baltique qui font partie des régions d'avenir de l'Europe. Grâce à cette coopération, tout un réseau de relations basées sur le partenariat s'est tissé avec le sud de la Suède, l'ouest de la Finlande, le sud-est de la Norvège, l'Estonie, Gdansk et Kaliningrad. Les Bureaux du Schleswig-Holstein, installés à Malmö, Tallinn, Gdansk et Kaliningrad, encouragent et appuient de nombreux projets de coopération politique, économique et culturelle. Au cours des années passées, les efforts entrepris par le Schleswig-Holstein afin de reformer ses structures, se sont vus couronnés de succès, ce qui a permis au Land de devenir une région économique moderne dotée de technologies de pointe. De nouveaux secteurs de l'emploi tout particulièrement prometteurs ayant trait à l'environnement, à la technique océanographique, à l'électrotechnique, à la technique médicale, au développement de logiciels, à la biotechnologie ou au marché des télécommunications – qui connaît actuellement un véritable boom – caractérisent entretemps l'image de marque de cette province au plan économique.
Histoire: L'histoire du Schleswig-Holstein porte l'empreinte de son étroit voisinage avec le Danemark. L'année 1460 marque la naissance de cette province: c'est en effet à cette date que Christian Ier, roi des Danois, fut élu duc de Schleswig et de Holstein. Dans le document dit «Ripener Privileg», il garantissait que les deux parties du pays resteraient «unies pour l'éternité», «Up ewich ungedeelt», selon la formule encore si souvent employée aujourd'hui.
En 1918, peu de temps avant la fin de la Première Guerre mondiale, se produisit un événement de portée internationale: des milliers de soldats de la marine de guerre manifestèrent à Kiel, réclamant la paix, la liberté et du pain. Ils contribuèrent ainsi à précipiter la chute de l'empire wilhelmien. La Seconde Guerre mondiale entraîna la dissolution de l'Etat prussien et c'est par décision du gouvernement britannique que fut créé, en août 1946, le Land de Schleswig-Holstein.
L'une des caractéristiques du Schleswig-Holstein est sa diversité culturelle. On y trouvera un musée d'histoire locale dans toutes les localités d'une certaine importance et le château de Gottorf, qui abrite le Musée régional, est renommé dans toute l'Allemagne. Parmi les sites particulièrement attrayants, on notera le Musée à ciel ouvert installé à Molfsee, près de Kiel, où l'on pourra découvrir la vie rurale des temps passés, mais aussi le Musée de Haithabu, aménagé à l'emplacement d'une ancienne ville des Vikings.

Fläche: 16 172 km²
Einwohner: 2,2 Millionen
Hauptstadt: Erfurt (205 000 Einwohner)
Größere Städte: Jena (108 000 Einwohner),
Gera (95 000), Weimar (63 000), Gotha (45 000)

Geografisches: Das Land Thüringen liegt im Zentrum des wiedervereinigten Deutschland, umgeben von Hessen, Niedersachsen, Sachsen-Anhalt, Sachsen und Bayern. Landschaftlich bestimmend ist der schmale Mittelgebirgskamm des Thüringer Waldes. Westlich davon steigt das Meininger Land bis zur Rhön an, östlich erstreckt sich die Ackerlandschaft des Thüringer Beckens.

Geschichte: Das Land Thüringen hat seine frühen Wurzeln im Königreich gleichen Namens, das von 400 bis 531 zwischen dem Main und dem Harz existierte. Nach den germanischen Toringi wechselten sich dann Franken und Sachsen in der Herrschaft ab; im 8. Jahrhundert begann die Christianisierung.

Im Mittelalter war Thüringen zunächst von den Landgrafen aus dem Geschlecht der Ludowinger geprägt, die 1130 die Herrschaft übernahmen und 1180 die Pfalzgrafschaft Sachsen ihrem Gebiet eingliederten. Ludowingischer Stammsitz war die oberhalb Eisenachs gelegene Wartburg, auf der sich die mittelalterlichen Minnesänger ihren „Sängerkrieg" geliefert haben sollen. Noch zweimal rückte die Wartburg danach ins Licht der Aufmerksamkeit: 1521 übersetzte Martin Luther hier die Bibel ins Deutsche, und 1817 wurde die Festung, als sich die Burschenschaften mit der Forderung nach einem deutschen Nationalstaat zum Wartburgfest versammelten, zum Symbol der Einheit Deutschlands.

Wie die gesamtdeutsche war auch die thüringische Geschichte frühzeitig – nach dem Aussterben der Ludowinger 1247 – von territorialer Zersplitterung bestimmt.

Thüringen fiel nach 1247 an das Haus Wettin, das sich nach der Leipziger Teilung von 1485 noch in eine albertinische und eine ernestinische Linie aufspaltete. Daneben gab es die kurmainzischen Gebiete Erfurt und das Eichsfeld, die Fürstentümer Schwarzburg-Rudolstadt und Schwarzburg-Sondershausen, die Fürstentümer Reuß, die gefürstete Grafschaft Henneberg und einige andere kleine Gebiete. Im 19. Jahrhundert bestanden in Thüringen zeitweise 15 verschiedene Kleinstaaten mit über 100 Gebietsenklaven.

Erst 1920 wurde aus den verbliebenen Kleinstaaten – vier ernestinische sächsische Herzogtümer, die Fürstentümer Schwarzburg-Rudolstadt, Schwarzburg-Sondershausen, Reuß ältere und Reuß jüngere Linie – das Land Thüringen mit Weimar als Hauptstadt gebildet. Es verlor seine Eigenstaatlichkeit mit der nationalsozialistischen Machtübernahme, wurde in den letzten Wochen des Zweiten Weltkriegs von amerikanischen Truppen besetzt, aber noch 1945 gemäß den Beschlüssen von Jalta der sowjetischen Besatzungszone zugeschlagen. Die DDR-Gebietsreform von 1952 teilte das Land in die Bezirke Erfurt, Gera und Suhl. Neue Landeshauptstadt des mit der Deutschen Einheit 1990 wiedergegründeten Thüringen wurde Erfurt.

Area: 16,172 square kilometres
Population: 2.2 million
Capital: Erfurt (population 205,000)
Principal cities: Jena (population 108 000),
Gera (95,000), Weimar (63,000), Gotha (45,000)

Geography: Thuringia is situated in the centre of reunited Germany and is surrounded by Hesse, Lower Saxony, Saxony-Anhalt, Saxony, and Bavaria. The slim ridge of the mountains with the Thuringian Forest characterizes the landscape. To the west, the Meininger Land rises up to the Rhön, and to the east, farmland spreads out in the Thuringian lowlands.

History: The state of Thuringia has its early roots in a kingdom of the same name which existed from 400 to 531 between the Main and the Harz. After the Germanic Toringi, the Franconians and the Saxons were alternately sovereigns of the region; in the eighth century, Christianisation set in.

During the Middle Ages, Thuringia was influenced by the dukes of the Ludovingian dynasty, whose reign commenced in 1130 and who also took over the palatinate duchy of Saxony in 1180. The main residence of the Ludovingians was the Wartburg above Eisenach, where the troubadours of the Middle Ages are said to have carried out their "war of the singers." Twice again the Wartburg was to be in the limelight. In 1521, Martin Luther translated the Bible into German there, and in 1817 the castle was to become the symbol of the unity of Germany due to the students' associations, who here organized the Wartburg festival, calling for a German nation-state.

Like Germany in general, Thuringian history was marked from an early stage – after the Ludovingians died out in 1247 – by territorial division.

After 1247 Thuringia fell to the Wettin dynasty. After the Leipzig Partition in 1485 the Wettins again split into the Albertine and Ernestine lines. There were in addition the Erfurt and Eichsfeld regions of the Electorate of Mainz, the principalities of Schwarzburg-Rudolstadt and Schwarzburg-Sondershausen, the principalities of Reuss, the earldom of Henneberg and several other small regions. In the nineteenth century, there were sometimes more than 15 different miniature states with over a hundred territorial enclaves in Thuringia.

At last, in 1920, the state of Thuringia was formed out of the remaining mini-states – four Ernestinian Saxon duchies, the principalities Schwarzburg-Rudolstadt, Schwarzburg-Sondershausen, Reuss (Elder Line), and Reuss (Younger Line). Its capital was Weimar. Thuringia lost its independence after the National Socialists seized power. In the last weeks of World War II it was occupied by American troops, but in early 1945 became part of the Soviet zone of occupation in accordance with decisions made in Yalta. Regional reform in the GDR in 1952 once again divided the state into the Erfurt, Gera, and Suhl districts. Thuringia, having been re-established as a state after German reunification in 1990, has a new capital, Erfurt.

Superficie: 16 172 km²
Nombre d'habitants: 2,2 millions
Capitale: Erfurt (205 000 habitants)
Villes principales: Jena (108 000 habitants),
Gera (95 000), Weimar (63 000), Gotha (45 000)

Géographie: La Thuringe se situe au centre de l'Allemagne réunifiée, et est entourée par la Hesse, la Basse-Saxe, la Saxe-Anhalt, la Saxe et la Bavière. Son paysage est caractérisé par l'étroite crête montagneuse des forêts de la Thuringe. À l'ouest, la région de Meiningen remonte jusqu'au Rhön, à l'est s'étendent les champs du bassin de la Thuringe.

Histoire: Les racines du Land de la Thuringe viennent du royaume du même nom ayant existé de 400 à 531 entre le Main et le Harz. Les Francs et les Saxons se relaient au pouvoir à la suite de la Toringi germanique. La christianisation du pays commence dès le 8e siècle.

Au Moyen-Age, la Thuringe est d'abord influencée par les Landgraves Ludovingiens qui prennent le pouvoir en 1130 et annexent à leur territoire le Comté palatin de la Saxe en 1180. Les Ludovingiens ont leur siège permanent dans la forteresse de la Wartbourg, édifiée au-dessus de Eisenach, et dans laquelle des minnesingers du Moyen-Age se seraient livrés leurs «Guerres des chanteurs». La forteresse de Wartbourg retient encore deux fois l'attention au cours de l'Histoire: Martin Luther y traduit la Bible en allemand en 1521 et en 1817, lorsque les confréries s'y retrouvent pour exiger, au cours d'une fête, la création d'une Confédération, symbolisant ainsi l'unité allemande.

Comme toute l'histoire allemande, celle de la Thuringe est marquée très tôt – après la disparition des Ludovingiens en 1247 – par le morcellement de ses territoires.

La Thuringe échut après 1247 à la Maison de Wettin qui se scinda elle-même en une ligne «Albertine» et une ligne «Ernestine» après la «Division de Leipzig», en 1485. La Thuringe se constituait également des provinces d'Erfurt et d'Eichsfeld, appartenant à l'électorat de Mayence, des principautés de Schwarzburg-Rudolstadt, de Schwarzburg-Sondershausen et de Reuß, du comté de Henneberg ayant accédé au rang de principauté et de quelques autres petits territoires. Au 19e siècle, la Thuringe comprend une quinzaine de petits Etats et plus de 100 enclaves territoriales.

Ce n'est qu'en 1920 que le reste de ces petits Etats, à savoir quatre duchés ernestins de Saxe, les principautés de Schwarzburg-Rudolstadt, Schwarzburg-Sondershausen, l'ancienne et la nouvelle lignée Reuß sont réunis et forment la Thuringe avec Weimar pour capitale. La prise de pouvoir nationale-socialiste lui fait perdre son indépendance et elle est occupée durant les dernières semaines de la Seconde Guerre Mondiale par les troupes américaines. Cependant, le Traité de Yalta, signé en 1945, en fait une zone d'occupation soviétique. La réforme régionale de la République démocratique d'Allemagne, opérée en 1952, divise ce Land en districts, à savoir Erfurt, Gera et Suhl. Erfurt est la capitale de la Thuringe recréée en 1990.

Register | Index | Index

Bildnachweis/Photo Credits/Index des photographies:

Toma Babovic, Bremen: 52, 54 u., 55 o., 86, 89 o., 89 u., 150, 152 o.; Bpk – Bildarchiv preußischer Kulturbesitz, Berlin: 6 (Ingrid von Kruse), 7, 9 o.; dpa Picture-Alliance GmbH, Frankfurt: 13 li., 24 o., 24 u.; Jörg Axel Fischer, Hannover: 41 u., 48 u.; Fotolia: 23 o. (Ralf Gosch), 25 o. (PhotoSG), 38 o. (R.-Andreas Klein), 57 o. (Gabriele Rohde), 59 o. (hardyuno), 81 u. www.fotowahn.com), 84 u. (www.fotowahn.com), 104 (www.fotospezialist.eu), 117 (sunset man), 144 o. (twoandonebuilding), 176 o. (checker), 176 u. (reinhard sester); grafikfoto.de: 23 u., 29 u.; huber-images.de: 21 o. (Gräfenhain), 21 u. (Lubenow Sabine), 25 u. (Huber Hans-Peter), 26 o. (Mader Fritz), 27 o. (Kreder Katja), 28 u. (Mehlig), 29 o. (Gräfenhain), 30 (Bäck), 31 o. (Seba Chris), 32 o. (Seba Chris), 33 u. (Gräfenhain), 38 u. (Gräfenhain), 40 (Mehlig), 41o. (Seba Chris), 42 o. (Huber Hans-Peter), 42 u. (Szyszka), 43 (Gräfenhain), 44 (Gräfenhain), 45 o. (Szyszka), 46 o. (Gräfenhain), 46 u. (Mehlig), 47 o. (Seba Chris) 47 u. (Mehlig), 48 o. (Gräfenhain), 49 (Gräfenhain), 50 (Gräfenhain), 51 u. (Mehlig), 53 (Gräfenhain), 54 o. (Gräfenhain), 55 u. (Gräfenhain), 56 (Bäck), 57 u. (Gräfenhain), 59 u. (Bäck), 60 (Schmid Reinhard), 61 u. (Schmid Reinhard), 62/63 (Seba Chris), 65 (Lubenow Sabine), 66 (Dörr C.), 68 o. (Schmid Reinhard), 68 u. (Merten Hans-Peter), 69 (Schmid Reinhard), 71 (Schmid Reinhard), 76 (Schmid Reinhard), 77 o. (Schmid Reinhard), 77 u. (Schmid Reinhard), 78/79 (Schmid Reinhard), 80 (Da Ros Luca), 81 o. (Da Ros Luca), 82 (Rellini Maurizio), 83 o. (Schmid Reinhard), 83 u. (Seba Chris), 84 o. (Schmid Reinhard), 85 o. (Schmid Reinhard), 85 u. (Amantini Stefano), 87 o. (Borchi Massimo), 87 u. (Amantini Stefano), 88 (Stadler Otto), 90 (Gräfenhain), 91 o. (Schmid Reinhard), 91 u. (Schmid Reinhard), 92/93 (Stadler Otto), 94 (Schmid Reinhard), 95 o. (Szyszka), 96 (Szyszka), 98 o. (Schmid Reinhard) 98 u. (Lubenow Sabine), 99 (Jockschat Heinz-Joachim), 100 o. (Schmid Reinhard), 100 u. (Seba Chris), 101 (Gräfenhain), 102 (Gräfenhain), 103 o. (Klaes Holger), 103 u. (Klaes Holger), 106 o. (Bäck), 107 o. (Gräfenhain), 107 u. (Schulte-Kellinghaus), 108 o. (Gräfenhain), 108 u. (Damm Stefan), 109 o. (Seba Chris), 109 u. (Seba Chris), 110 (Schmid Reinhard), 111 o. (Schmid Reinhard), 111 u. (Gräfenhain), 112 (Klaes Holger), 113 o. (Schmid Reinhard), 113 u. (Klaes Holger), 114 (Gräfenhain), 115 o. (Da Ros Luca), 115 u. (Eiben Hans-Georg), 116 o. (Borchi Massimo), 116 u. (Rellini Maurizio), 118 Schmid Reinhard), 119 o. (Schmid Reinhard), 119 u. (Schmid Reinhard), 120 o. (Eiben Hans-Georg), 120 u. (Vaccarella Luigi), 121 (Schmid Reinhard), 123 (Eiben Hans-Georg), 124 o. (Eiben Hans-Georg), 124 u. (Schmid Reinhard), 125 o. (Schmid Reinhard), 125 u. (Schmid Reinhard), 127 o. (Schmid Reinhard), 127 u. (Schmid Reinhard), 128 (Merten Hans-Peter), 129 o. (Gräfenhain), 129 u. (Schmid Reinhard), 130 (Merten Hans-Peter), 131 o. (Seba Chris), 131 u. (Gräfenhain), 132 o. (Mader Fritz), 132 u. (Gräfenhain), 133 o. (Gräfenhain), 133 u. (Huber Hans-Peter), 134 (Gräfenhain), 135 (Eiben Hans-Georg), 136 (Gräfenhain), 137 (Gräfenhain), 138 (Gräfenhain), 139 (Gräfenhain), 140 o. (Schmid Reinhard), 140 u. (Busse Jürgen), 141o. (Mehlig), 142 (Szyszka), 143 o. (Szyszka), 143 u. (Lubenow Sabine), 144 u. (Szyszka), 145 (Szyszka), 146 o. (Szyszka), 146 u, (Szyszka), 147 o. (Szyszka), 148 o. (Szyszka), 148 u. (Szyszka), 149 o. (Szyszka), 149 u. (Lubenow Sabine), 151 o. (Schmid Reinhard), 151 u. (Seba Chris), 153 o. (Dörr C.), 153 u. (Szyszka), 154 o. (Seba Chris), 154 u. (Schmid Reinhard), 155 o. (Schmid Reinhard), 155 u. (Mehlig), 156 o. (Szyszka), 156 u. (Schmid Reinhard), 157 o. (Szyszka), 157 u. (Szyszka), 158 o. (Szyszka), 159 o. (Szyszka), 159 u. (Szyszka), 160 (Kremer Susanne), 163 o. (Schmid Reinhard), 163 u. (Stadler Otto), 164 (Schmid Reinhard), 165 o. (Schmid Reinhard), 165 u. (Schmid Reinhard), 166 o. (Schmid Reinhard), 166 u. (Schmid Reinhard), 167 o. (Schmid Reinhard), 167 u. (Schmid Reinhard), 168 o. (Fantuz Olimpio), 168 u. (Schmid Reinhard), 169 (Schmid Reinhard), 170 o. (Schmid Reinhard), 171 o. (Schmid Reinhard), 171 u. (Schmid Reinhard), 172 (Schmid Reinhard), 173 o. (Schmid Reinhard), 173 u. (Schmid Reinhard), 174 (Seba Chris), 175 o. (Merten Hans-Peter), 175 u. (Schmid Reinhard), 177 (Spiegelhalter), 178 (Schmid Reinhard), 179 o. (Schmid Reinhard), 179 u. (Sonderegger Christof), 180 (Schmid Reinhard), 181 o. (Schmid Reinhard), 181 u. (Schmid Reinhard), 182 o. (Schmid Reinhard), 182 u. (Kornblum), 183 o. (Schmid Reinhard), 183 u. (Gräfenhain), 184 o. (Szyszka), 184 u. (Schmid Reinhard), 185 o. (Bäck), 185 u. (Schmid Reinhard), 186 (Schmid Reinhard), 187 o. (Schmid Reinhard), 187 u. (Schmid Reinhard), 188 (Mehlig), 189 o. (Stadler Otto), 189 u. (Schmid Reinhard), 190 (Römmelt Bernd), 191 o. (Schmid Reinhard), 191 u. (Bäck), 192 (Schmid Reinhard), 193 o. (Schmid Reinhard), 193 u. (Schmid Reinhard), 194 o. (Schmid Reinhard), 194 u. (Friedel Alex), 195 o. (Schmid Reinhard), 195 u. (Schmid Reinhard), 196 (Mackie Tom), 197 o. (Gräfenhain), 197 u. (Huber Hans-Peter), 199 o. (Schmid Reinhard), 201 o. (Schmid Reinhard), 201 u. (Gräfenhain), 202 o. (Huber Hans-Peter), 202 u. (Huber Hans-Peter), 203 o. (Huber Hans-Peter), 203 u. (Fantuz Olimpio), 204 (Schmid Reinhard), 205 o. (Merten Hans-Peter), 205 u. (Schmid Reinhard); Georg Jung, Hamburg: 45 u., 58, 61 o., 64 r., 67, 70, 95 u., 97; Urs Kluyver, Hamburg: 31 u., 34 o., 35, 36 o., 37, 106 u.; Gerhard Launer, Rottendorf: 198; Siegfried Layda, Berlin: 72/73, 75.; Janet Lindemann, Sellin: 64 o.; Mauritius images: 152 u. (United Archives), 161 o. (imageBROKER/Helmut Meyer zur Capellen), 161 u. (Manfred Mehlig), 162 o. (imageBROKER/Olaf Krüger), 162 u. (Robert Knöll), 170 u. (imageBROKER/Wilfried Wirth), 199 u. (imageBROKER/Martin Siepmann); Nolde Stiftung/Nolde-Museum: 20 u.; Georg Quedens, Amrum: 18, 19 o., 19 u., 20 o.; Thomas Robbin, www.architekturbildarchiv.de: 105 o. 105 u.; Otto Stadler, Landshut: 200; Stiftung preußischer Schlösser und Gärten Berlin-Brandenburg, Fotograf Hans Bach: 74.; Süddeutsche Zeitung Photo, München: 9 u. (ap/dpa/picture alliance/SZ Photo), 11 (dpa/SZ Photo), 13 re. (Rue des Archives/SZ Photo), 14 li. (ap/dpa/picture alliance/SZ Photo), 14/15 (dpa/SZ Photo), 15 re. (ap/dpa/picture alliance/SZ Photo); Heinz Teufel, Eckernförde: 22, 26 u., 27 u., 28 o., 39; www.tourismus.saarland.de: 126; www.wikipedia.de: 51 o. (Till F. Teenck), 141 u. (Kuebi – Armin Kübelbeck), 158 u.; Michael Zapf, Hamburg: 32 u., 33 o., 34 u., 36 u.

Titelabbildungen vorne: o. l.: huber-images.de (Schmid Reinhard), o. M.: huber-images.de (Kremer Susanne), u. l.: huber-images.de (Schmid Reinhard), re.: Fotolia (Svetlana Gryankina)

Titelabbildungen hinten: o. l.: huber-images.de (Schmid Reinhard), u. l..: huber-images.de (Gräfenhain), o. r.: huber-images.de (Seba Chris), u. M.: Heinz Teufel, u. r.: huber-images.de (Schmid Reinhard)

Bibliografische Information der Deutschen Bibliothek
Die Deutsche Bibliothek verzeichnet diese Publikation in der Deutschen Nationalbibliografie; detaillierte bibliografische Daten sind im Internet über <http://dnb.ddb.de> abrufbar.

ISBN 978-3-8319-0674-1

© Ellert & Richter Verlag GmbH, Hamburg 2016

Übersetzung/Translation/Traduction:
Englisch/English/Anglaise: Paul Bewicke, Hamburg
Französisch/French/Française: Michèle Schönfeldt, Hamburg
Redaktion: Svetlana Romantschuk, Claudia Schneider, Sophie Torp, Hamburg
Gestaltung: BrücknerAping Büro für Gestaltung GbR, Bremen
Karte/Map/Carte géographique: THAMM Publishing & Service, Bosau
Lithografie/Lithography/Lithographie: SMS Scheer Medien Service GmbH, Bremen
Gesamtherstellung/Production/Production: Druckerei Uhl, Radolfzell am Bodensee

www.ellert-richter.de

Karte | Map | Carte géographique

Schleswig-Holstein • Kiel

Mecklenburg-Vorpommern
• Schwerin

Hamburg

Bremen

Niedersachsen

• Hannover

Berlin

Potsdam •   • Berlin

Brandenburg

Sachsen-Anhalt
• Magdeburg

Nordrhein-Westfalen

• Düsseldorf

Thüringen
• Erfurt

Sachsen
• Dresden

Hessen

Rheinland-Pfalz

• Wiesbaden
Mainz •

Saarland
Saarbrücken •

Baden-Württemberg
• Stuttgart

Bayern

• München